应用型本科财务管理、会计学专业精品系列规划教材

资产评估

主　编　邢淑兰　刘雪婷
参　编　孟　君　袁小毅

北京理工大学出版社
BEIJING INSTITUTE OF TECHNOLOGY PRESS

图书在版编目（CIP）数据

资产评估/邢淑兰，刘雪婷主编．—北京：北京理工大学出版社，2016.8（2022.1重印）

ISBN 978－7－5682－3067－4

Ⅰ.①资…　Ⅱ.①邢…②刘…　Ⅲ.①资产评估－教材　Ⅳ.①F20

中国版本图书馆CIP数据核字（2016）第212112号

出版发行／北京理工大学出版社有限责任公司
社　　址／北京市海淀区中关村南大街5号
邮　　编／100081
电　　话／（010）68914775（总编室）
（010）82562903（教材售后服务热线）
（010）68948351（其他图书服务热线）
网　　址／http：//www.bitpress.com.cn
经　　销／全国各地新华书店
印　　刷／北京虎彩文化传播有限公司
开　　本／787毫米×1092毫米　1/16
印　　张／17
字　　数／400千字
版　　次／2016年8月第1版　2022年1月第5次印刷
定　　价／38.00元

责任编辑／李慧智
文案编辑／龙　微
责任校对／周瑞红
责任印制／李志强

前　言

资产评估作为一种现代市场经济中的基础性专业服务活动，在国外已有200多年的历史，并且作为一个独立行业在经济发展中发挥着重要作用。资产评估在中国萌芽于20世纪80年代末，用短短10年时间就走过了其他国家用了100多年才完成的历史。它伴随着我国经济运行机制的转轨变型而产生，将随着社会主义市场经济机制的确立而发展，无论经济交往、政府工作、法律事务或者社会活动都将涉及资产评估活动，评估行业已成为市场经济不可或缺的部分，成为中介服务行业的重要组成。因此，为适应新的形势需要，尤其是新的教学需要，我们编写了这本教材。

本教材在编写上具有以下几方面特点：

一是完整的课程体系。近年来，随着经济体制改革的深化和开放的市场经济对资产评估行业要求的提高，我国的资产评估业无论是在法规建设还是在理论研究和评估实务操作方面都取得了较大的发展，尤其是建立了完整的资产评估准则体系，从而使资产评估中的一些概念有了明确的定义，评估实务的操作也更具规范性。

由于资产评估活动本身还涉及相关行业的法律法规，本教材的编写在《资产评估准则》以及《资产评估指南》和《指导意见》的基础上，还结合《企业会计准则》《审计准则》《公司法》《证券法》等制度和法律法规，使该教材的内容更加完整全面。

二是注重案例教学。本书在借鉴和吸取同类著作经验的基础上，进一步强调了理论与实践的结合，在归纳和总结国内外资产评估的最新理论研究成果及行业的最新发展动态基础上，努力反映国内外的资产评估实践经验，增加了案例分析，加强了资产评估实务操作的训练；同时，在编写方面，本书借鉴国际成功的教材编写思路，每章前面有学习目标及内容提要，每章后面附有足够的多元化习题，使得学生能把握各章要点、自我检验并且及时巩固所学知识。

三是突出课程适应性。我国资产评估虽然起步较晚，于20世纪80年代后期才开始，但发展迅猛，在国有企业改革、对外开放、维护社会主义市场秩序、保障各类产权主体合法权益中发挥了不可替代的重要历史作用。随着市场经济的进一步完善，企业重组交易行为的频繁发生，该行业的重要性将日益突出。资产评估学是财经专业本科生的核心课，国内外许多大学都已经开展了多种有关评估的专业课。本书正是为了适应社会需要而编写的。

四是培养学习者的综合素质和实践能力。我国资产评估发展问题出现的主要根源就是资产评估人才的匮乏。这种匮乏表现为专业人员数量的严重不足。2005年，南京财经大学率先在全国范围内设置资产评估专业，培养从事资产评估工作的紧缺专门人才。目前全国注册资产评估师人数约27 800人，实际专门从事资产评估业务的人数不足15 000人。而在产权交易、企业改制、司法实践、融资抵押、财产拍卖等活动中，迫切需要大量从事资产评估业务的专门人才。同时，资产评估活动本身还涉及法律法规、市场预判、会计审计以及许多工程技术问题，加之资产评估的对象也不再局限于传统的有形资产，越来越多的商标、专利等无形资产也被纳入资产评估的范围，资产评估职业对评估人员知识结构的要求越来越高。该课程虽与本专业其他课程无太多衔接，但在具体学习和实际应用中却要用到其他基础课程和相关专业课程的理论知识，难度较大，实践性强，所以本书希望大家打破以往孤立的学习方式，通过对本书的学习，充实相关的基础和专业知识；完善自身的知识结构；培养自身与国际资产评估行业接轨的能力；具备资产评估行业未来从业人员良好的职业道德。

本书由邢淑兰老师设计并编写教材大纲。具体分工：第一章至第四章由邢淑兰老师编写，第五章由孟君老师编写，第六章至第九章由刘雪婷老师编写，第十章由袁小毅老师编写。

参加本书编写的作者均来自高校，他们多年从事资产评估教学及科研或实践活动，既有坚实的理论基础，又有丰富的实践经验。作为一线的教学者，他们更准确地掌握该课程学习者的困难和弱点，在编写过程中深入浅出，理论结合案例，使教材更具有实践性，大大提高了学习者的学习效率。

本书适用于会计学专业、财务管理学专业的本科生、专科生，也可以作为各级政府管理部门、企事业单位、社会中介机构等从事资产评估理论研究、管理工作人员的学习参考书。

本书借鉴、汲取了许多国内著作、教材和报刊资料等的先进研究成果，并得到了出版社领导的大力支持。在此，特向各位一并表示感谢和敬意。由于水平、时间有限，书中难免有疏漏与不足之处，敬请各位专家和读者批评指正。

编 者

2016 年 1 月

目 录

第一章

资产评估基本理论

第一节 资产评估及其特点

一、资产评估的定义

资产评估是市场经济的产物，其业务涉及企业间的产权转让、资产重组、破产清算、资产抵押以及财产保险、财产纳税等经济行为。经过100多年的发展，资产评估已成为在现代市场经济中发挥基础性作用的专业服务行业之一。该行业的从业人员，应准确把握资产评估的定义和与之相关的若干概念及术语。

（一）资产评估

资产评估经历了上百年的发展，评估范围在不断扩展，现在资产评估不仅已经成为一个独立的行业，同时也成为一个约定俗成的概念和专业术语。就目前学术界和执业界的普遍共识，资产评估可以表述为：资产评估是专业机构和人员按照国家法律、法规以及资产评估准则，根据特定目的，遵循评估原则，依照相关程序，选择适当的价值类型，运用科学的方法，对资产价值进行分析、估算并发表专业意见的行为和过程。

资产评估作为一种评价过程，要经历若干评估步骤和程序，同时也会涉及以下基本的评估要素：

（1）评估主体，从事资产评估的机构和人员，他们是资产评估工作的主导者。

（2）评估客体，被评估的标的物，在给定相应条件后，评估客体就成了资产评估的具体对象，即评估对象。

（3）评估依据，资产评估工作所遵循的法律、法规、经济行为文件、重大合同协议以及取费标准和其他参考依据。

（4）评估目的，即资产业务引发的经济行为对资产评估结果的要求，或资产评估结果的具体用途。它直接或间接地决定和制约着资产评估的条件，以及价值类型的选择。

（5）评估原则，即资产评估的行为规范，是调节评估当事人各方关系、处理评估业务的行为准则。

（6）评估程序，即资产评估工作从开始准备到最后结束的工作顺序。

（7）评估价值类型，即对评估价值质的规定，它对资产评估参数的选择具有约束性。

（8）评估方法，即资产评估所运用的特定技术，是分析和判断资产评估价值的手段和途径。

（9）资产评估假设，即资产评估得以进行的前提条件假设等。

（10）资产评估基准日，即资产评估的时间基准。

以上基本要素构成了资产评估活动的有机整体。

（二）资产

资产是评估客体中最重要的组成部分，而且还是一个内涵丰富，具有多角度、多层面的概念，如经济学中的资产概念、会计学中的资产概念等。这些关于资产的概念是评估人员理解资产评估客体或评估对象的基础。

经济学中的资产泛指特定经济主体拥有或控制的，能够给特定经济主体带来经济利益的经济资源。也有将其表述为特定经济主体拥有或控制的，具有内在经济价值的实物和无形的权利。

会计学中的资产是指过去的交易或事项形成并由企业拥有或控制的资源，该资源预期会给企业带来经济利益。会计学中的资产主要指的是企业中的资产，这是资产评估客体及其对象中的重要组成部分。但是，资产评估客体及其对象中的资产并不完全局限于企业中的资产。

资产评估中的资产或作为资产评估客体的资产，其内涵更接近于经济学中的资产，即特定权利主体拥有或控制的，能够给特定权利主体带来未来经济利益的经济资源。而其外延则包括了具有内在经济价值以及市场交换价值的所有实物和无形的权利。

作为资产评估客体的资产具有以下基本特征：

1. 资产必须是经济主体拥有或者控制的。由于市场经济的深化，财产所有权基本权能形成不同的排列与组合不仅成为必要，而且成为可能。如果将这些排列与组合称之为产权，那么，在资产评估中应了解被估资产的产权构成。例如，对于一些以特殊方式形成的资产，经济主体虽然对其不拥有完全的所有权，但依据合法程序能够实际控制的，如融资租入固定资产、土地使用权等，按照实质重于形式原则，也应当将其作为经济主体资产予以确认。

2. 资产是能够给经济主体带来经济利益的资源，即可望给经济主体带来现金流入的资源。也就是说，资产具有能够带来未来经济利益的潜在能力。如果被恰当使用，资产的获利潜力就能够实现，进而使资产具有使用价值和交换价值。具有使用价值和交换价值，并能给经济主体带来未来效益的经济资源，才能作为资产确认。

3. 资产必须能以货币计量。也就是说，资产价值能够运用货币进行计量，否则就不能作为资产予以确认。

作为资产评估客体的资产，其存在形式是多种多样的，为了科学地进行资产评估，可对资产进行适当的分类：

1. 按资产存在形态分类，可以分为有形资产和无形资产。有形资产是指那些具有实物形态的资产，包括机器设备、房屋建筑物、流动资产等。由于不同类别的有形资产具有不同的功能和特性，所以评估师在对其评估时应分别进行。无形资产是指特定主体所拥有或者控制的，不具有实物形态，能持续发挥作用且能带来经济利益的资源。这类资产主要包括土地使用权、专利权、商标权、专有技术、商誉等。

2. 按资产的构成和是否具有综合获利能力分类，可以分为单项资产和整体资产。单项资产是指单台、单件的资产。整体资产是指由一组单项资产组成的具有整体获利能力的资产综合体。

3. 按资产能否独立存在分类，可以分为可确指的资产和不可确指的资产。可确指的资产是指能独立存在的资产，上文所列示的有形资产和无形资产，除商誉以外都是可确指的资产。不可确指的资产是指不能脱离企业有形资产而单独存在的资产，如商誉。

4. 按资产与生产经营过程的关系分类，可以分为经营性资产和非经营性资产。经营性资产，是指处于生产经营过程中的资产，如企业中的机器设备、厂房、交通工具等。经营性资产又可按是否对盈利产生贡献分为有效资产和无效资产。非经营性资产是指处于生产经营过程以外的资产。

5. 按资产的流动性分类，可以分为流动资产、长期投资、固定资产和无形资产等。

（三）价格和价值

站在资产评估的角度，价格是指在特定的交易行为中，特定买卖双方对商品或服务提供及支付货币的金额，是历史数据。例如机器设备评估、土地使用权评估、建筑物评估、可确指无形资产评估等。对若干单项资产组成的资产综合体所具有的整体生产能力或获利能力的评估称之为整体资产评估。最为典型的整体资产评估就是企业价值评估。单项资产评估和整体资产评估在评估的复杂程度和需考虑的相关因素等方面是有较大差异的，整体资产评估更为复杂，需考虑的因素更为全面。

二、资产评估的特点

理解和把握资产评估的特点，有利于进一步认识资产评估的实质，对于搞好资产评估工作，提高资产评估质量具有重要意义。一般来说，资产评估具有以下特点：

1. 市场性。资产评估是适应市场经济要求的专业中介服务活动，其基本目标就是根据资产业务的不同性质，通过模拟市场对资产价值做出经得起市场检验的评定估算报告。

2. 公正性。资产评估行为服务于资产业务并满足社会公共利益的需要，而不能只满足于资产业务当事人任何一方的需要。公正性的表现有以下两点：

（1）资产评估按公允、法定的准则和规程进行，公允的行为规范和业务规范是公正性的技术基础；

（2）评估人员是与资产业务没有利害关系的第三方，这是公正性的组织基础。

3. 专业性。资产评估是一种专业人员的活动，资产评估结果应该是一种专家意见，从事资产评估业务的机构应由一定数量和不同类型的专家及专业人士组成。一方面，这些资产评估机构形成专业化分工，使得评估活动专业化；另一方面，评估机构及其评估人员对资产价值的估计判断也都是建立在专业技术知识之上的。

4. 咨询性。咨询性是指资产评估结论为资产业务提供专业化估价意见，该意见本身并无强制执行的效力，评估师只对结论本身合乎职业规范要求负责，而不对资产业务定价决策负责。事实上，资产评估为资产交易提供的估价往往由当事人作为要价和出价的参考，最终的成交价取决于当事人的决策动机、谈判地位和谈判技巧等综合因素。

三、资产评估的功能和作用

（一）资产评估的功能

评价和评值是资产评估具有的最基本的内在功效和能力。资产评估源于人们对了解和掌握在一定条件下资产的价值的需求。随着人们对在各种条件下了解资产价值的需求不断增加，资产评估也在不断发展，其评价和评值的功能也得到不断完善。当然，在不同的历史条件下，人们在充分利用资产评估的评价和评值功能的基础上，也赋予资产评估一些辅助性和过渡性功能，例如，管理的功能等。

（二）资产评估的基本作用

在不同的历史时期和不同的社会经济条件下，资产评估可能发挥着不同的作用。结合我国当前的社会经济条件，资产评估主要发挥着以下基本作用：

1. 咨询的作用。资产评估的咨询作用是指资产评估结论为资产交易业务提供专业化估价意见，该意见本身并无强制执行的效力，它只是给相关当事人提供有关资产交换价值方面的专业判断或专家意见，资产评估不能也不应该取代资产交易当事人的交易决策。

2. 管理的作用。资产评估的管理作用是指在以公有制为基础的社会主义市场经济初级阶段，国家或政府在利用资产评估过程中所发挥出的特殊作用。在社会主义市场经济初级阶段的某一历史时期，作为国有资产所有者代表的国家，不仅把资产评估视为提供专业服务的中介行业，而且将其作为维护国有资产、促使国有资产保值增值的工具和手段。在资产评估开展初期，国家通过制定申请立项、资产清查、评定估算和验证确认的国有资产评估管理程序，就使得资产评估具有了管理的作用。但是，资产评估的管理作用并不是资产评估与生俱来的，它只是国有资产评估在特定历史时期的特定作用。它会随着国家在国有资产评估管理体制方面的变化而加强或弱化。2001 年 12 月 31 日，国务院办公厅转发了《财政部关于改革国有资产评估行政管理方式——加强资产评估监督管理工作意见的通知》。该通知指出：（1）取消政府部门对国有资产评估项目的立项确认审批制度，实行核准制和备案制；（2）加强资产评估活动的监管力度；（3）完善制度建设，规范评估秩序。随着国有资产评估项目的立项确认审批制度的取消和核准制及备案制的确立，资产评估的管理作用也随之发生了改变。

3. 鉴证的作用。鉴证由鉴别和举证两个部分组成。鉴别是专家依据专业原则对经济活动及其结果做出的独立判断，而举证则是为该判断提供理论和事实支撑，使之做到言之有理、持之有据。这类行为一般具有独立、客观和专业的特征。基于市场经济需求的多样性，经济鉴证类专业服务行业又可因服务性质、背景知识和执业准则的不同形成行业亚分类。以注册会计师和注册资产评估师行业为例，在服务性质方面，前者对财务报告进行事实判断，后者对标的资产进行价值判断；在背景知识方面，前者以会计理论和核算技术为基础，后者以经济分析理论和专项资产价值识别技术为基础；在执业准则方面，前者分别接受国际和国内会计准则与审计准则的约束，后者分别接受国际和国内资产评估准则的约束。我们不能简单否定资产评估行业的鉴证作用：一是资产评估是从事以专业鉴别和举证为主要内容的工作；二是资产评估行业的发展状况和水平在很大程度上与资产评估在资产价值鉴证方面所具备的整体能力相关；三是尽管资产评估这种鉴证活动一般不具有法律效力，但仍然是资产业务当事人各方进行决策的重要依据。所以资产评估师也必须对自己的行为承担相应的专业责任、民事责任和刑事责任。但需要强调指出的是，资产评估从事的是价值鉴证，而不是权属鉴证。

第二节 价值类型和评估目的

一、资产评估的价值类型

资产评估中的价值类型是指资产评估结果的价值属性及其表现形式。不同的价值类型从不同的角度反映资产评估价值的属性和特征。不同属性的价值类型所代表的资产评估价值不仅在性质上是不同的，在数量上往往也存在着较大差异。资产评估的价值类型的形成，不仅与引起资产评估的特定经济行为，即资产评估特定目的有关，而且与被评估对象的功能、状态、评估时的市场条件等因素有着密切的关系。根据资产评估特定目的、被评估资产的功能状态以及评估时的各种条件，合理地选择和确定资产评估的价值类型，是每一位资产评估人员必须做好的工作。

由于采取的角度不同，以及对资产评估价值类型理解方面的差异，人们对资产评估的价值类型主要有以下几种分类：

1. 以资产评估的估价标准形式表述的价值类型，具体包括重置成本、收益现值、现行市价（或变现价值）和清算价格四种。

2. 从资产评估假设的角度表述资产评估的价值类型，具体包括继续使用价值、公开市场价值和清算价值三种。

3. 从资产业务的性质，即资产评估的特定目的划分资产评估的价值类型，具体包括抵押价值、保险价值、课税价值、投资价值、清算价值、转让价值、保全价值、交易价值、兼并价值、拍卖价值、租赁价值、补偿价值等。

4. 以资产评估时所依据的市场条件、被评估资产的使用状态以及评估结论的适用范围划分资产评估结果的价值类型，具体包括市场价值和市场价值以外的价值两大类。

对资产评估价值进行合理分类主要有两个层面的目的：

（1）为评估人员科学合理地进行资产评估提供指引；

（2）使资产评估报告的使用者能正确理解和恰当使用资产评估结果。从这个意义上讲，将资产评估价值划分为市场价值和市场价值以外的价值更有利于实现划分资产评估价值类型的目的。

（一）关于资产评估中的市场价值与市场价值以外的价值

从目前可收集的资料来看，关于资产评估中的市场价值与市场价值以外的价值的概念的完整定义可以从《国际评估准则》（International Valuation Standards）、《国际评估准则 1》和《国际评估准则 2》中找到。在《国际评估准则》中，市场价值定义如下：“自愿买方与自愿卖方在评估基准日进行正常的市场营销之后，所达成的公平交易中某项资产应当进行交易的价值的估计数额，当事人双方应当各自精明、谨慎行事，不受任何强迫压制。”根据《国际评估准则 1》关于对市场价值的其他补充说明，我们把资产评估中的市场价值定义整理如下：资产评估中的市场价值是指资产在评估基准日公开市场上最佳使用状态下最有可能实现的交换价值的估计值。或者说评估资产价值所依据的所有信息资料都来源于公开市场的资产评估结果是市场价值。关于市场价值所依据的公开市场可能存在着区域、级次等的区分，也就是说，资产评估中的市场价值可能存在着不同区域范围的市场价值和不同级次的市场价值等。市场价值以外的价值也称非市场价值、其他价值，《国际评估准则》并没有直接定义市场价值以外的价值，而是指出凡不符合市场价值定义条件的资产价值类型都属于市场价值以外的价值。市场价值以外的价值不是一种具体的资产评估价值存在形式，它是一系列不符合资产市场价值定义条件的价值形式的总称或组合，如在用价值、投资价值、保险价值、课税价值、拆迁补偿价值、清算价值、残余价值等。

在资产评估实践中，市场价值与市场价值以外的价值（非市场价值）的划分标准有以下几个方面：

（1）资产评估时所依据的市场条件，是公开市场条件还是非公开市场条件。

（2）资产评估时所依据的被评估资产的使用状态，是正常使用（最佳使用）还是非正常使用。

（3）资产评估时所使用的信息资料及其相关参数的来源，是公开市场的信息数据还是非公开市场的信息数据。

关于市场价值以外的价值，《国际评估准则》认为其产生的价值基础主要分为三类：

第一类：反映特定主体从资产所有权中获得的收益。资产对于特定主体来说具有特定价值。尽管在某些情况下，其等同于资产销售时实现的价值，它从本质上反映了持有该资产所获得的收益。因此，没有必要假定交易。投资价值即属于这一类。某项资产对于特定主体的特定价值与其市场价值的不同促使买方和卖方进入市场交易。

第二类：特定双方达成的交换某项资产合理的协议价格。尽管交易各方没有关联，经公平协商后，资产没有必要在更大范围的市场上交易，所达成的价格可能反映涉及的交易方而非整个市场范围内的特定好处（或坏处）。这一类包括公允价值、特殊价值和合并价值。

第三类：法律法规或合同协议中规定的价值。在资产评估实务中使用频率较高的市场价值以外的价值类型主要有：

①在用价值。在用价值是指将评估对象作为企业组成部分或者要素资产，按其正在使用的方式和程度及其对所属企业的贡献价值的估计数额，而并不考虑该资产的最佳用途或资产变现的情况。

②投资价值。投资价值是指资产对于具有明确投资目标的特定投资者或某一类投资者所具有的价值。资产的投资价值与投资性资产价值是两个不同的概念。投资性资产价值，是指特定主体以投资获利为目的而持有的资产，在公开市场上按其最佳用途实现的市场价值。

③清算价值。清算价值是指资产处于清算、迫售或快速变现等非正常市场条件下所具有的价值。

④残余价值。残余价值是指机器设备、房屋建筑物或其他有形资产等的拆零变现价值估计数额。

以上介绍的价值类型只是市场价值以外的价值类型中使用频率较高的部分，市场价值以外的价值还包括其他价值类型，例如特殊价值、合并价值等。某些特定评估业务评估结论的价值类型可能会受到相关法律、法规或者契约的约束，这些评估业务的评估结论应当按照相关法律、法规或者契约等的规定选择评估结论的价值类型。相关法律、法规或者契约没有规定的，可以根据实际情况选择市场价值或者市场价值以外的价值类型，并予以定义。

特定评估业务包括：以抵（质）押为目的的评估业务、以税收为目的的评估业务、以保险为目的的评估业务、以财务报告为目的的评估业务等。

注册资产评估师执行以税收为目的的资产评估业务，应当根据税法等相关法律、法规的规定选择评估结论的价值类型，例如课税价值。课税价值是指评估对象根据税法中规定的与征纳税收相关的价值定义所具有的价值。如果相关法律、法规没有规定的，可以根据实际情况选择市场价值或者市场价值以外的价值类型作为课税对象评估结论的价值类型。

注册资产评估师执行以保险为目的的资产评估业务，应当根据保险法等相关法律、法规和契约的规定选择评估结论的价值类型，例如保险价值。保险价值是指评估对象根据保险合同或协议中规定的价值定义所具有的价值。相关法律、法规或者契约没有规定的，可以根据实际情况选择市场价值或者市场价值以外的价值类型作为保险标的物评估结论的价值类型。

注册资产评估师执行以财务报告为目的的资产评估业务，应当根据会计准则等相关规范关于会计计量的基本概念和要求，恰当选择市场价值或者市场价值以外的价值类型作为评估结论的价值类型。会计准则等相关规范涉及的主要计量属性及价值定义包括公允价值、现值、可变现净值、重置成本等。

在符合会计准则计量属性规定的条件时，会计准则下的公允价值等同于资产评估中的市场价值；会计准则涉及的现值、可变现净值、重置成本等可以理解为资产评估中的市场价值或者市场价值以外的价值类型。

注册资产评估师执行以抵（质）押为目的的资产评估业务，应当根据担保法等相关法律、法规及金融监管机关的规定选择评估结论的价值类型，例如抵押价值。相关法律、法规及金融监管机关没有规定的，可以根据实际情况选择市场价值或者市场价值以外的价值类型作为抵（质）押物评估结论的价值类型。

注册资产评估师执行以拆迁补偿为目的的资产评估业务，应当根据相关法律、法规及有关管理机关的规定选择评估结论的价值类型，例如拆迁补偿价值。拆迁补偿价值是指评估对象根据有关城市规划、建设和房地产管理等相关法律、法规关于拆迁补偿的具体规定和要求所具有的价值估计数额。相关法律、法规及有关管理机关没有规定的，可以根据实际情况选择市场价值或者市场价值以外的价值类型作为拆迁物评估结论的价值类型。

（二）明确资产评估中的市场价值与市场价值以外的价值的意义和作用

资产评估作为一种专业中介性服务活动，它对客户和社会所提供的服务是一种专家意见及专业咨询。无论是专家意见或专业咨询，其最重要的是这种意见或咨询能对客户的某些行为起指导作用。应防止和杜绝可能造成客户误解、误用或误导客户的资产评估报告和评估结论。就一般情况而言，资产评估机构和评估人员主观上并不愿意提交可能会对客户及社会造成误解、误用或误导的资产评估报告。但在资产评估实践中，经常出现评估人员并不十分清楚所做的资产评估结果的性质、适用范围等情况，以致在资产评估报告中未给予充分的说明及使用限定的问题。而客户或评估报告使用者绝大部分都是非专业人员，他们对评估结果的理解和认识基本上只来源于评估报告的内容。资产评估报告中任何概念的模糊或不合理，都会造成客户及社会对评估结果的误解。所以资产评估结果价值类型的科学分类和解释具有重要的作用。而关于资产的市场价值和市场价值以外的价值的概念及分类，正是从资产评估结果的适用范围和使用范围限定方面对资产评估结果进行分类。因此，这种分类方法符合资产评估服务于客户和服务于社会的内在要求。其意义和作用具体体现在以下几个方面：

1. 这种分类方法和概念界定有利于评估人员对评估条件与评估结果性质的认识，便于评估人员在撰写评估报告时更清楚明了地说明其评估结果的确切含义。只有评估人员充分认清了自己的评估结果的性质，才能在评估报告中充分说明这个评估结果。当然，一份结果阐述明确的评估报告才能使客户受益。

2. 这种分类方法及概念界定便于评估人员划定其评估结果的适用范围和使用范围。资产评估结果的适用范围与评估目的所要求的评估结果用途的匹配和适应，是检验资产评估科学性和合理性的首要问题。把评估结果按资产的市场价值和市场价值以外的价值分类，可以从大的方面决定评估的适用范围，便于评估人员将其与评估的特定目的相对照。资产评估结果的使用范围关系到评估结果能否被正确使用的问题。对于大多数评估报告使用者来说，他们未必都十分了解不同价值类型的评估结果都有其使用范围的限定。限定评估结果的使用范围的责任应由评估人员承担，评估人员应在评估报告中将评估结果的使用范围给予明确的限定。

市场价值和市场价值以外的价值是按资产评估所面临的市场条件和评估对象自身的条件为标准设定的，这种价值类型的划分实际上是以资产评估价值决定的基本要素为依据的。市场价值和非市场价值的划分既考虑了资产自身的条件、利用方式和使用状态，也考虑了资产评估时的市场条件。也就是说，这种价值类型的划分既考虑了决定资产评估价值的内部因素，同时也考虑了影响资产评估价值的外部因素，这至少能在理论和宏观层面上为评估人员客观合理地评估资产价值以及清晰地披露评估结果提供帮助和依据。

一般而言，属于市场价值性质的资产评估结果主要适用于产权变动类资产业务，也可适用于非产权变动类资产业务。资产的市场价值的合理性是相对于评估时点整体市场而言的，即整体市场认同，资产的市场价值对于整体市场上潜在的买者或卖者来说是相对公平合理的。属于市场价值以外的价值（或非市场价值）性质的评估结果，既适用于产权变动类资产业务，同时也适用于非产权变动类资产业务。在评估时点上，资产的市场价值以外的价值只对特定的资产业务当事人来说是公平合理的，即局部市场认同。资产评估中的市场价值和市场价值以外的价值的市场认同范围基本上就限定于这两种价值类型评估结果的适用范围和使用范围。

总之，按市场价值和市场价值以外的价值将评估结果分为两大类，旨在合理和有效限定评估结果的适用范围和使用范围。因此，把评估结果分为市场价值和市场价值以外的价值两大类是相对合理和便于操作的。

二、资产评估的目的

资产评估的目的有资产评估一般目的和特定目的之分。资产评估的一般目的包含着特定目的，而资产评估的特定目的则是一般目的的具体化。

（一）资产评估的一般目的

资产评估的一般目的或资产评估的基本目标是由资产评估的性质及其基本功能决定的。资产评估作为一种专业人士对特定时点及特定条件约束下资产价值的估计和判断的社会中介活动，它一经产生就具有了为委托人以及资产交易当事人提供合理的资产价值咨询意见的功能。不论是资产评估的委托人或是与资产交易有关的当事人，他们所需要的无非是评估师对资产在一定时间及一定条件约束下资产公允价值的判断。如果我们暂且不考虑资产交易或引起资产评估的特殊需求，或者将引起资产评估的各种需求及其要求进行理论抽象，可以发现资产评估的一般目的是评估资产的公允价值。

公允价值是一个有着广泛意义的概念，是会计、资产评估等专业和行业广泛使用的专业术语。公允价值的概念有广义与狭义之分。资产评估中的公允价值是一个广义概念。作为一个广义的概念，资产评估中的公允价值有别于会计中的公允价值。资产评估中的公允价值是一个相对抽象的价值概念。它是对评估对象在各种条件下与评估条件相匹配的合理的评估价值的抽象。评估对象在各种条件下与评估条件相匹配的合理的评估价值，是指相对于当事人各方的地位、资产的状况及资产面临的市场条件的合理的评估价值。它是评估人员根据被评估资产自身的条件及其所面临的市场条件，对被评估资产客观价值的合理估计值。资产评估中的公允价值的一个显著特点是，它与相关当事人的地位、资产的状况及资产所面临的市场条件相吻合，且并没有损害各方当事人的合法权益，也没有损害他人的利益。

（二）资产评估的特定目的

资产评估作为一种资产价值判断活动，总是为满足特定资产业务的需要而进行的，在这里，资产业务是指引起资产评估的经济行为。通常把引起资产评估的资产业务对评估结果用途的具体要求称为资产评估的特定目的。从我国资产评估实践来看，引起资产评估的资产业务主要有：资产转让，企业兼并，企业出售，企业联营，股份经营，中外合资、合作，企业清算，担保，企业租赁，债务重组等。当然，随着社会经济的发展，引起资产评估的资产业务和经济行为也在不断地增加，例如，财产保险、财产纳税、资产公允价值判断等。

1. 资产转让。资产转让是指资产拥有单位有偿转让其拥有的资产，通常是指转让非整体性资产的经济行为。

2. 企业兼并。企业兼并是指一个企业以承担债务、购买、股份化和控股等形式有偿接收其他企业的产权，使被兼并方丧失法人资格或改变法人实体的经济行为。

3. 企业出售。企业出售是指独立核算的企业或企业内部的分厂、车间及其他整体资产产权出售的行为。

4. 企业联营。企业联营是指国内企业、单位之间以固定资产、流动资产、无形资产及其他资产投入组成各种形式的联合经营实体的行为。

5. 股份经营。股份经营是指资产占有单位实行股份制经营方式的行为，包括法人持股、内部职工持股、向社会发行不上市股票和上市股票。

6. 中外合资、合作。中外合资、合作是指我国的企业和其他经济组织与外国企业和其他经济组织或个人在我国境内举办合资或合作经营企业的行为。

7. 企业清算。企业清算包括破产清算、终止清算和结业清算。

8. 担保。担保是指资产占有单位，以本企业的资产为其他单位的经济行为担保，并承担连带责任的行为。担保通常包括抵押、质押、保证等。

9. 企业租赁。企业租赁是指资产占有单位在一定期限内，以收取租金的形式，将企业全部或部分资产的经营使用权转让给其他经营使用者的行为。

10. 债务重组。债务重组是指债权人按照其与债务人达成的协议或法院的裁决同意债务人修改债务条件的事项。

11. 引起资产评估的其他合法经济行为。

（三）资产评估特定目的在资产评估中的地位与作用

资产评估特定目的是由引起资产评估的特定经济行为（资产业务）所决定的，它对评估结果的性质、价值类型等具有重要的影响。资产评估特定目的不仅是某项具体资产评估活动的起点，同时它又是资产评估活动所要达到的目标。资产评估特定目的贯穿于资产评估的全过程，影响着评估人员对评估对象界定、资产价值类型选择等。它是评估人员在进行具体资产评估时必须首先明确的基本事项。资产评估特定目的是界定评估对象的基础。任何一项资产业务，无论产权是否发生转移都要对其价值做出判断。资产评估特定目的对于资产评估的价值类型选择具有约束作用。特定资产业务决定了资产的存续条件，资产价值受制于这些条件及其可能发生的变化。资产评估人员在进行具体资产评估时一定要根据具体的资产业务的特征选择与之相匹配的评估价值类型。按照资产业务的特征与评估结果的价值属性一致性原则进行评估，是保证资产评估趋于科学、合理的基本前提。

需要指出的是，在不同时期、地点及市场条件下，同一资产业务对资产评估结果的价值类型的要求也会有差别。这表明，引起资产评估的资产业务对评估结果的价值类型要求不是抽象的和绝对的。每一类资产业务在不同时间、地点和市场环境中的发生，对资产评估结果的价值类型要求不是一成不变的。这就是说，资产业务本身的属性因时间、地点及市场环境的变化而变化。因此，把资产业务的属性绝对化，或是把资产业务与评估结果的价值类型关系固定化都是不可取的。资产评估结果的价值类型与评估的特定目的相匹配、相适应，指的是在具体评估操作过程中，评估结果价值类型要与已经确定了的时间、地点、市场条件下的资产业务相匹配、相适应。任何事先划定的资产业务类型与评估结果的价值类型相匹配的固定关系或模型，都可能偏离或违背客观存在的具体业务对评估结果价值类型的内在要求。换句话说，资产的业务类型是影响甚至是决定评估结果价值类型的一个重要因素，当然，它绝不是决定资产评估结果价值类型的唯一因素。评估的时间、地点、评估时的市场条件、资产业务各当事人的状况以及资产自身的状态等，都可能对资产评估结果的价值类型起影响作用。

（四）关于价值类型选择与资产评估目的等相关条件的关系

关于价值类型的选择与资产评估目的等相关条件的关系应该从两个方面来认识和把握。其一要从正确选择价值类型的角度，来关注资产评估目的等相关条件对所选择价值类型的影响；其二要从价值类型的选择对实现资产评估目的以及满足其他相关条件的角度，来关注价值类型的正确选择。

从第一个层面上看，资产评估中的价值类型是资产评估结果的属性及其表现形式。价值类型的选择本来就应该受到评估目的等相关条件的制约，或者说价值类型是在评估目的等相关条件的基础上形成的。有什么样的评估条件基础就应该有与之相适应的评估结果属性及其表现形式。可以说，资产评估目的等相关条件构成了资产评估的价值基础。除资产评估特定目的外，构成资产评估价值基础的相关条件主要有两个方面：一是资产自身的功能、利用方式和使用状态；二是评估时的市场条件。资产评估特定目的作为资产评估价值基础的条件之一，是因为资产评估特定目的不但决定着资产评估结果的具体用途，而且会直接或间接地在宏观层面上影响着资产评估的过程及其运作条件，包括对评估对象的利用方式和使用状态的宏观约束，以及对资产评估市场条件的宏观限定。相同的资产在不同的评估特定目的下可能会有不同的评估结果。

评估对象自身的功能、使用方式和利用状态，是资产自身的条件，这是影响资产评估价值的内因。从某种意义上讲，资产自身的条件对其评估价值具有决定性的影响。不同功能的资产会有不同的评估结果，使用方式和利用状态不同的相同资产也会有不同的评估结果。评估时所面临的市场条件及交易条件，是资产评估的外部环境，是影响资产评估结果的外部因素。在不同的市场条件下或交易环境中，即使是相同的资产也会有不同的评估结果。资产评估目的作为资产评估结果的具体用途，以及对资产评估运作条件宏观约束的因素，与决定资产评估价值的内因和外因的评估对象自身条件，以及评估时的市场条件共同构成了资产评估的价值基础。从第二个层面上看，资产评估价值类型的合理选择也应该成为实现资产评估目的，以及满足资产评估相关条件的重要途径和手段。资产评估目的有一般目的和特定目的之分，资产评估的一般目的是要对各种条件下“交易”中资产的公允价值做出判断，以及给出这些资产在各种条件下的公允价值。而特定目的是一般目的的具体化，资产评估特定目的的实质是判断特定条件下或具体条件下资产的公允价值。资产评估中的公允价值的相对性质主要是指它对于某一资产而言，不是一个确定不变的值，而是一个相对值。当该资产处于正常使用及正常市场条件下时，有一个与此条件相对应的合理价值；当该资产处于非正常使用及非正常市场条件下时，也有一个与之相对应的合理价值。当然，这样的排列组合会很多，相应的合理价值也会很多。尽管对这个具体资产而言，不同条件下的合理价值各不相同，但是它们有一个共同的特点，即相对于它们各自所面对的条件又都是合理和公允的。资产评估中的公允价值与评估条件的相对性和相关性决定了资产评估中的公允价值的相对性；资产评估中的公允价值的相对性质又决定了资产评估中的公允价值具有抽象性和高度概括性。在资产评估实践过程中还需将其具体化。正是由于资产评估特定目的及其特定条件下资产公允价值的多样性、复杂性和难以把握性的存在，设计、选择并利用科学合理的资产评估价值类型为评估人员把握资产评估特定目的及其特定条件下的公允价值就显得十分重要。而市场价值和市场价值以外的价值类型的分类，以及该价值类型分类所包含的具体价值表现形式，不仅仅是根据资产评估目的等相关条件的被动选择，它们对于实现评估目的，特别是把握资产评估中的公允价值具有极其重要的作用。这种作用突出表现在资产评估的市场价值上。由于市场价值与市场价值以外的价值之间的特殊关系，市场价值及其成立条件是这种价值类型分类的基准，确立了市场价值及其成立的条件，就等于明确了市场价值以外的价值及其成立条件。明确了市场价值在资产评估中的作用，也就很容易把握市场价值以外的价值及其具体价值形式在资产评估中的作用。市场价值在资产评估中的作用主要体现在以下两个方面：

1. 市场价值是资产评估中的公允价值的坐标。

既然公允价值是资产评估的基本目标，那么市场价值在资产评估中还起什么作用呢？应该说，资产评估中的公允价值与市场价值是两个不同层次的概念。资产评估中的公允价值是一个宏观层次的概念，它包括了正常市场条件和非正常市场条件两种情况下的合理评估结果。而资产评估中的市场价值只是正常市场条件下资产处在最佳使用状态的合理评估结果（而凡是不满足市场价值成立条件的其他合理评估结果都是另外一种价值类型——非市场价值）。相对于公允价值和市场价值而言，市场价值更为具体，条件更为明确，在实践中评估人员更容易把握。由于市场价值概念的明晰性和可把握性，资产评估中的市场价值能够成为资产评估公允价值的坐标和基本衡量尺度。而市场价值由于其自身优越的条件也确实能够起到这种作用。

（1）市场价值是正常市场条件下的公允价值，正常市场条件容易理解、容易把握；

（2）市场价值是资产正常使用（最佳使用）状态下的价值，正常使用（最佳使用）也容易理解和把握；

（3）资产评估结果只有两大类价值类型，即市场价值和市场价值以外的价值，明确了市场价值也就容易把握市场价值以外的价值，并根据评估对象自身的状况及使用方式和状态偏离资产正常使用（最佳使用）的程度以及评估市场条件偏离正常市场条件的程度去把握市场价值以外的价值的量及其具体价值形式；

（4）市场价值是资产评估中最为典型的公允价值，市场价值的准确定位是准确把握市场价值以外的价值的基础，也是准确把握公允价值的基础。

由于市场价值自身的特点，包括国际评估准则委员会在内的资产评估界广泛使用市场价值概念，并把资产评估中的市场价值作为衡量资产评估结果公允公正的基本尺度和标准。换一个角度来讲，也正是定义了资产评估中的市场价值，才使得较为抽象的资产评估公允价值得以把握和衡量，公允价值才能够成为可操作的资产评估的基本目标。我们之所以反复强调理解和把握资产评估市场价值的重要性，不仅仅因为它是一种重要的价值类型，更重要的是，它是我们认识、把握和衡量资产评估结果公允性的基本尺度和坐标。但是，从有助于评估人员理解和把握资产评估基本目标，并很好地实现资产评估目标的角度看，在资产评估基本准则中选择市场价值和市场价值以外的价值作为资产评估的基本价值类型，正是对资产评估运作规律的一种抽象和概括。

2. 市场价值的另一个作用是在其评估所依据的市场范围内，市场价值是从市场整体的角度把握资产价值的相对合理性和公允性的，而市场价值以外的价值的相对合理性和公允性是受某些条件严格限制的。

第三节　资产评估的假设与原则

一、资产评估的假设

由于认识客体的无限变化和认识主体有限能力的矛盾，人们不得不依据已掌握的数据资料对某一事物的某些特征或全部事实做出合乎逻辑的推断。这种依据有限事实，通过一系列推理，对于所研究的事物做出合乎逻辑的假定说明就叫作假设。假设必须依据充分的事实，运用已有的科学知识，通过推理（包括演绎、归纳和类比）而形成。当然，无论如何严密的假设都带有推测，甚至是主观猜想的成分。但是，只要假设是合乎逻辑、合乎情理的，它对科学研究都是有重大意义的。

资产评估与其他学科一样，其理论体系和方法体系的确立也是建立在一系列假设基础之上的。资产评估中的假设可以从不同的角度分类。其中，按照假设设定的条件内容分类，评估假设可以划分为情景假设、市场条件假设、评估对象使用方式及状态假设和其他条件假设。按照假设评估基准日的真实性情况划分，评估假设又可以划分为真实性假设、非真实性条件假设和特别假设。

（一）交易假设

交易假设是资产评估得以进行的一个最基本的前提假设，交易假设是假定所有待评估资产已经处在交易过程中，评估师根据待评估资产的交易条件等模拟市场进行估价。众所周知，资产评估其实是在资产实施交易之前进行的一项专业服务活动，而资产评估的最终结果又属于资产的交换价值范畴。为了发挥资产评估在资产实际交易之前为委托人提供资产交易底价的作用，同时又能够使资产评估得以进行，利用交易假设将被评估资产置于“市场交易”当中，模拟市场进行评估就成为可能。交易假设一方面为资产评估得以进行“创造”了条件；另一方面它明确限定了资产评估的外部环境，即资产是被置于市场交易之中。资产评估不能脱离市场条件而孤立地进行。

（二）公开市场假设

公开市场假设是对资产拟进入的市场条件，以及资产在这样的市场条件下接受何种影响的一种假定说明或限定。公开市场假设的关键在于认识和把握公开市场的实质和内涵。就资产评估而言，公开市场是指充分发达与完善的市场条件，是一个有自愿的买者和卖者的竞争性市场，在这个市场上，买者和卖者的地位是平等的，彼此都有获取足够市场信息的机会和时间，买卖双方的交易行为都是在自愿的、理智的而非强制或不受限制的条件下进行的。事实上，现实中的市场条件未必真能达到上述公开市场的完善程度。公开市场假设就是假定那种较为完善的公开市场存在，被评估资产将要在这样一种公开市场中进行交易。当然，公开市场假设也是以市场客观存在的现实，即资产在市场上可以公开买卖这样一种客观事实为基础的。

由于公开市场假设假定市场是一个充分竞争的市场，资产在公开市场上实现的交换价值隐含着市场对该资产在当时条件下有效使用的社会认同。当然，在资产评估中，市场是有范围的，它可以是地区性市场，也可以是国内市场，还可以是国际市场。关于资产在公开市场上实现的交换价值所隐含的对资产效用有效发挥的社会认同也是有范围的，它可以是区域性的、全国性的或国际性的。

公开市场假设旨在说明一种充分竞争的市场条件，在这种条件下，资产的交换价值受市场机制的制约并由市场行情决定，而不是由个别交易决定。评估机构及其评估人员在执业过程中应始终坚持独立的第三者地位，评估工作不受委托人及外界意图及压力的影响，进行独立公正的评估。

（三）持续使用假设

持续使用假设是对资产拟进入的市场条件及在此市场条件下的资产使用状态的一种假定性描述或说明，它是资产评估中三个最基本的假设之一。

首先，持续使用假设是基于被评估资产正处于使用状态（包括正在使用和备用）的事实；其次，根据有关数据推断这些资产还将继续使用下去。持续使用假设既说明了被评估资产面临的市场条件或市场环境，也说明了资产在评估时点及评估过程中的状态。

持续使用假设通常细分为在用续用、转用续用、移地续用三种具体情况：

（1）在用续用是指处于使用中的被评估资产在产权发生变动或资产业务发生后，将按其现行用途及方式继续使用下去；

（2）转用续用是指被评估资产将在产权变动或资产业务发生后，改变资产现时用途，调换新的用途继续使用下去；

（3）移地续用是指被评估资产将在产权变动或资产业务发生后，将资产的空间位置转移后继续使用。

持续使用假设前提下的资产评估没有充分考虑资产用途替换，其结果的适用范围是有限的，只对特定的买卖者公平合理。

在确认继续使用的资产时，必须充分考虑以下条件：

（1）资产能以其提供的服务或用途，满足所有者经营上期望的收益；

（2）资产尚有显著的剩余使用寿命；

（3）资产所有权明确，并保持完好；

（4）资产从经济上、法律上允许转作他用；

（5）资产的使用功能完好或较为完好。

（四）清算假设

清算假设是指资产所有者在某种压力下，或经协商，或以拍卖方式将其资产强制在非公开市场上出售。该假设也是对资产拟进入的市场条件的一种假定说明或限定。

具体来讲，清算假设是对资产在非公开市场条件下被迫出售或快速变现条件的假定说明。由于清算假设假定被评估资产处于被迫出售或快速变现条件下，这种情况下的资产评估具有一定的特殊性，适应强制出售中市场均衡被打破的实际情况，资产评估价值大大低于继续使用或公开市场条件下的评估值。因此，在清算假设前提下的资产评估结果的适用范围是非常有限的。

二、资产评估的原则

（一）独立性原则

独立性原则是指评估机构应始终坚持第三方立场，不为资产业务当事人的利益所影响。评估机构应是独立的社会公正性机构，不能为资产业务中任何一方所拥有，也不能隶属于任何一方。遵循这一原则可以从组织上保证评估工作不受有关利益方的干扰和委托者意图的影响。

（二）客观公正性原则

客观公正性原则要求资产评估工作实事求是，尊重客观实际。资产评估机构及其评估人员在评估工作中必须以实际材料为基础，以确凿的事实和事物发展的内在规律为依据，以求实的态度，实事求是地得出评估结果，而不能以自己的好恶或其他个人的情感进行评估。资产评估结果是评估人员认真调查研究，通过合乎逻辑的分析，推理得出的具有客观公正性的评估结论。

（三）科学性原则

科学性原则要求资产评估机构和评估人员必须遵循科学的评估标准，以科学的态度制订评估方案，并采用科学的评估方法进行资产评估。在整个评估工作中必须把主观评价与客观测算、静态分析与动态分析、定性分析与定量分析有机结合起来，使评估工作做到科学合理、真实可信。

（四）资产评估的经济技术原则

资产评估中的经济技术原则是指在资产评估执业过程中的一些技术规范和业务准则。它们为评估人员在执业过程中的专业判断提供技术依据和保证。这些技术原则主要包括：

1. 预期收益原则。预期收益原则是以技术原则的形式概括出资产及其资产价值最基本的决定因素。资产之所以有价值是因为它能够为其拥有者或控制者带来未来经济利益，资产价值的高低主要取决于它能够为其所有者或控制者带来的预期收益的多少。预期收益原则是评估人员判断资产价值的一个最基本的依据。

2. 供求原则。供求原则是经济学中关于供求关系影响商品价格原理的概括。假定在其他条件不变的前提下，商品的价格随着需求的增长而上升，随着供给的增加而下降。尽管商品价格随供求关系变化并不呈固定比例变化，但变化的方向都具有规律性。供求规律对商品价格所形成的作用力同样适用于资产价值的评估，评估人员在判断资产价值时也应充分考虑和依据供求原则。

3. 贡献原则。从一定意义上来讲，贡献原则是预期收益原则在某种情况下的具体应用原则。贡献原则主要适用于构成某整体资产的各组成要素资产的评估，它要求要素资产价值的高低要由该要素资产对整体资产的贡献大小来决定，或者是由当整体资产缺少该项要素资产将蒙受的损失多少来决定。

4. 替代原则。作为一种市场规律，在同一市场上，具有相同使用价值和质量的商品，应有大致相同的交换价值。如果具有相同使用价值和质量的商品具有不同的交换价值或价格，买者会选择价格较低者。当然，作为卖者，如果可以将商品卖到更高的价格水平上，他会在较高的价位上出售商品。在资产评估中确实存在着评估数据、评估方法等的合理替代问题，正确运用替代原则是公正地进行资产评估的重要保证。

5. 评估时点原则。市场是变化的，资产的价值会随着市场条件的变化而不断改变。为了使资产评估得以操作，同时又能保证资产评估结果可以被市场检验，在进行资产评估时，必须假定市场条件固定在某一时点，这一时点就是评估基准日，或称估价日期。它为资产评估提供了一个时间基准。资产评估的评估时点原则要求资产评估必须有评估基准日，而且评估值就是评估基准日的资产价值。

本章练习题

一、术语解释

1. 资产评估　　2. 资产评估的时点性

3. 市场价值　　4. 非市场价值

二、单项选择题

1. 资产评估的时点性是指以被评估资产在（　　）的实际状况，对资产价值进行的评定估算。

   A. 评估日期　　B. 评估工作日期　　C. 评估基准日　　D. 过去、现在及未来

2. 不可辨认的资产是指（　　）。

   A. 没有物质形态因而无法辨认的资产

   B. 因不具有综合获利能力而无法单独出售的资产

   C. 不能独立于有形资产而单独存在的资产

   D. 除有形资产以外的所有资产

3. 资产评估价值取决于资产的（　　）。

   A. 原先的购买价格　　B. 生产成本

   C. 预期效用　　D. 评估基准日的利用现状

4. 正常情况下，一栋别墅在某一时点的市场价值，不会高于此时点重新开发一栋同等

效用别墅的成本（包括利润）。这体现了资产评估的（　　）。

A. 贡献原则　B. 客观原则　C. 预期原则　D. 替代原则

5. 下列不属于资产评估工作原则的是（　　）。

A. 独立性　B. 客观性　C. 替代性　D. 科学性

6. 在企业兼并时，目标企业（被兼并企业）价值评估的最适用假设是（　　）。

A. 清算假设　B. 公开市场假设

C. 继续使用假设　D. 持续经营假设

7. 银行在因债务不能清偿而需要对其受押的抵押房地产进行处置时，该抵押房地产价值的评估适用于（　　）。

A. 清算假设　B. 公开市场假设

C. 继续使用假设　D. 持续经营假设

8. 资产评估价值与资产交易中的实际成交价格之间的关系是（　　）。

A. 前者必须高于后者　B. 前者必须低于后者

C. 前者必须等于后者　D. 前者可以高于、低于或者等于后者

9. 资产评估工作的执行操作者不同于会计计价，它是由独立于企业以外的具有资产评估资格的社会中介机构来完成的，这说明资产评估具有（　　）。

A. 市场性　B. 独立性　C. 咨询性　D. 预测性

10. 某宗土地用于住宅开发时的价值为 300 万元，用于商业大楼开发时的价值为 500 万元，用于工业厂房开发时的价值为 280 万元。城市规划确认该土地可用于住宅或工业生产。该宗土地的价值应评估为（　　）万元。

A. 500　B. 300　C. 280　D. 360

三、多项选择题

1. 资产评估行为涉及的经济行为包括（　　）。

A. 产权转让　B. 企业重组　C. 资产抵押

D. 资产纳税　E. 停业整顿

2. 资产评估的科学性原则是指（　　）。

A. 选择适用的价值类型和方法

B. 由包括科技专家组成的资产评估队伍

C. 制订科学的评估方案

D. 以充分科学的事实为依据

E. 遵循科学的评估程序

3. 资产评估的公正性表现为（　　）。

A. 资产评估应遵循正确适用的评估原则，依照法定的评估程序，运用科学的评估方法。

B. 资产评估主体应当与资产业务及其当事人没有利害关系。

C. 资产评估的目标是估算出服务于资产业务要求的客观价值。

D. 资产评估需要通过对评估基准日的市场实际状况进行模拟。

E. 评估价值是为资产业务提供的一个参考价值，最终的成交价格取决于资产业务当事人讨价还价的能力。

4. 在估价对象已经处于使用状态，运用最佳使用原则的选择前提有（　　）。
   A. 保持利用现状前提　　B. 转换用途前提
   C. 投资改造前提　　D. 新利用前提
   E. 上述四种情形的某种组合
5. 适用于资产评估的假设有（　　）。
   A. 继续使用假设　　B. 公开市场假设　　C. 持续经营假设
   D. 清算假设　　E. 交易假设
6. 确定评估基准日的目的是（　　）。
   A. 确定评估对象的计价时间
   B. 将动态下的资产固定在某一时点
   C. 将动态下的资产固定在某一时期
   D. 确定评估机构的工作日
   E. 遵循科学的评估程序

四、简答题

1. 资产评估的基本要素有哪些？
2. 资产评估假设的具体内容是什么？
3. 资产评估的经济原则有哪些？

第二章

资产评估方法

资产评估是对资产现行价值进行评定估算的一种专业活动。资产评估方法是实现评定估算资产价值的技术手段。它是在工程技术、统计、会计等学科的技术方法的基础上，结合自身特点形成的一整套方法体系。该体系由多种具体资产评估方法构成，根据《资产评估准则》《企业价值评估指导意见（试行）》《资产评估操作规范意见（试行）》等相关要求，这些方法按分析原理和技术路线不同可以归纳为三种方法，即市场法、收益法和成本法。市场法是指将评估对象与参考企业、在市场上已有交易案例的企业、股东权益、证券等权益性资产进行比较，以确定评估对象价值的评估思路。收益法是指通过将被评估企业预期收益资本化或折现，以确定评估对象价值的方法。成本法是指在合理评估企业各项资产价值和负债的基础上，确定评估对象价值的方法。

第一节　市　场　法

市场法是利用市场上同样或类似资产的近期交易价格，经过直接比较或类比分析以估测资产价值的各种评估技术方法的总称。市场法是根据替代原则，采用比较和类比的思路及其方法判断资产价值的评估技术规程。因为任何一个正常的投资者在购置某项资产时，他所愿意支付的价格不会高于市场上具有相同用途的替代品的现行市价。运用市场法要求充分利用类似资产成交价格信息，并以此为基础判断来估测被评估资产的价值。运用已被市场检验了的结论来评估被评估对象，显然是容易被资产业务各当事人接受的。因此，市场途径是资产评估中最为直接、最具说服力的评估途径之一。

一、市场法的前提条件

1. 要有一个活跃的公开市场。
2. 公开市场上要有可比的资产及其交易活动。

公开市场是一个充分的市场，市场上有自愿的买者和卖者，他们之间进行平等交易。这就排除了个别交易的偶然性，市场成交价格基本上可以反映市场行情。按市场行情估测被评估资产价值，评估结果会更贴近市场，更容易被资产交易各方接受。

资产及其交易的可比性是指选择的可比资产及其交易活动在近期公开市场上已经发生过，且与被评估资产及资产业务相同或相似。这些已经完成交易的资产就可以作为被评估资产的参照物，而其交易数据是进行比较分析的主要依据。资产及其交易的可比性具体体现在以下几个方面：

（1）参照物与评估对象在功能上具有可比性，包括用途、性能上的相同或相似；

（2）参照物与评估对象面临的市场条件具有可比性，包括市场供求关系、竞争状况和交易条件等；

（3）参照物成交时间与评估基准日间隔时间不能过长，应在一个适度时间范围内，同时，时间对资产价值的影响是可以调整的。

二、市场法的评估程序

（一）选择参照物

不论评估对象是单项资产还是整体资产，运用市场法评估时都需经历选择参照物这一程序。对参照物的要求关键是一个可比性问题，包括功能、市场条件及成交时间等。另外就是参照物的数量问题。不论参照物与评估对象如何相似，通常应选择三个以上的参照物。因为运用市场法评估资产价值，被评估资产的评估值高低在很大程度上取决于参照物成交价格水平，而参照物成交价又不仅仅是参照物功能自身的市场体现，它还受买卖双方交易地位、交易动机、交易时限等因素的影响。为了避免某个参照物个别交易中的特殊因素和偶然因素对成交价及评估值的影响，运用市场法评估资产时应尽可能选择多个参照物。

（二）在评估对象与参照物之间选择比较因素

从理论上讲，影响资产价值的基本因素大致相同，如资产性质、市场条件等。但具体到每一种资产时，影响资产价值的因素又各有侧重。如影响房地产价值的主要是地理位置因素，而技术水平则在机器设备评估中起主导作用。所以，应根据不同种类资产价值形成的特点，选择对资产价值形成影响较大的因素作为对比指标，在参照物与评估对象之间进行比较。

（三）指标对比、量化差异

根据前面所选定的对比指标，在参照物及评估对象之间进行比较，并将两者的差异进行量化。例如生产功能指标，尽管参照物与评估对象功能相同或相似，但在生产能力、产品质量，以及在资产运营过程中的能耗、料耗和工耗等方面都可能有不同程度的差异。运用市场法的一个重要环节就是将参照物与评估对象对比指标之间的差异数量化和货币化。

（四）在各参照物成交价格的基础上，调整已经量化的对比指标差

市场法是以参照物的成交价格作为评定估算评估对象价值的基础。在这个基础上将已经量化的参照物与评估对象对比指标差异进行调增或调减，就可以得到以每个参照物为基础的评估对象的初步评估结果。初步评估结果与所选择的参照物个数密切相关。

（五）综合分析确定评估结果

按照一般要求，运用市场法通常应选择三个以上参照物。所以，在一般情况下，运用市场法评估的初步结果也在三个以上。根据资产评估的一般惯例的要求，正式的评估结果只能有一个，这就需要评估人员对若干评估初步结果进行综合分析，以确定最终的评估值。评估值的最终确定，主要取决于评估人员对参照物的把握和对评估对象的认识。当然，如果参照物与评估对象的可比性都很好，评估过程中没有明显的遗漏或疏忽，采用算术平均法或加权平均法等方法将初步结果转换成最终评估结果也是可以的。

三、市场法中的具体评估方法

市场法实际上是指在一种评估思路下的若干具体评估方法的集合。市场法中的具体方法可以根据不同的划分标准进行分类，这些分类并不是严格意义上的方法分类，大多是尊重某种习惯分类，分类仅仅是为了叙述的便利和便于学习。按照参照物与评估对象的相似程度，市场法中的具体方法可以被分为两大类：直接比较法和类比调整法。

（一）直接比较法

直接比较法是指利用参照物的交易价格，以评估对象的某一或若干基本特征与参照物的同一及若干基本特征直接进行比较，得到两者的基本特征修正系数或基本特征差额，在参照物交易价格的基础上进行修正，从而得到评估对象价值的一类方法。其基本计算公式为：

$$评估对象价值 = 参照物成交价 \times (评估对象\ A\ 因素 \div 参照物\ A\ 因素)$$

1. 现行市价法。

当评估对象本身具有现行市场价格或与评估对象基本相同的参照物具有现行市场价格的时候，可以直接利用评估对象或参照物在评估基准日的现行市场价格作为评估对象的评估价值。例如，可上市流通的股票和债券可按其在评估基准日的收盘价作为评估价值；批量生产的设备、汽车等可按同品牌、同型号、同规格、同厂家、同批量的设备、汽车等的现行市场价格作为评估价值。

2. 市价折扣法。

以参照物成交价格为基础，考虑到评估对象在销售条件、销售时限等方面的不利因素，凭评估人员的经验或有关部门的规定，设定一个价格折扣率来估算评估对象价值的方法。

$$资产评估价值 = 参照物成交价格 \times (1 - 价格折扣率)$$

【例2－1】 评估某拟快速变现资产，在评估基准日与其完全相同的正常变现价为10万元，经评估师综合分析，认为快速变现的折扣率应为40%，因此，拟快速变现资产评估价值接近于6万元。

$$资产评估价值 = 10 \times (1 - 40\%) = 6\ (万元)$$

3. 功能价值类比法。

以参照物的成交价格为基础，考虑参照物与评估对象之间的功能差异进行调整来估算评估对象价值的方法。

换句话说，功能指的是生产能力，生产能力越大，则价值就越大。

根据资产的功能与其价值之间的关系可分为线性关系和指数关系两种情况：

①资产价值与其功能呈线性关系的情况，通常被称作生产能力比例法。

$$被评估资产评估价值 = 参照物成交价格 \times \frac{被评估资产生产能力}{参照物生产能力}$$

【例2－2】 被评估资产年生产能力为90吨，参照资产的年生产能力为120吨，评估基准日参照资产的市场价格为10万元，由此确定被评估资产价值接近于7.5万元。

$$资产评估价值 = 10 \times 90 \div 120 = 7.5\ (万元)$$

②资产价值与其功能呈指数关系的情况，通常被称作规模经济效益指数法，数学表达式一般表述为：

$$\frac{被评估资产评估价值}{参照物成交价格} = \left[\frac{被评估资产生产能力}{参照物生产能力}\right]^x$$

$$被评估资产评估价值=参照物成交价格\times\left[\frac{被评估资产生产能力}{参照物生产能力}\right]^x$$

【例2-3】 被评估资产年生产能力为90吨，参照资产的年生产能力为120吨，评估基准日参照资产的市场价格为10万元，该类资产的功能价值指数为0.7，由此确定被评估资产价值接近于8.18万元。

$$资产评估价值=10\times(90\div120)^{0.7}=8.18（万元）$$

4. 价格指数法。

价格指数法是以参照物价格为基础，考虑参照物的成交时间与评估对象的评估基准日之间的时间间隔对资产价值的影响，利用价格指数调整估算评估对象价值的方法。

①定基物价指数。

定基物价指数是以固定时期为基期的指数，通常用百分比来表示。以100%为基础，当物价指数大于100%，表明物价上涨；物价指数在100%以下，表明物价下跌。

【例2-4】 与评估对象完全相同的参照资产6个月前的成交价格为10万元，半年间该类资产的价格上升了5%。

$$资产评估价值=10\times(1+5\%)=10.5（万元）$$

【例2-5】 某项资产购建于2007年，账面原值为50万元，于2010年评估，若取得时定基物价指数为100%，评估时定基物价指数为140%，该资产最可能的评估值为70万元。

$$资产评估价值=50\times(140\%\div100\%)=70（万元）$$

②环比物价指数。

环比物价指数又称“连比物价指数”。环比物价指数主要是反映物价逐期的变化情况，是各时期的商品价格都同它前一时期的商品价格对比而编制的指数。

【例2-6】 被评估房地产于2006年6月30日进行评估，该类房地产2006年上半年各月月末的价格同2005年年底相比，分别上涨了2.5%、5.7%、6.8%、7.3%、9.6%和10.5%。其中参照房地产在2006年3月底的价格为3 800元/m^2，则评估对象于2006年6月30日的价值接近于：

$$3\ 800\times(1+10.5\%)/(1+6.8\%)=3\ 932（元/m^2）$$

【例2-7】 被评估对象为一台设备，1997年12月31日购置，账面原值为28万元，评估基准日为2007年1月1日。已知1997年年末的定基物价指数为106%，2002年年末的定基物价指数为118%，从2003年开始，同类物价指数每年比上一年上升7%，若不考虑其他因素，该设备的重置成本最接近于多少万元？

$$2002年年末的重置成本=28\times(118\%/106\%)=31.17（万元）$$

$$评估基准日该设备的重置成本=31.17\times(1+7\%)^4=40.86（万元）$$

5. 成新率调整法。

以参照物的成交价格为基础，考虑参照物与评估对象新旧程度上的差异，通过成新率调整估算出评估对象的价值。

$$\frac{被评估资产评估价值}{参照物成交价格}=\frac{被评估资产成新率}{参照物成新率}$$

$$被评估资产评估价值=参照物成交价格\times\frac{被评估资产成新率}{参照物成新率}$$

【例2-8】 待估资产为某机器设备，其生产时间为1993年，评估基准日为2003年1

月。收集到一交易案例，该机器设备和待估设备型号相同，属同一厂家生产，交易时间为2002年12月，交易价格为124 000元，该机器设备的生产时间为1995年。待估设备的尚可使用年限为13年，参照物的尚可使用年限为15年，待估资产的成新率为57%，参照物的成新率为65%，该待估设备的评估值为：

$$评估值 = 124\,000 \times (57\% \div 65\%) = 108\,738.46（元）$$

（二）类比调整法

类比调整法是市场法中最基本的具体评估方法。该法并不要求参照物与评估对象必须一样或者基本一样，只要参照物与评估对象在大的方面基本相同或相似。该方法通过对比分析调整参照物与评估对象之间的差异，在参照物成交价格的基础上调整估算评估对象的价值。

类比调整法具有适用性强，应用广泛的特点。但该方法对信息资料的数量和质量要求较高，而且要求评估人员要有较丰富的评估经验、市场阅历和评估技巧。因为，类比调整法可能要对参照物与评估对象的若干可比因素进行对比分析和差异调整。没有足够的数据资料，以及对资产功能、市场行情的充分了解和把握，很难准确地评定估算出评估对象的价值。在具体操作过程中，类比调整法中使用频率较高的有成本市价法、市场售价类比法和价值比率（倍数）法等具体评估方法。

1. 成本市价法。

成本市价法是以评估对象的现行合理成本为基础，利用参照物的成本市价比率来估算评估对象价值的方法。

$$资产评估价值 = 评估对象现行合理成本 \times \frac{参照物成交价格}{参照物现行合理成本}$$

【例2－9】 评估基准日某市商品住宅的成本市价率为150%，已知被估全新住宅的现行合理成本为20万元，则其市价接近于30万元。

$$资产评估价值 = 20 \times 150\% = 30（万元）$$

2. 市场售价类比法。

市场售价类比法是以参照物的成交价格为基础，考虑参照物与评估对象在功能、市场条件和销售时间等方面的差异，通过对比分析和量化差异，调整估算出评估对象价值的各种方法。

$$资产评估价值 = 参照物售价 + 功能差异值 + 时间差异值 + \cdots + 交易情况差异值$$

或：

$$资产评估价值 = 参照物售价 \times 功能差异修正系数 \times \cdots \times 时间差异修正系数$$

【例2－10】 为评估某房地产的价格，选取A、B、C三个可比实例，有关资料见表2－1：

表2－1 可比实例对比

项　目		可比实例A	可比实例B	可比实例C
成交价格（元/m^2）		3 800	4 100	3 950
成交日期		2002年10月1日	2003年5月1日	2003年6月1日
交易情况		−2%	+1.5%	0%
房地产状况	区位状况	+3%	0%	−1%
	权益状况	0%	+2%	−1%
	实物状况	−1%	0%	+2%

上表中各百分数均是以估价对象为标准，正数表示比估价对象好，负数表示比估价劣。2002年6月1日到2003年3月1日，该类房地产市场价格每月平均比上月上涨1.5%。以3月1日为基准，以后每月递减1%，试利用上述资料评估该房地产2003年10月1日的正常价格。

解：（1）计算比准价格

$$A = 3\ 800 \times \frac{100}{98} \times (1 + 1.5\%)^5 \times (1 - 7 \times 1\%) \times \frac{100}{103} \times \frac{100}{100} \times \frac{100}{99} = 3\ 809.77 \text{（元/m}^2\text{）}$$

$$B = 4\ 100 \times \frac{100}{101.5} \times \frac{93}{98} \times \frac{100}{100} \times \frac{100}{102} \times \frac{100}{100} = 3\ 758.15 \text{（元/m}^2\text{）}$$

$$C = 3\ 950 \times \frac{100}{100} \times \frac{93}{97} \times \frac{100}{99} \times \frac{100}{99} \times \frac{100}{102} = 3\ 788.24 \text{（元/m}^2\text{）}$$

（2）求算估价对象的比准价格

$$\text{比准价格} = (3\ 809.77 + 3\ 758.15 + 3\ 788.24) \div 3 = 3\ 785.39 \text{（元/m}^2\text{）}$$

3. 价值比率（倍数）法。

价值比率法主要适用于整体企业的评估。价值比率法是以参照企业或并购案例企业的价值比率，如市盈率作为乘数（倍数），以此乘数与评估对象（企业）的相关参数相乘估算评估对象（企业）价值的方法。以市盈率作为价值比率为例。

被评估企业评估价值 = 评估对象（企业）收益额 × 参照物（企业）市盈率

【例2-11】 某被评估企业的年净利润为1 000万元，评估基准日资产市场上同类企业平均市盈率为25倍，则：

该企业的评估价值 = 1 000 × 25 = 25 000（万元）

第二节　收　益　法

一、收益法的基本含义

收益法是指通过估测被评估资产未来预期收益的现值，来判断资产价值的各种评估方法的总称。从理论上讲，收益法是资产评估中较为科学合理的评估方法之一。

二、收益法的基本前提

1. 收益法涉及三个基本因素：

（1）被评估资产的预期收益（Ri 或 A）；

（2）折现率或者本金化率（r）；

（3）被评估资产取得预期收益的持续时间（n）。

2. 应用收益法必须具备的前提条件：

（1）被评估资产的未来预期收益可以预测并可以用货币衡量。

影响预期收益的主要因素包含主观因素和客观因素，应该比较明确，评估人员可以据此分析和测算出被评估资产的预期收益。

（2）资产拥有者获得预期收益所承担的风险，也可以预测并可以用货币衡量不同的收益，可能存在不同的风险，所以两个被评估资产即使估计在未来的收益基本相当，可是由于风险不一样，大家肯定会选择购买风险低的资产，或者说大家会认为风险低的资产的价值更高。从货币时间价值的角度、资产股价的角度看，不同风险的收益需要使用不同的折现率计算现值。

（3）被评估资产预期获利年限可以预测。

三、收益法的基本程序和基本参数

1. 收集并验证与评估对象未来预期收益有关的数据资料，包括经营前景、财务状况、市场形势以及经营风险等；

2. 分析测算被评估对象的未来预期收益；

3. 分析测算折现率或资本化率；

4. 分析测算被评估资产预期收益持续的时间；

5. 用折现率或资本化率将评估对象的未来预期收益折算成现值；

6. 分析确定评估结果。

运用收益法进行评估涉及许多经济技术参数，其中最主要的参数有三个。它们是收益额、折现率和收益期限。

（一）收益额

收益额是使用收益法评估资产价值的基本参数之一。在资产评估中，资产的收益额是指根据投资回报的原理，资产在正常情况下所能得到的归其产权主体的所得额。资产评估中的收益额有两个比较明确的特点：（1）收益额是资产未来预期收益额，而不是资产的历史收益额或现实收益额；（2）用于资产评估的收益额通常是资产的客观收益，而不一定是资产的实际收益。

收益额的上述两个特点是非常重要的，评估人员在执业过程中应切实注意收益额的特点，以便合理运用收益法来估测资产的价值。因资产种类较多，不同种类资产的收益额表现形式也不完全相同，如企业的收益额通常表现为净利润或净现金流量，而房地产则通常表现为纯收益等。关于收益额预测将在以后各章结合各类资产的具体情况分别介绍。

（二）折现率

从本质上讲，折现率是一种期望投资报酬率，是投资者在投资风险一定的情况下，对投资所期望的回报率。折现率就其构成而言，它是由无风险报酬率和风险报酬率组成的。无风险报酬率，也称安全利率，是指没有投资限制和障碍，任何投资者都可以投资并能够获得的投资报酬率。在具体实践中，无风险报酬率可以参照同期国库券利率或银行利率。风险报酬率是对风险投资的一种补偿，在数量上是指超过无风险报酬率之上的那部分投资回报率。在资产评估中，因资产的行业分布、种类、市场条件等的不同，其折现率也不相同。资本化率与折现率在本质上是相同的。习惯上人们把将未来有限期预期收益折算成现值的比率称为折现率，而把将未来永续性预期收益折算成现值的比率称为资本化率。至于折现率与资本化率在量上是否相等，主要取决于同一资产在未来长短不同的时期所面临的风险是否相同。确定折现率，首先应该明确折现的内涵。折现作为一个时间优先的概念，认为将来的收益或利益低于现在的同样收益或利益，并且，随着收益时间向将来推迟的程度而有序地降低价值。同时，折现作为一个算术过程，是把一个特定比率应用于预期的收益，从而得出当前的价值。

（1）折现率的计算：

$$折现率 = 无风险报酬率 + 风险报酬率$$

无风险报酬率是指没有投资限制和障碍，任何投资者都可以投资并能够获得（事实上，就是没有风险）的投资报酬率。

实务中，可以使用同期国库券利率或者银行利率（实际上考试的时候现在都是直接采用国债利率，并不进行换算）。

风险报酬率是指根据所投资的行业所面临的行业风险、财务风险、市场风险、经营风险等各种风险要测算这项交易所承担的风险。

（2）资本化率与折现率的关系：

①在本质上是没有区别的。

②二者适用场合不同。习惯上人们称折现率是将未来有限期的预期收益折算成现值的比率，用于有限期预期收益折现，资本化率则是将未来永续性预期收益折算成现值的比率。

③二者是否相等，主要取决于同一资产在未来长短不同的时期所面临的风险是否相同。

（三）收益期限

收益期限是指资产具有获利能力持续的时间，通常以年为时间单位。它由评估人员根据被评估资产自身效能及相关条件，以及有关法律、法规、契约、合同等加以测定。

四、收益法中的主要技术方法

（一）纯收益不变

1. 在收益永续，各因素不变的条件下：

纯收益每年不变；资本化率固定且大于零；收益年期无限。

$$P=A/r$$

【例2-12】 某项永久性奖学金，每年计划颁发50 000元奖金。若年复利率为8%，该奖学金的本金应为多少元。

$$\text{永续年金现值}=A/r$$
$$=50\,000/8\%=625\,000\ (\text{元})$$

【例2-13】 现在向银行存入5 000元，在利率为多少时，才能保证在今后10年中每年得到750元。

$$5\,000=750\times(P/A,\ i,\ 10)$$
$$(P/A,\ i,\ 10)=5\,000/750=6.667$$

2. 在收益年期有限，资本化率大于零的条件下：

纯收益每年不变；资本化率固定且大于零；收益年期有限为 n。

$$P=A(P/A,\ i,\ n)$$
$$P=\frac{A}{r}\left[1-\frac{1}{(1+r)^n}\right]$$

【例2-14】 某公司持续经营五年，每年收益为500万元，折现率为10%，则公司价值为多少。

$$P=A(P/A,\ i,\ n)$$
$$P=500(P/A,\ 10\%,\ 5)=1\,895.4\ (\text{万元})$$

（二）纯收益每年不相等

【例2-15】 评估某企业，经专业评估人员测定，该企业评估基准日后未来5年的预期收益分别为100万元、100万元、100万元、100万元、100万元，并且在第6年之后该企业收益将保持在 120 万元不变，资本化率和折现率均为 10%，该企业的评估价值最接近于多少万元。

首先确定未来 5 年收益额现值：

现值总额 = 100 × (0.909 1 + 0.826 4 + 0.751 3 + 0.683 0 + 0.620 9) = 379.07（万元）

其次将第 6 年以后的收益资本化处理：

$$120/10\% = 1\ 200 \text{（万元）}$$

最后，确定企业的评估值 = 379.07 + 1 200 × 0.620 9 = 1 124.15（万元）。

【例 2－16】 企业进行股份制改组，根据企业过去经营状况和未来市场形势，预测其未来 5 年的收益额分别为 130 万元、140 万元、110 万元、120 万元和 150 万元。第 5 年以后每年的收益为 160 万元。根据银行利率及经营风险情况确定其折现率和资本化率分别为 10% 和 11%。

要求：试确定该企业的评估价值。

（1）首先将未来 5 年的收益额折现求和：

$$\begin{aligned} P_1 &= 130(P/F,\ 10\%,\ 1) + 140(P/F,\ 10\%,\ 2) + 110(P/F,\ 10\%,\ 3) \\ &\quad + 120(P/F,\ 10\%,\ 4) + 150(P/F,\ 10\%,\ 5) \\ &= 130 \times 0.909\ 1 + 140 \times 0.826\ 4 + 110 \times 0.751\ 3 + 120 \times 0.683\ 0 + 150 \times 0.620\ 9 \\ &= 118.183 + 115.696 + 82.643 + 81.960 + 93.135 \\ &= 491.617 \text{（万元）} \end{aligned}$$

（2）求第 6 年以后的收益额的现值：

$$\begin{aligned} P_2 &= (160/11\%)(P/F,\ 10\%,\ 3) \\ &= 903.158\ 3 \text{（万元）} \end{aligned}$$

（3）确定该企业评估值：

评估值 = 491.617 + 903.158 3 = 1 394.775 3（万元）

因此，该企业的评估值为 1 394.775 3 万元。

【例 2－17】 评估某企业，经评估人员分析预测，该企业评估基准日后未来 3 年的预期净利润分别为 200 万元、220 万元、230 万元，从未来第 4 年至第 10 年企业净利润将保持在 230 万元水平上，企业在未来第 10 年年末的资产预计变现价值为 300 万元，假定企业适用的折现率与资本化率均为 10%，该企业的股东全部权益评估值最接近于多少万元。

$$\begin{aligned} P_1 &= 200 \times (P/F,\ 10\%,\ 1) + 220 \times (P/F,\ 10\%,\ 2) + 230 \times (P/F,\ 10\%,\ 3) \\ &= 200 \times 0.909\ 1 + 220 \times 0.826\ 4 + 230 \times 0.751\ 3 \\ &= 536.427 \text{（万元）} \end{aligned}$$

$$\begin{aligned} P_2 &= 230 \times (P/A,\ 10\%,\ 7) \times (P/F,\ 10\%,\ 3) \\ &= 230 \times 4.868\ 4 \times 0.751\ 3 \\ &= 841.25 \text{（万元）} \end{aligned}$$

$$\begin{aligned} P_3 &= 300 \times (P/F,\ 10\%,\ 10) \\ &= 300 \times 0.385\ 5 = 115.65 \text{（万元）} \end{aligned}$$

$$\begin{aligned} \text{股东全部权益评估值} &= P_1 + P_2 + P_3 \\ &= 536.427 + 841.25 + 115.65 \\ &= 1\ 493.327 \text{（万元）} \end{aligned}$$

第三节　成　本　法

一、成本法的含义

（一）定义

成本法是指在评估资产时首先估测被评估资产的重置成本，然后估测被评估资产业已存在的各种贬值因素，并将其从重置成本中予以扣除而得到被评估资产价值的评估方法的总称。

（二）基本思路

重新建造或购置被评估资产的成本，作为被评估资产的价值，如果该资产是旧的，按照该重置成本扣除使用损耗等贬值因素作为该资产的评估价值。

（三）成本法的基本公式

资产评估价值＝资产的重置成本－资产实体性贬值－资产功能性贬值－资产经济性贬值

二、成本法的基本前提

成本法从再取得资产的角度反映资产价值，即通过资产的重置成本扣减各种贬值来反映资产价值。只有当被评估资产处于继续使用状态下，再取得被评估资产的全部费用才能构成其价值的内容。资产的继续使用不仅仅是一个物理上的概念，它还包含着有效使用资产的经济意义。只有当资产能够继续使用并且在持续使用中为潜在所有者或控制者带来经济利益时，资产的重置成本才能为潜在投资者和市场所承认和接受。从这个意义上讲，成本法主要适用于继续使用前提下的资产评估。对于非继续使用前提下的资产，如果运用成本法进行评估，需对成本法的基本要素做必要的调整。从相对准确合理、减少风险和提高评估效率的角度，把继续使用作为运用成本法的前提是有积极意义的。

采用成本法评估资产具备的前提条件是：

1. 被评估资产处于继续使用状态或被假定处于继续使用状态。

只有被评估资产继续使用，再取得被评估资产的全部费用才能够构成其价值的内容。

2. 被评估资产的预期收益能够支持其重置及其投入价值。

三、成本法的基本要素计算

从上面成本法的基本公式可以看出，成本法的运用涉及4项指标。

（一）重置成本及其估算方法

1. 重置成本的定义。

重置成本是指按现行市场条件下重新构建一项全新资产所支付的全部货币总额。

2. 重置成本的分类。

一般可分为复原重置成本和更新重置成本两种。

（1）复原重置成本。复原重置成本是指运用被评估资产原来相同的材料、建筑或制造标准、设计、规格及技术等，以现时价格水平复原购建与被评估对象相同的全新资产所发生的费用。

复原重置成本与原始成本的内容构成是相同的，而二者反映的物价水平是不相同的，前者反映的是资产评估日期的市场物价水平，后者反映的是当初购建资产时的物价水平。

（2）更新重置成本。更新重置成本是指采用与被评估对象并不完全相同的新型材料、现代建筑或制造标准、新型设计、规格和技术等，以现行价格水平构建与被评估对象具有同等功能的全新资产所需的成本。

3. 两种重置成本运用中的注意事项。

（1）在实际工作中，选择重置成本时，在同时可获得复原重置成本和更新重置成本的情况下，应选择更新重置成本。在无法获得更新重置成本时也可采用复原重置成本。之所以要选择更新重置成本，一方面随着科学技术的进步，劳动生产率的提高，新工艺、新设计被社会所普遍接受。另一方面，新型设计、工艺制造的资产无论从其使用性能，还是成本耗用方面都会优于旧的资产。

（2）无论哪种重置成本，资产本身的功能始终是相同的，采用的都是资产的现时价格，不同之处在于技术、设计、标准方面的差异。

（3）一般而言，复原重置成本大于更新重置成本。

（4）如果选用了复原重置成本，则复原重置成本和更新重置成本的差额视作功能性贬值的一部分。

通过成本法评估资产的价值不可避免地要涉及被评估资产的重置成本、实体性贬值、功能性贬值和经济性贬值四大因素。成本法中的各种具体方法实际上都是在成本法总的评估思路基础上，围绕着上述因素采用不同的方式方法测算形成的。在评估实务中，由于人们可能会采用不同的具体方式估算成本法中的各个参数，以及根据采用不同具体方式估算的各个参数的性质、特点来考虑与成本法中其他参数的相互关系，因此，下面所介绍的成本法中的各个具体参数的估测或测算，其结果可能并不是严格意义上的各参数本身，评估人员需要了解参数的估测方法对参数内涵的影响。

4. 资产的重置成本的估算方法。

资产的重置成本可以通过若干种方法进行估算，这里对在评估实务中应用较为广泛的几种方法介绍如下：

（1）重置核算法。重置核算法也称细节分析法、核算法等，是利用成本核算的原理，根据重新取得资产所需的费用项目，逐项计算然后累加得到资产的重置成本。其在实际测算过程中又具体划分为两种类型，即购买型和自建型。购买型是以购买资产的方式作为资产的重置过程，购买的结果一般是资产的购置价，如果被评估资产属于不需要运输、安装的资产，购置价就是资产的重置成本。如果被评估资产属于需要运输、安装的资产，资产的重置成本具体由资产的现行购买价格、运杂费、安装调试费以及其他必要费用构成，将上述取得资产的必需费用累加起来，便可计算出资产的重置成本。自建型是把自建资产作为资产重置方式，它根据重新建造资产所需的料、工、费及必要的资金成本和开发者的合理收益等分析和计算出资产的重置成本。

【例 2－18】 重置购建设备一台，现行市场价格每台 6 万元，运杂费 1 000 元，直接安装成本 800 元，其中原材料费 300 元，人工成本费 500 元。根据统计分析，计算求得安装成本中的间接成本为每人成本 0.8 元。该机器设备重置成本为：

$$直接成本 = 60\,000 + 1\,000 + 800 = 61\,800\ (元)$$

其中：买价 60 000 元，运杂费 1 000 元，安装费用 800 元（含原材料 300 元，人工费 500 元）

$$间接成本（安装成本）=500\times0.8=400（元）$$

$$重置成本=61\ 800+400=62\ 200（元）$$

（2）功能价值类比法。功能价值类比法是以参照物的成交价格为基础，考虑参照物与评估对象之间的功能差异进行调整来估算评估对象价值的方法。

根据资产的功能与其价值之间的关系可分为线性关系和指数关系两种情况：

①资产价值与其功能呈线性关系的情况，通常被称作生产能力比例法。

$$被评估资产评估价值=参照物成交价格\times\frac{被评估资产生产能力}{参照物生产能力}$$

②资产价值与其功能呈指数关系的情况，通常被称作规模经济效益指数法，数学表达式一般表述为：

$$\frac{被评估资产评估价值}{参照物成交价格}=\left[\frac{被评估资产生产能力}{参照物生产能力}\right]^x$$

$$被评估资产评估价值=参照物成交价格\times\left[\frac{被评估资产生产能力}{参照物生产能力}\right]^x$$

【例 2-19】 被评估资产年生产能力为 100 吨，参照资产的年生产能力为 120 吨，评估基准日参照资产的市场价格为 30 万元，由此确定被评估资产价值接近于 25 万元。

$$资产评估价值=30\times100\div120=25（万元）$$

【例 2-20】 被评估资产年生产能力为 90 吨，参照资产的年生产能力为 120 吨，评估基准日参照资产的市场价格为 20 万元，该类资产的功能价值指数为 0.7，由此确定被评估资产价值接近于 16.36 万元。

$$资产评估价值=20\times(90\div120)^{0.7}=16.36（万元）$$

（3）价格指数法。价格指数法是以参照物价格为基础，考虑参照物的成交时间与评估对象的评估基准日之间的时间间隔对资产价值的影响，利用价格指数调整估算评估对象价值的方法。

①定基物价指数，是以固定时期为基期的指数，通常用百分比来表示。以 100% 为基础，当物价指数大于 100%，表明物价上涨；物价指数在 100% 以下，表明物价下跌。

【例 2-21】 与评估对象完全相同的参照资产 6 个月前的成交价格为 20 万元，半年间该类资产的价格上升了 10%。

$$资产评估价值=20\times(1+10\%)=22（万元）$$

【例 2-22】 某项资产购建于 2007 年，账面原值为 80 万元，于 2010 年评估，若取得时定基物价指数为 100%，评估时定基物价指数为 160%，该资产最可能的评估值为 128 万元。

$$资产评估价值=80\times(160\%/100\%)=128（万元）$$

②环比物价指数，又称“连比物价指数”。环比物价指数主要是反映物价逐期的变化情况，是各时期的商品价格都同它前一时期的商品价格对比而编制的指数。

【例 2-23】 被评估房地产于 2006 年 6 月 30 日进行评估，该类房地产 2006 年上半年各月月末的价格同 2005 年年底相比，每月上涨 10%。其中参照房地产在 2006 年 1 月底的价格为 3 800 元/m^2，则评估对象于 2006 年 6 月 30 日的价值接近于：

$$3\ 800\times(1+10\%)^5=6\ 118（元/m^2）$$

(4) 统计分析法。统计分析法在用成本法对企业整体资产及某一项同类资产进行评估时，为了简化评估业务，还可以采用统计分析法确定某类资产的重置成本。在核实资产数量的基础上，把全部资产按照适当标准化分为若干类别。在各类资产中抽样选择适量具有代表性的资产，估算其重置成本。依据分类抽样估算资产的重置成本额与账面历史成本，计算出分类资产的调整系数。根据调整系数估算被评估资产的重置成本。

【例2－24】 被评估资产为某类通用设备。经评估人员调查了解，该批通用设备为同年购入，并同时投入生产，使用状况基本相同，该类通用设备的账面历史成本之和为1 200万元。评估人员从中抽样选取了5台具有代表性的通用设备，其账面历史成本为50万元，经估算其重置成本之和为80万元。该类通用设备的重置成本为：

该类通用设备的重置成本 = 1 200 × 80/50 = 1 920（万元）

（二）实体性贬值及其估算方法

实体性贬值，也称为有形损耗贬值，是指设备由于运行中的磨损和暴露在自然环境中的侵蚀，造成设备实体形态的损耗而引起的贬值。设备的实体性贬值是因为使用和存放造成的。设备在使用过程中，由于零部件配合表面的相对运动所产生的摩擦，造成机体的磨损；设备运行过程中的冲击、振动也使得材料的内部缺陷不断扩展；另外，工作环境中的酸、碱物质，也对设备的材质产生侵蚀。这样就使得设备的使用功能逐步下降，故障率不断上升，精度逐渐降低，维修费用不断上升，直至设备完全丧失使用价值。

确定设备实体性贬值，通常有以下几种方法：

1. 名义使用年限法：名义已使用年限是指资产从购进使用到评估时的年限。名义已使用年限可以通过会计记录、资产登记簿、登记卡片查询确定。名义使用年限法是从使用寿命角度来估算贬值，它假设机器设备有一定的使用寿命，所评估的机器设备的贬值率是与其已使用年限成正比的，并且呈线性关系。比如某种类型的机器设备的正常使用寿命是20 000小时，如果这台设备已使用了5 000小时，那么它的实体性贬值约为25%。

贬值率 = 已使用年限/耐用年限

2. 实际使用年限法：实际已使用年限是指资产在使用中实际损耗的年限。实际已使用年限与名义已使用年限的差异，可以通过资产利用率来调整。

资产利用率 = 截至评估日实际使用时间/资产累计法定利用时间

①资产利用率 > 1时，表示资产超负荷运转；

②资产利用率 = 1时，表示资产满负荷运转；

③资产利用率 < 1时，表示开工不足。

【例2－25】 某资产于1985年2月购进，1995年2月评估时，名义已使用年限是10年。根据该资产技术指标，在正常使用情况下，每天应工作8小时，该资产实际每天工作7.5小时。由此可以计算该资产的利用率：

$$资产利用率 = 10 \times 360 \times 7.5/(10 \times 360 \times 8) \times 100\% = 93.75\%$$

由此可确定其实际已使用年限为9.4年。

3. 加权使用年限法：只适用于企业在固定资产价值是一次性购建形成且中途没有进行过技改和更新等追加投资的情况。

加权投资年限 = 加权更新成本之和/更新成本之和

【例 2－26】　被评估设备购建于 1992 年，原始价值为 30 000 元，1997 年和 2000 年进行两次更新改造，主要是添置一些自动化控制装置，投资分别为 3 000 元和 2 000 元。2002 年对该资产进行评估，假设从 1992 年至 2002 年每年的价格上升率为 10%，该设备的尚可使用年限经检测和鉴定为 6 年，估算该设备的实体性贬值率如下。

$$加权投资年限 = 808\ 990 \div 85\ 250 = 9.5（年）$$

$$实体性贬值率 = 9.5 \div (9.5 + 6) \times 100\% = 61\%$$

（三）功能性贬值及其估算方法

资产的功能性贬值是由于技术相对落后造成的贬值。估算功能性贬值时，主要根据资产的效用、生产加工能力、工耗、物耗、能耗水平等功能方面的差异造成的成本增加或效益降低，相应确定功能性贬值额。同时，还要重视技术进步因素，注意替代设备、替代技术、替代产品的影响，以及行业技术装备水平现状和资产更新换代速度。

通常情况下，功能性贬值的估算可以按下列步骤进行：

（1）将被评估资产的年运营成本与功能相同但性能更好的新资产的年运营成本进行比较。

（2）计算二者的差异，确定净超额运营成本。由于企业支付的运营成本是在税前扣除的，因此企业支付的超额运营成本会引致税前利润额下降，所得税额降低，使得企业负担的运营成本低于其实际支付额。因此，净超额运营成本是超额运营成本扣除其抵减的所得税以后的余额。

（3）估计被评估资产的剩余寿命。

（4）以适当的折现率将被评估资产在剩余寿命内每年的净超额运营成本折现，这些折现值之和就是被评估资产的功能性损耗。

$$功能性贬值 = 年超额运营成本 \times (1 - 所得税率) \times (P/A,\ r,\ n)$$

【例 2－27】　某被评估对象是一生产控制装置，其正常运行需 6 名操作人员。目前同类新式控制装置所需的操作人员定额为 3 名。假定被评估控制装置与参照物在运营成本的其他项目支出方面大致相同，操作人员平均年工资福利费约为 6 000 元，被评估控制装置尚可使用 3 年，所得税率为 25%，适用的折现率为 10%。

根据上述数据资料，估算被评估控制装置的功能性贬值。

（1）计算被评估生产控制装置的年超额运营成本：$(6-3) \times 6\ 000 = 18\ 000$（元）

（2）估算被评估生产控制装置的年超额运营成本净额：

$$18\ 000 \times (1 - 25\%) = 13\ 500（元）$$

（3）将被评估生产控制装置在剩余使用年限内的每年超额运营成本净额折现累加，估算其功能性贬值额：

$$13\ 500 \times (P/A,\ 10\%,\ 3) = 13\ 500 \times 2.486\ 9 = 33\ 573.15（元）$$

【例 2－28】　被评估对象为 2007 年购入的一台设备，评估基准日该设备与目前相同生产能力的新型设备相比，需多用操作工人 4 名，每年多耗电 40 万度。如果每名操作工人每年的工资及其他费用为 2 万元，每度电的价格为 0.6 元，设备尚可使用 4 年，折现率为 10%，所得税税率为 25%，不考虑其他因素，则该设备的功能性贬值最接近于多少万元。

$$\begin{aligned}功能性贬值 &= (4 \times 2 + 40 \times 0.6) \times (1 - 25\%) \times (P/A,\ 10\%,\ 4)\\ &= 76.08（万元）\end{aligned}$$

（四）经济性贬值及其估算方法

经济性贬值，也称为外部损失，是指资产本身的外部影响造成的价值损失。其主要表现为运营中的设备利用率下降，甚至闲置，并由此引起设备的运营收益减少。外部条件造成的经济性贬值可以源自国际、国内行业基础或地方因素的影响。各种各样的外部因素影响潜在的经济回报，因而直接影响资产或物业的市场价值。

产生的原因主要有：

（1）竞争加剧，社会总需求减少，导致开工不足；

（2）材料供应不畅，导致开工不足；

（3）材料成本增加，导致企业费用直线上升；

（4）通货膨胀的情况下，国家实行高利率政策，导致企业运营成本加大；

（5）产业政策的变动，缩短使用寿命。

一般情况下，当资产使用基本正常时，不计算经济性贬值。

估算方法：

经济性贬值＝资产在尚可使用年限内可预见的经济收益损失额×现值系数

经济性贬值率＝［1－（实际使用生产能力/额定生产能力）^{x}］×100%

经济性贬值＝（重置成本－实体性贬值－功能性贬值）×经济性贬值率

【例2－29】 某电视机生产厂家，生产线年生产能力为10万台，由于市场竞争加剧，该厂电视机产品销售量锐减，企业不得不将电视机生产量减至年产7万台（销售价格及其他条件未变）。这种局面在今后很长一段时间内难以改变。请估算该电视机生产线的经济性贬值率。

评估师根据经验判断，电视机行业的生产规模效益指数为0.6，

$$经济性贬值率＝[1－(70\ 000/100\ 000)^{0.6}]×100\%＝19\%$$

【例2－30】 如果该电视机生产企业不降低生产量，就必须降价销售电视机。假定原电视机销售价格为2 000元/台，经测算每年完成10万台的销售量，售价需降至1 900元/台，即每台损失毛利100元。经估算，该生产线还可以继续使用3年，企业所在行业的平均投资报酬率为10%，试估算该生产线的经济性贬值。

更新重置成本＝1 000 000元

实体性贬值　＝1 000 000×15%＝150 000（元）

功能性贬值　＝0（元）

经济性贬值率＝$[1－(750/1\ 000)^{0.7}]×100\%＝18.5\%$

经济性贬值　＝（1 000 000－150 000）×18.5%＝157 250（元）

资产评估价值＝1 000 000－150 000－157 250＝692 750（元）

第四节　资产评估方法的选择

评估方法之间的关系

资产评估中的市场法、收益法和成本法构成了资产评估方法体系的基本部分和主要部分，通常也被称作传统的资产评估方法。近年来，随着评估市场的不断细化，评估对象的日

益复杂，实物期权法、EVA 评估法等也在评估实践中日渐应用开来。不论是传统的评估方法，还是新型的价值分析工具，它们之间既有差异也有联系。资产评估的专业性质决定了构成资产评估方法体系的各种评估方法之间存在着内在联系，而各种评估方法的独立存在又说明它们各有特点。正确认识资产评估方法之间的内在联系以及各自的特点，对于恰当地选择评估方法、高效地进行资产评估是十分重要的。

（一）资产评估方法之间的联系

评估方法是实现评估目的的手段。对于特定经济行为，在相同的市场条件下，对处在相同状态下的同一资产进行评估，其评估值应该是客观的。这个客观的评估值不会因评估人员所选用的评估方法的不同而出现截然不同的结果。可以认为正是评估的基本目的决定了评估方法间的内在联系。而这种内在联系为评估人员运用多种评估方法评估同一条件下的同一资产，并做相互验证提供了理论根据。但需要指出的是，运用不同的评估方法评估同一资产，必须保证评估目的、评估前提、被评估对象状态的一致以及运用不同评估方法所选择的经济技术参数合理。

由于资产评估工作基本目标的一致性，在同一资产的评估中可以采用多种方法，如果使用这些方法的前提条件同时具备，包括市场的有效性，而且评估师也具备相应的专业判断能力，那么多种方法所得出的结果应该趋同。如果采用多种方法得出的结果出现较大差异，可能的原因有：①某些方法的应用前提不具备；②分析过程有缺陷；③结构分析有问题；④某些支撑评估结果的信息依据出现失真；⑤评估师的职业判断有误。建议评估师为不同评估方法建立逻辑分析框图，通过对比分析，有利于发现问题。评估师在发现问题的基础上，除了对评估方法做出取舍外，还应该分析问题产生的原因，并据此研究解决问题的对策，以便最后确定评估价值。

（二）资产评估方法之间的区别

各种评估方法独立存在本身就说明了各种评估方法之间存在差异。各种评估方法都是从不同的角度去表现资产的价值的。不论是通过与市场参照物比较获得评估对象的价值，还是根据评估对象预期收益折现获得其评估价值，抑或是按照资产的再取得途径寻求评估对象的价值，都是对评估对象在一定条件下的价值的描述，它们之间是有内在联系并可相互替代的。但是，每一种评估方法都有其自成一体的运用过程，都要求具备相应的信息基础，评估结论也都是从某一角度反映资产的价值，因此各种评估方法又是有区别的。

（1）由于评估的特定目的的不同，评估时市场条件上的差别，以及评估时对评估对象使用状态设定的差异，需要评估的资产价值类型也是有区别的。评估方法由于其自身的特点在评估不同类型的资产价值时，就有了效率上和直接程度上的差别，评估人员应具备选择最直接且最有效率的评估方法完成评估任务的能力，即分析三种资产评估基本方法所依据的资产评估技术思路的适用性。

（2）在各种资产评估技术思路已经确定的基础上，选择实现各种评估技术思路的具体评估技术方法。

（3）在确定了资产评估具体技术方法的前提下，对运用各种具体技术评估方法所涉及的经济技术参数进行选择。恰当选择评估方法，既包含了对恰当选择评估技术思路，以及实现该技术思路的具体评估技术方法的要求，也包含了在运用各种评估方法时对所涉及的经济技术参数的恰当选择。选择恰当的评估技术思路与实现评估技术思路的具体方法同恰当选择经济技术参数，共同构成了恰当选择资产评估方法的内容。片面地强调某一个方面而忽略另一个方面，都有可能会导致评估结果的失实和偏颇。

资产评估方法的多样性，为评估人员选择适当的评估方法，有效地完成评估任务提供了现实可能。为高效、简捷、相对合理地估测资产的价值，在评估方法的选择过程中应注意以下因素：

1. 评估方法的选择要与评估目的、评估时的市场条件、评估对象在评估过程中所处的状态以及由此所决定的资产评估价值类型相适应。根据上述条件，当资产评估的价值类型为资产的市场价值时，可考虑按市场法、收益法和成本法的顺序进行选择。

2. 评估方法的选择受评估对象的类型、理化状态等因素的制约。例如，对于既无市场参照物，又无经营记录的资产，只能选择成本法进行评估；对于工艺比较特别且处在经营中的企业，可以优先考虑选择收益法。

3. 评估方法的选择受能否收集到运用各种评估方法所需的数据资料及主要经济技术参数的制约。每种评估方法的运用都需要有充分的数据资料作为依据。在一个相对较短的时间内，收集某种评估方法所需的数据资料可能会很困难，在这种情况下，评估人员应考虑采用替代的评估方法进行评估。

4. 资产评估人员在选择和运用评估方法时，如果条件允许，应当考虑三种基本评估方法在具体评估项目中的适用性。如果可以采用多种评估方法时，不仅要确保满足各种方法使用的条件要求和程序要求，还应当对各种评估方法取得的各种价值结论进行比较，分析可能存在的问题并做出相应的调整，以确定最终评估结果。

关于资产评估方法的选择和使用，实际上是专业评估人员根据实际条件约束下的资产或模拟条件约束下的资产的价值进行理性的分析、论证和比较的过程，通过这个过程做出有足够理由支持的价值判断。任何将评估方法的选择和运用的过程简单地理解为评估公式或评价模型的使用或计算过程的想法都是不正确的。

总之，在评估方法的选择过程中，应注意因地制宜和因事制宜，不可机械地按某种模式或某种顺序进行选择。但是，不论选择哪种评估方法进行评估，都应保证评估目的、评估时所依据的各种假设和条件与评估所使用的各种参数数据，及其评估结果在性质和逻辑上的一致。尤其是在运用多种方法评估同一评估对象时，更要保证每种评估方法在运用中所依据的各种假设、前提条件、数据参数的可比性，以便能够确保运用不同评估方法所得到的评估结果具有可比性和相互可验证性。

本章练习题

一、术语解释

1. 复原重置成本	2. 更新重置成本	3. 实体性贬值
4. 功能性贬值	5. 经济性贬值	6. 总使用年限
7. 实际已使用年限	8. 资产利用率	9. 成新率
10. 成本法	11. 比较法	12. 收益法

二、单项选择题

1. 被评估宾馆因市场原因，在未来 3 年内每年收益净损失额约为 5 万元，假定折现率为 10%，该宾馆的经济性贬值最接近于（　　）万元。

A. 15　　B. 12.6　　C. 10　　D. 50

2. 用物价指数法估算的资产成本是资产的（　　）。

A. 复原重置成本

B. 既可以是复原重置成本，也可以是更新重置成本

C. 更新重置成本

D. 既不是复原重置成本，也不是更新重置成本

3. 某项资产 1997 年购建，账面原值 100 000 元，2000 年进行评估，若以购建时物价指数为 100%，则 3 年间同类资产物价环比价格指数分别为 110%、120%、115%，则该项资产的重置成本应为（　　）元。

A. 145 000　　B. 115 000　　C. 152 000　　D. 151 800

4. 某被评估资产 1980 年购建，账面价值为 50 万元，1989 年进行评估，1980 年、1989 年该类资产的定基物价指数分别为 120%、170%，则被评估资产的重置成本为（　　）万元。

A. 50　　B. 70.8　　C. 35.3　　D. 85

5. 某设备的年收益额为 50 万元，适用本金化率为 20%，则该设备的收益现值为（　　）万元。

A. 200　　B. 250　　C. 300　　D. 350

6. 教堂、学校、专用机器设备等资产的价值评估，一般适宜选用（　　）。

A. 成本法　　B. 收益法　　C. 市场比较法　　D. 残余法

7. 复原重置成本与更新重置成本的相同之处在于运用（　　）。

A. 相同的原材料　　B. 相同的建造技术标准

C. 资产的现时价格　　D. 相同的设计

8. 运用成本法评估一项资产时，若分别选用复原重置成本与更新重置成本，则应当考虑不同重置成本情况下，具有不同的（　　）。

A. 实体性贬值　　B. 经济性贬值

C. 功能性贬值　　D. 资产利用率

9. 估算资产的实体性贬值时所用的总使用年限是资产的（　　）。

A. 总经济使用年限　　B. 总技术使用年限

C. 总物理寿命　　D. 以上三个都可以

10. 某机器设备购建于 1994 年 10 月，根据其技术经济指标，规定正常使用强度下每天的运转时间为 8 小时，由于其生产的产品自 1994 年年初至 1998 年年末期间在市场上供不应求，企业主在此期间一直超负荷使用该设备，每天实际运转时间为 10 小时，自 1999 年年初恢复正常使用，现以 2000 年 10 月 5 日为评估基准日，则该设备的实际使用年限为（　　）年。

A. 6　　B. 7　　C. 8　　D. 7.5

11. 待评估资产为一栋层高为 4 米、面积 100 建筑平方米的住宅，其复原重置成本为 1 600 元/建筑平方米，而在评估基准日建造具有相同效用的层高为 3 米的住宅，更新重置成本为 1 500 元/建筑平方米，则其超额投资功能性贬值为（　　）元。

A. 160 000　　B. 150 000　　C. 10 000　　D. 40 000

12. 现评估某企业某类通用设备，首先抽样选择具有代表性的通用设备 6 台，估算其总重置成本为 25 万元，从会计记录中查得这 6 台设备的历史总成本为 30 万元，该类通用设备的账面历史总成本为 500 万元，则该类通用设备的总重置成本为（　　）万元。

A. 357　　B. 448　　C. 400　　D. 417

13. 预计某企业未来 5 年的税后资产净现金流分别为 15 万元、13 万元、12 万元、14 万元、15 万元，假定该企业资产可以永续经营下去，且从第 6 年起以后各年收益均为 15 万元，折现率为 10%，确定该企业继续使用假设下的价值为（　　）万元。

A. 136　　B. 219　　C. 127　　D. 145

14. 某类设备的价值和生产能力之间呈非线性关系，市场上年加工 1 600 件产品的该类全新设备价值为 10 万元，现已八成新的年加工 900 件产品的被评估设备的价值为（　　）万元（规模效益指数为 0.5）。

A. 5.6　　B. 4.5　　C. 7.5　　D. 6

15. 某评估参照物价格为 10 万元，成新率为 0.5，被评估资产的成新率为 0.75，二者在新旧程度方面的差异为（　　）万元。

A. 2.5　　B. 5　　C. 7.5　　D. 10

16. 通常情况下，可以用市场法进行评估的资产是（　　）。

A. 专利权　　B. 专用机器设备　　C. 通用设备　　D. 专有技术

17. 在应用市场法时，一般应该选择（　　）参照物进行比较。

A. 3 个或 3 个以上　　B. 2 个或 2 个以上

C. 1 个或 1 个以上　　D. 4 个或 4 个以上

三、多项选择题

1. 资产评估业务约定书的内容包括（　　）。

A. 评估范围　　B. 评估目的　　C. 评估假设

D. 评估基准日　　E. 评估工作日期

2. 重置成本的估算方法有（　　）。

A. 物价指数法　　B. 功能价值法　　C. 规模经济效益指数法

D. 重置核算法　　E. 观察法

3. 实体性贬值的估算方法有（　　）。

A. 观察法　　B. 经济使用年限法　　C. 使用年限法

D. 修复费用法　　E. 成新率法

4. 功能性贬值包括（　　）。

A. 超额投资性功能性贬值　　B. 超额运营性功能性贬值

C. 复原重置成本的功能性贬值　　D. 更新重置成本的功能性贬值

E. 修复性功能性贬值

5. 估算资产净现金流量时所用的资产经营管理成本包括资产的（　　）。

A. 维修费用　　B. 保险费用　　C. 折旧费用

D. 资金成本　　E. 管理费用

6. 造成资产经济性贬值的主要原因有（　　）。
   A. 该项资产技术落后　　B. 该项资产生产的产品需求减少
   C. 社会劳动生产率提高　　D. 自然力作用加剧
   E. 政府公布淘汰该类资产的时间表
7. 复原重置成本与更新重置成本的相同之处在于运用（　　）。
   A. 相同的功能效用　　B. 相同的建造技术标准
   C. 资产现时价格　　D. 相同的设计
   E. 相同的材料

四、简答题

1. 资产评估应按照什么样的步骤进行?
2. 功能性贬值的估算应按照什么样的步骤进行?
3. 运用收益法进行资产评估时，如何确定被评估资产的纯收益?

五、计算题

1. 某待评估的生产设备每月可生产 10 000 件产品，生产每件产品的工资成本为 1.5 元，而目前的新式同类设备生产每件产品的工资成本仅为 1.2 元。假定待评估设备与新设备的运营成本在其他方面相同，待评估设备资产还可以使用 5 年，所得税税率为 33%，适用折现率为 10%。根据上述调查资料，求待评估资产相对于同类新设备的功能性贬值。

2. 评估对象为某企业 1998 年购进的一条生产线，账面原值为 150 万元，2001 年进行评估。经调查分析确定，该生产线的价格每年比上一年增长 10%，据估计，该资产还可使用 6 年，又知道目前市场上已经出现功能更先进的资产，并被普遍应用，新设备与评估对象相比，可节省 3 人，每人的月工资为 650 元。此外，由于市场竞争加剧，致使该设备开工不足，由此造成收益损失额每年为 20 万（该企业所得税税率为 33%，假定折现率为 10%）。要求根据上述资料，采用成本法对该资产进行评估。

3. 某企业将某项资产与国外企业合资，要求对资产进行评估。具体资料如下，该资产账面原值为 270 万元，净值为 108 万元，按财务制度规定该资产折旧年限为 30 年，已经计提 20 年。经过调查分析，按照现在市场上材料价格和工资费用水平，新建相同构造的资产的全部费用支出为 480 万元。实际累计利用时间为 50 400 小时。经专业人员勘查估算，该资产还能使用 8 年。又知该资产由于设计不合理，造成耗电量大，维修费用高，与现在同类标准资产相比，每年多支出营运成本 3 万元（该企业所得税税率为 33%，假定折现率为 10%）。要求根据上述资料，采用成本法对该资产进行评估。

4. 评估对象在未来 5 年内的预期收益分别为 20 万元、22 万元、24 万元、25 万元、26 万元，资产从第 6 年到第 10 年每年的收益均保持在 27 万元，第 10 年年末资产拟转让，变现价约为 120 万元，假设折现率为 10%，用收益法估测资产的价值。

5. 被评估企业预计未来 5 年的预期收益为 100 万元、120 万元、150 万元、160 万元和 200 万元。假设折现率和资本化率均为 10%，企业永续经营。试用年金法估测企业整体价值。另外假定被评估企业从未来第 6 年开始，企业的年收益维持在 200 万元水平，试采用分段法估测企业整体价值。

第三章

机器设备评估

第一节　机器设备评估概述

一、机器设备相关定义

在日常生活中，我们常见到机械、机器、设备、装置和零部件等词汇，那么它们之间有区别吗？区别又体现在哪里呢？这里的区别主要体现在其概念涵盖范围的大小上。

（一）设备

设备是指可供人们在生产中长期使用，并在反复使用中基本保持原有实物形态和功能的生产资料和物质资料的总称。设备是各种机械的统称，有多种多样的材质，一套设备可含有多个机械。

（二）机械

机械是能帮人们降低工作难度或省力的工具装置。其特征有：

（1）是一种人为的实物构件的组合；

（2）机械各部分之间具有确定的相对运动；

（3）能转换机械能或完成有用的机械功。

（三）机器

机器是机械设备的一种，多为金属件。它是由部件、总成、零部件组成，由各种金属和非金属部件组装成的装置，消耗能源，可以运转、做功，用来代替人的劳动，进行能量变换、信息处理，以及产生有用功。一般由动力部分、传动部分、执行部分和控制部分组成。由两台或两台以上机器机械地连接在一起的机械设备称为机组。

（四）装置

装置由大型设备组合而成，是指机器、仪器和设备中结构复杂并具有某种独立功用的物件。

（五）零件

零件是指机械中不可分拆的单个制件，是机器的基本组成要素，也是机械制造过程中的基本单元。

二、机器设备的特点

（1）机器设备具有单位价值高、使用期限长的特点，要求评估者充分认识其功能的适用性和可能的风险性。

（2）机器设备属于动产类资产，与房地产比较，评估值高低与其所处地域不具有直接关系。

（3）机器设备属于生产中不可或缺的一种设备，但同时要考虑附着于机器设备中的无形资产。

（4）机器设备更新换代比较快，对于政策规定的高能耗、低效能、污染大的机器设备，尽管实体成新程度高，但仍应按低值甚至按报废处理。

三、机器设备分类

1. 按其在再生产中的作用分类，可以分为：

（1）生产工艺类设备。它直接改变产品原材料的物理状况或化学性能，使其成为半成品或产成品。

（2）辅助生产设备。是保证生产工艺设备完成生产任务的二线设备。

（3）服务设备。例如通信设备、计算机、测试用仪器、仪表等。

2. 按机器设备技术性特点分类，可以分为：

（1）通用机器设备。

（2）专用机器设备。专用机器设备的行业特点很强，工程技术要求又有较大差异，在企业机器设备类中占的比重较大，对企业效率和产品质量也有很大影响。

（3）非标准设备。各种各样的非国家定型设备，一般是根据企业需要自制或委托加工制造的。

3. 按照机器设备的自动化程度分类，可以分为：

（1）自动化设备。例如，数控机床、机器人等。

（2）半自动化设备。例如，半自动锻钟。

（3）其他设备。例如，手动吊车。

4. 按其价值高低分类，可以分为：

（1）A 类设备。

（2）B 类设备。

（3）C 类设备。

5. 按使用状况分类，可以分为：

（1）在用设备。

（2）封存设备。

（3）库存设备。

四、机器设备评估特点

（1）机器设备类资产一般是企业整体资产有一个组成部分，它通常与企业的其他资产，如房屋建筑物、土地、流动资产、无形资产等，共同完成某项特定的生产目的。一般不具备独立的获利能力。所以在进行机器设备评估时，收益法的使用受到很大限制，通常采用成本法和市场法。

（2）对于整体性的机器设备，它是为了实现某种功能，由若干机器设备组成的有机整体。在进行价值分析时应注意资产之间的有机联系对价值的影响，整体的价值不仅仅是单台设备的简单相加。

（3）机器设备有一部分属于不动产或介于动产与不动产之间的固置物，它们需要永久地或在一段时间内以某种方式安装在土地或建筑物上，移动这些资产将可能导致机器设备的部分损失或完全失效。

（4）影响机器设备磨损的因素很多，设备的磨损、失效规律不易确定，个体差异较大。确定贬值往往需要逐台地对设备的实体状态进行调查、鉴定。

（5）设备的贬值因素比较复杂，除实体性贬值外，往往还存在功能性贬值和经济性贬值。科学技术的发展，国家有关的能源政策、环保政策等，都可能对设备的评估价值产生影响。

五、机器设备评估程序

（1）明确评估目的，确定评估对象、范围和选择评估价值类型和方法的关键。

（2）清查机器设备，明确评估对象，主要包括下列内容：

①根据账面资料，清查核实机器设备实有量，发现多余或隐匿设备。

②明确评估的是单台设备还是组合设备。

③确定评估对象，主要是要划清机器设备与流动资产中低值易耗品的界限；还要划清机器设备与不动产的界限，如用于安装机器设备的底座，是否作为机器设备价值的部分，应根据评估目的来判断，单项设备出售的评估中，往往不应包括这部分，而在整体评估中则可以包含。主要问题是避免漏评和重复评估，保证评估价值的真实性。

（3）对机器设备进行必要鉴定，确定其适用性、可用度以及主要技术参数。

（4）研究确定评估方法，收集和处理有关信息资料并对这些资料做进一步了解。主要包括为了评估该资产而收集的确定各种指标的数据：

①工艺流程图；

②工艺管线图；

③车间及设备布置图；

④设备台账；

⑤设备的大修理及技术改造记录；

⑥设备的大修理计划；

⑦设备的设计说明书；

⑧非标设备的设计图纸；

⑨设备基础及安装图纸；

⑩大型设备订货合同及发票；

⑪进口设备的原始订货合同；

⑫进口设备报关单；

⑬工厂及车间的设计生产能力及实际生产能力；

⑭主要能耗设备清单；

⑮工厂及车间能源消耗情况及改造措施。

（5）计算评估值与撰写评估报告。在完成上述工作后，评估人员就可本着客观、公正的原则对机器设备进行评定估算，估测每台设备的重置价值，并对单台设备评估值汇总，得出总的评估结果，具体的估算过程可通过填写机器设备评估作业分析表、机器设备评估明细表、机器设备评估汇总表来完成。评估机构在机器设备评定估算工作基本完成后，还要进行自查工作，对设备的估价依据和参数再进行一次全面的核对。在重新核对无误的基础上，编写评估说明或机器设备评估部分报告。

第二节　成本法在机器设备评估中的应用

成本法是评估机器设备的常用技术思路和方法。其方法是：首先确定被评估机器设备的重置成本，然后再扣减实体性贬值、功能性贬值和经济性贬值来估测被评估机设备价值的评估技术思路及其各种方法。

成本法的一般理论数学表达式为：

机器设备评估值＝重置成本－实体性贬值－功能性贬值－经济性贬值。

一、成本法的适用范围

成本法的适用范围是基于对从资产评估的效率和相对合理性的角度，按各种评估方法的特点划定最适宜发挥作用的角度的考虑而提出的：

（1）成本法适用于持续使用假设前提下的机器设备评估。

（2）成本法一般不宜评估非续用状态下的机器设备。

二、机器设备重置成本的构成

机器设备的重置成本包括设备的直接费用和间接费用，但由于机器设备的取得方式不同，其成本构成项目也不一致。

（1）外购国产设备重置成本。

其构成项目包括：①设备自身购置价格；②设备运杂费；③设备安装调试费；④大型设备一定期限内的资金成本；⑤其他费用，如手续费、验车费、牌照费等。

（2）进口设备重置成本。

其构成项目包括：①国际市场价格（离岸价格）；②境外途中保险费；③境外运杂费；④进口关税；⑤增值税；⑥银行及其他手续费；⑦国内运杂费；⑧安装调试费；⑨大型进口设备资金成本；⑩其他税费。其中设备离岸价格（FOB价格）、境外途中保险费、境外运杂费之和为到岸价格（CIP价格）。

（3）自制设备重置成本。

其构成项目包括：①制造费用，包括消耗掉的原材料、辅料的购价和运杂费、应分摊的管理费和财务费用；②安装调试费；③大型自制设备合理的资金成本；④合理利润；⑤其他必要合理费用，如设计费、制图费等。

（4）车辆重置成本。

国内购置车辆重置成本 = 车辆价格 + 购置附加税 + 国内运杂费 + 证照费

进口车辆重置成本 = 车辆价格 + 进口关税 + 消费税 + 增值税 + 国内运杂费 + 证照费

三、机器设备重置成本的计算

（一）外购国产设备的计算方法

1. 市场询价法。

对于能够取得设备现行购置价格或建造成本的机器设备，可采取市场询价的方法确定被评估机器设备的重置成本。该方法是通过市场调查，从生产厂家或销售部门取得设备购买价格或建造费，在此基础上再加上合理的运杂费、安装调试费及其他费用估测被评估机器设备的重置成本。如果设备安装调试周期较长，则需要考虑设备购置、建造及安装调试所占用的资金成本。

设备的资金成本 = 购置设备所花费的全部资金总额 × 现行相应期限的银行贷款利率

在运用功能价值类比法估测机器设备重置成本时，应注意所选择的参照物尽可能考虑所在地点和购建时间与被评估对象及评估基准日相同。如果上述两项要求不能满足，则应对时间和地点因素做必要的调整。时间因素的调整可利用价格指数法进行，地点差异主要考虑在运输费或其他费用方面做出必要调整。

2. 功能价值类比法。

对于无法取得设备现行购置价格或建造费用的设备可采用功能价值类比法估测重置成本。该方法是根据被评估机器设备的具体情况，寻找现有同类设备的市价、建造费用，或市价、建造费用加运杂费和安装调试费得到同类设备的现行重置成本，然后根据该同类设备与被评估设备功能比较，调整得到被评估机器设备的重置成本。采用此方法应重点对被评估对象与所选择的机器设备之间的功能与重置成本之间的关系进行分析判断，根据不同的情况采取不同的计算方法。

（1）当资产的功能与资产的成本之间的内在联系呈线性等比关系或近似于等比关系时，可采用功能价值法。

（2）当资产的功能与其成本的内在联系呈指数关系时，可采用规模经济效益指数法。

【例 3－1】 被评估资产年生产能力为 100 吨，参照资产的年生产能力为 120 吨，评估基准日参照资产的市场价格为 10 万元，由此确定被评估资产价值接近于 8.33 万元。

$$资产评估价值 = 10 \times 100 \div 120 = 8.33\ （万元）$$

【例 3－2】 被评估资产年生产能力为 90 吨，参照资产的年生产能力为 120 吨，评估基准日参照资产的市场价格为 10 万元，该类资产的功能价值指数为 0.7，由此确定被评估资产价值接近于 8.18 万元。

$$资产评估价值 = 10 \times (90 \div 120)^{0.7} = 8.18\ （万元）$$

3. 价格指数法。

对于无法取得设备现行购置价格或建造成本，也无法取得同类设备重置成本的，可采用价格指数法估测被评估机器设备的重置成本。该方法是根据被评估机器设备的原始成本和该类机器设备的物价变动指数，按现行价格水平计算重置成本。价格指数法通常适用于技术进步速度不快，技术进步因素对设备加工影响不大的设备的重置成本估测。

【例 3－3】 2000 年购置某设备，原始成本为 38 000 元，计算 2005 年该设备的重置成本。2005年的定基物价指数为115，2000年的定基物价指数为103，则：

2005年该设备本体重置成本 = 38 000 × (115/103) = 42 427（元）

（二）自制设备的计算方法

1. 重置核算法。

重置核算法是利用成本核算的原理，根据机器设备建造时所消耗的材料、工时及其他费用，按现行价格或费用标准计算资产现行的建造费用及安装调试费用，然后再加上合理的利息、利润来确定被评估机器设备重置成本的方法。

通过分别测算机器设备的各项成本费用来确定设备本体的重置成本的方法。常用于确定非标准、自制设备本体的重置成本的计算。

2. 综合估价法。

综合估价法是根据设备的主材费和主要外购件费与设备成本费用有一定的比例关系，在不考虑税金的情况下，通过确定设备的主材费用和主要外购件费用，计算出设备的完全制造成本，并考虑企业利润和设计费用，确定设备的重置成本。

$$RC = (Mrm/Km + Mpm) \cdot (1 + Kp) \cdot (1 + Kd/n) \cdot (1 + rt)$$

式中　RC——设备本体的重置成本；

Mrm——主材费；

Km——成本主材费率（不含外购件）；

Mpm——主要外购件费；

Kp——成本利润率；

rt——综合税率；

Kd——非标准设备的设计费率；

n——非标准设备的生产数量。

【例3-4】 运用综合估价法评估某企业自制设备，其中该设备的主材为不锈钢，共消耗15吨，评估基准日该种不锈钢的市场含税价格为2.8万元/吨，在制造过程中该钢材的利用率约为95%，该设备的主材费率为80%，适用的增值税税率为17%，则该设备的主材费用最接近于多少万元？

主材费用 = 2.8 ÷ (1 + 17%) × 15 = 35.897（万元）

【例3-5】 某设备自制于2000年，评估基准日为2004年6月30日。根据图纸可知该设备主材为钢材，钢材净消耗4.5吨，评估基准日不含税钢材市场价每吨2 616元，自制过程中消耗各种主要外购件不含税市场价为18 500元。该设备主材费利用率为90%，成本主材费率为60%，成本利润率为20%，设计费率为10%，产量1台，不考虑税费问题。试用综合估价法计算该设备的重置成本。

（1）计算主材费：4.5 ÷ 0.9 × 2 616 = 13 080（元）

（2）成本主材费率为60%，主要外购件费用18 500元，成本利润率为20%，设计费率为10%，产量一台，代入公式。

（3）重置成本 = (13 080 ÷ 60% + 18 500) × (1 + 10%) × (1 + 20%) = 53 196（元）

（三）外购进口设备重置成本的估测

进口机器设备重置成本的估测在原理上与国产设备的重置成本估测没有大的区别。但由于进口设备的生产厂家在国外，进口设备的进口渠道比较多，其重置成本不仅受到国际市场价格变化的影响，而且还受国家政策、税收制度、汇率变化等因素的影响，因此进口设备重置成本的估测较国产设备更为复杂。在估测进口设备重置成本时，应根据进口设备的具体情况以及收集到的相关加工数据资料的情况，进行不同的计算处理。

进口设备的从属费用包括国外运费、国外运输保险费、关税、消费税、增值税、银行手续费、公司代理手续费，对车辆还包括车辆购置附加费等。

简言之，就是设备在国外支付了价款后，从国外运输到我国的海关交完所有与进口有关的费用后，可以从海关运走前的全部费用。

（1）国外运费。

$$海运费 = FOB(离岸价) \times 海运费率$$

费率：远洋一般取5%～8%，近洋一般取3%～4%。

（2）国外运输保险费。

$$国外运输保险费 = (FOB + 海运费) \times 保险费率$$

$$CIF = FOB \times (1 + 海运费率)(1 + 保险费率)$$

（3）关税。

$$关税 = 到岸价\ (CIF) \times 关税税率$$

（4）车辆购置附加费。

$$车辆购置附加费 = (到岸价人民币数 + 关税 + 消费税) \times 费率$$

（5）银行财务费。

$$银行财务费 = FOB \times 费率$$

我国现行银行财务费率一般为4‰～5‰。

（6）外贸手续费。

$$外贸手续费 = 到岸价\ (CIF) \times 外贸手续费率$$

目前，我国进出口公司的进口费率一般在1%～1.5%。

【例3-6】 某进口设备的离岸价为30万美元，到岸价为32万美元，关税税率为16%，银行财务费率为0.4%，外贸手续费率为1%，如果不再考虑其他因素，该设备重置成本最接近于多少万美元？

$$关税 = 32 \times 16\% = 5.12\ (万美元)$$

$$银行财务费 = 30 \times 0.4\% = 0.12\ (万美元)$$

$$外贸手续费 = 32 \times 1\% = 0.32\ (万美元)$$

$$重置成本 = 32 + 5.12 + 0.12 + 0.32 = 37.56\ (万美元)$$

【例3-7】 被评估对象为2001年进口的A成套设备，并于当年12月31日正式投入使用。评估基准日为2009年1月1日。评估人员经调查获得以下资料及信息：

（1）A设备在运行过程中由于工人操作失误导致控制中心的程控部分损坏并造成停产，至评估基准日已停产一年整，委托方希望尽快修复A设备，以便继续使用，要使A设备正常运转，必须对程控部分进行全部更换；

（2）在程控部分损坏前，A设备一直满负荷运转；

（3）除程控部分外，A设备其他部分均处于可正常运转状态，在停产期间由于保养良好，未发生影响使用寿命的情况；

（4）经现场鉴定，除程控部分外，A设备其他部分若保持90%的负荷率可继续使用

10 年；

（5）要更换程控部分只能向 A 设备原生产厂家购买；

（6）在评估基准日，与被评估设备型号完全相同的新设备的离岸价为 1 000 万美元，其中程控部分占设备价格的 10%，但是如果单独购置程控部分，则其离岸价格要比成套购买时的程控部分的价格高 10%，而且卖方不再负责安装调试所需费用；

（7）在评估基准日，若成套进口全新 A 设备，海外运输保险费为 21.43 万美元，海外运输费为离岸价的 5%，关税税率为 13%，其他进口环节费用为到岸价的 3%，国内运输费为到岸价的 1.5%，配套费用为到岸价的 2%，设备的安装及调试费用含在设备的价格之中；

（8）在评估基准日时，若单独购买程控部分，海外运输保险费为 2.93 万美元，海外运输费为离岸价的 4%，关税及其他进口环节的各税费率及国内运输费费率不变，安装调试费用为到岸价的 0.5%，不再需要配套费用；

（9）被评估 A 设备不存在功能性及经济性贬值；

（10）引进设备采取货到企业后立即付款方式；

（11）评估基准日时美元对人民币的汇率为 1:7。

假定不考虑残值，并不再考虑其他因素。根据上述条件试求被评估设备的评估值。

计算过程如下：

1. 成套设备的重置成本：

（1）海外运输费：$1\ 000 \times 5\% = 50$（万美元）

（2）到岸价：$1\ 000 + 50 + 21.43 = 1\ 071.43$（万元）

（3）折合人民币：$1\ 071.43 \times 7 = 7\ 500.01$（万元）

（4）关税：$7\ 500.01 \times 13\% = 975$（万元）

（5）其他进口环节费用：$7\ 500.01 \times 3\% = 225$（万元）

（6）国内运输及配套费用：$7\ 500.01 \times (1.5\% + 2\%) = 262.50$（万元）

（7）重置成本：$7\ 500.01 + 975 + 225 + 262.50 = 8\ 962.51$（万元）

2. 程控设备修复费用：

（1）设备离岸价格：$1\ 000 \times 10\% \times (1 + 10\%) = 110$（万美元）

（2）海外运输费：$110 \times 4\% = 4.4$（万美元）

（3）到岸价：$110 + 4.4 + 2.93 = 117.33$（万美元）

（4）折合人民币：$117.33 \times 7 = 821.31$（万元）

（5）关税：$821.31 \times 13\% = 106.77$（万元）

（6）其他进口环节费用：$821.31 \times 3\% = 24.64$（万元）

（7）国内运输及安装费用：$821.31 \times (1.5\% + 0.5\%) = 16.43$（万元）

（8）修复费用：$821.31 + 106.77 + 24.64 + 16.43 = 969.15$（万元）

3. 实体性贬值：

（1）程控部分贬值额：969.15（万元）

（2）其他部分实际使用年限：$7 - 1 = 6$（年）

（3）其他部分贬值率：$6/(6 + 10 \times 90\%) \times 100\% = 40\%$

（4）其他部分贬值额：$(8\ 962.51 - 969.15) \times 40\% = 3\ 197.34$（万元）

（5）贬值额合计：$969.15 + 3\ 197.34 = 4\ 166.49$（万元）

4. 评估值：8 962.51 -4 166.49 =4 796.02（万元）。

四、机器设备的实体性贬值的计算

机器设备的实体性贬值是由于生产经营中的磨损和暴露于自然环境造成的侵蚀而引起的资产价值的损失。反映实体性贬值的相对数是实体性贬值率。

成新率是反映机器设备新旧程度的指标，或理解为机器设备现实状态与设备全新状态的比率。成新率与实体性贬值率是同一事物的两面，二者的关系为：

成新率 =1 - 实体性贬值率

成新率的估测是机器设备成本法估价中的重点和难点问题，测定成新率的基本准则是以被评估对象的有关事实和环境条件为依据，通常采用观察法、使用年限法和修复费用法进行。

（一）观察法

观察法是评估人员根据对机器设备的现场观察和技术检测，在综合分析机器设备的已使用时间、使用状况、技术状态、维修保养状况、大修技改情况、工作环境和条件等因素的基础上，测定设备的成新率。

观察法的重点是在全面了解被评估设备基本情况的基础上，对机器设备进行技术检测和鉴定。在进行技术检测和鉴定时应根据设备的不同类型，确定检测的项目和重点。运用观察法估测机器设备的成新率，在具体操作中可采用以下两种做法：

（1）直接观测法。该方法是首先确定和划分不同档次的成新率标准，然后根据评估对象的实际情况，经观测、分析、判断，直接确定被评估机器设备的成新率。这种办法的特点是相对简便、省时、易行，但主观性强，精确度较差。该方法一般适用于单位价值小、数量多、技术性不是很强的机器设备成新率的确定。

（2）打分法。又称分部分鉴定法，是按机器设备的构成部分分项，按各项的价值比重或贡献度定分（满分 100），然后根据对设备各部分实际状况的技术鉴定，通过打分来确定被评估机器设备的成新率。这种方法的特点是使单项设备的成新率的确定定量化，在一定程度上克服了主观随意性，使成新率的确定更加科学合理。

（二）使用年限法

使用年限法是假设机器设备在整个使用寿命期间，实体性贬值与寿命缩短是成正比的，于是就可用设备的尚可使用年限与总的寿命年限的比确定设备的成新率。运用使用年限法估测机器设备的成新率取决于两个基本因素：已使用年限和尚可使用年限。但由于机器设备的具体情况不尽相同，如有的机器设备的投资是一次完成的，有的投资可能分次完成，有的可能进行过更新改造和追加投资，因此，应采取不同的方法测算其已使用年限和尚可使用年限。

（1）简单年限法。简单年限法是假定机器设备的投资是一次完成的，没有更新改造和追加投资等情况的发生。这对于许多机器设备的特定时期来说是符合实际的。

机器设备已使用年限是指机器设备从开始使用到评估基准日所经历的时间。由于资产在使用中负荷程度及日常维护保养差别的影响，已使用年限可分为名义已使用年限和实际已使用年限。名义已使用年限是指会计记录记载的资产的已提折旧的年限。实际已使用年限是指资产在使用中实际磨损的年限。

机器设备尚可使用年限是指从评估基准日开始到机器设备停止使用所经历的时间，即机器设备的剩余寿命。机器设备的已使用年限加上尚可使用年限就是机器设备总寿命年限。如果机器设备总寿命年限已确定，尚可使用年限就是总寿命年限扣除已使用年限的余额。机器设备的尚可使用年限受到已使用年限、使用状况、维修保养状况以及设备运行环境的影响，评估人员应对上述因素进行全面分析和审慎考虑，以便合理确定机器设备的尚可使用年限。确定尚可使用年限的方法主要有以下几种：

①法定年限法。该方法是参照国家规定的机器设备的折旧年限，扣除已使用年限即为机器设备的尚可使用年限。折旧年限是国家财务会计制度以法的形式规定的机器设备计提折旧的时间跨度。它是综合考虑了机器设备物理使用寿命、技术进步因素、企业承受能力以及国家税收状况等因素确定的。从理论上讲，折旧年限并不等同于机器设备的总寿命年限，机器设备已折旧年限并不一定能全面反映出机器设备的磨损程度。因此，采用此方法求取机器设备的尚可使用年限及成新率时，一定要注意法定年限与机器设备的经济寿命、已折旧年限与设备的实际损耗程度是否相吻合，并注明使用前提和使用的条件。法定年限法一般适用于较新的机器设备尚可使用年限及成新率的确定。对于国家明文规定限期淘汰禁止超期使用的设备，其尚可使用年限不能超过国家规定禁止使用的日期，而不论设备的现时技术状态如何。

②预期年限法。该方法也称为技术鉴定法，是应用工程技术手段现场勘察和技术鉴定，检测机器设备的各项性能指标，确定资产的磨损程度，并同现场操作人员和设备管理人员交谈，了解设备的使用状况、维修保养状况及运行环境状况，凭专业知识和经验判定机器设备的尚可使用年限。对于已使用时间较长、比较陈旧的机器设备以及超龄服役的机器设备尚可使用年限的确定一般采用此方法。预期年限法主观性较强，难度也较大，需要评估人员具有较强的专业水准和丰富的评估经验，这也是评估人员必备的本领。

③寿命年限平均法。该方法是根据企业已退役的机器设备使用寿命年限的记录，按加权平均法确定机器设备的平均寿命年限，并以此作为被评估机器设备的总寿命年限，扣除已使用年限后即得尚可使用年限。该方法的运用前提是企业机器设备报废资料记录比较完整，且具有一定数量；企业的机器设备使用保养情况正常，或评估对象与退役的机器设备使用情况、维修保养情况以及运行环境状况基本相同；被评估机器设备与退役的机器设备类型、规格型号、制造质量等方面基本相同。

（2）综合年限法。综合年限法根据机器设备投资是否分次完成、机器设备进行过更新改造和追加投资，以及机器设备的不同构成部分的剩余寿命不同等一些情况，经综合分析判断，并采用加权平均计算法，确定被评估机器设备的成新率。

①综合已使用年限的确定。一台机器设备由于分次投资、更新改造追加投资等情况，使不同部件的已使用年限不同，要确定整个设备的已使用年限，应按各部件重置成本的构成进行权重，对各部件参差不齐的已使用年限进行加权平均，确定使用年限。

②综合尚可使用年限的确定。同已使用年限一样，一台设备各部件的尚可使用年限也可能有长有短。在评估时，可按重置成本对各部件的尚可使用年限进行加权平均，求得整个设备的尚可使用年限。各部机件上可使用年限可用简单年限法进行评估。

（三）修复费用法

修复费用法又称修复金额法，是按修复磨损部件所需要的开支来确定机器设备实体性损耗及成新率的办法。它适用于某些特定结构部件已经磨损但能够以经济上可行的办法修复的情形，对机器设备来说，包括主要零部件的更换、修复或改造费用等。

在使用这种方法时，应注意以下两点：

（1）把实体性损耗中的可修复磨损和不可修复磨损区别开来。两者之间根本的不同点就是可修复的实体性损耗不仅在技术上具有修复的可能性，而且在经济上是划算的；不可修复的实体性损耗无法以经济上划算的方法修复。于是，对于不可修复的磨损按观察法或使用年限法进行评估，可修复的磨损则按修复法来评估。

（2）修复费用是否包括了对设备技术更新和改造的支出。由于机器设备的修复往往同功能改进一并进行，这时的修复费用很可能不全用在实体性损耗上，而有一部分用在功能性贬值因素上。因此，在评估时应注意不要重复计算机器设备的功能性贬值。

【例3-8】 一台数控机床，重置成本为200万元，已使用2年，其经济寿命为20年，现在该机床的数控系统损坏，估计修复费用为20万元，其他部分工作正常。该机床的实体性贬值额为多少万元?

$$该机床的实体性贬值额 = 20 + (200 - 20) \times (2/20) = 38\ （万元）$$

【例3-9】 被评估设备为一储油罐，已经建成并使用了10年，预计将来还能再使用20年。评估人员了解到，该油罐目前正在维修，其原因是原储油罐因受到腐蚀，底部已出现裂纹，发生渗漏，必须更换才能使用。整个维修计划大约需要花费350 000元，其中包括油罐停止使用造成的经济损失和清理布置安全工作环境、拆卸并更换被腐蚀底部的全部费用。评估人员已经估算出该油罐的复原重置成本为2 000 000元，现用修复费用法估测油罐的实体性损耗率。

计算过程如下：

可修复部分实体性损耗：350 000元；

不可修复部分实体性损耗率：$10/(10+20) \times 100\% = 33.3\%$；

不可修复部分复原重置成本：$2\,000\,000 - 350\,000 = 1\,650\,000$（元）；

不可修复部分实体性损耗：$1\,650\,000 \times 33.3\% = 549\,450$（元）；

油罐全部实体性损耗率：$(350\,000 + 549\,450)/2\,000\,000 = 45.0\%$。

五、机器设备的功能性贬值的计算

机器设备的功能性贬值是由于新技术发展的结果导致资产价值的贬损。它包括超额投资成本和超额运营成本的贬值。

（1）超额投资成本造成的功能性贬值主要是由于新技术引起的布局、设计、材料、产品工艺、制造方法、设备规格和配置等方面的变化和改进，使购建新设备比老设备的投资成本降低。

$$功能性贬值 = 设备复原重置成本 - 设备更新重置成本$$

（2）超额运营成本造成的功能性贬值。主要是由于技术进步，使原有设备与新式设备相比功能落后，运营成本增加。估测机器设备的功能性贬值，首先应该对已经确定的重置成本和成新率（实体性贬值）进行分析，看其是否已经扣除了功能性贬值的因素，如采用价格指数法确定的设备重置成本中包含有功能性贬值因素，采用功能价值法确定的设备重置成本已经扣除了功能性贬值。再如采用使用年限法确定成新率，没有扣除功能性贬值因素，而采用修复费用法可能扣除了全部或部分功能性贬值。因此，机器设备的重置成本和重新率确定后，并不是匆忙地进行功能性贬值的评估，而是要对重置成本和成新率进行分析，如果已经扣除了功能性贬值，就不要重复计算，如果未扣除功能性贬值，并且功能性贬值存在，则应采取相应的方法估测，且不可漏评。

在评估操作中应注意的是，如果估测的重置成本是更新重置成本，实际就已经将被评估设备价值中所包含的超额投资成本部分剔除掉了，而不必再去刻意寻找设备的复原重置成本，然后再减掉设备的更新重置成本得到设备的超额投资成本。因此，选择重置成本时，在同时可得复原重置成本和更新重置成本的情况下，应选用更新重置成本。当然也存在更新重置成本超过复原重置成本的可能性，这种情况往往是新设备功能更先进，运营成本降低而使老设备额外贬值。

超额运营成本引起的功能性贬值可按以下步骤测算：

①选择参照物，将参照物的年操作运营成本与被评估设备的年操作运营成本进行对比，分析计算年超额运营成本额；

②估测被评估设备的剩余使用年限或工作量；

③采用适用的所得税率，计算被评估设备的年超额运营成本净值；

④用适当的折现率将被评估设备在剩余使用年限的年超额运营成本净额折现，累加得出被评估机器设备的功能性贬值。

$$\text{功能性贬值额} = \text{设备年收益损失额} \times (1 - \text{所得税税率}) \times (P/A,\ r,\ n)$$

【例 3-10】 已知某厂的一台设备仍有 10 年使用寿命，但由于技术进步的原因出现了一种新型设备，其功能相同，但每生产 100 件产品可节约材料 2 公斤，预计该厂未来 10 年内年产该产品 20 万件，A 材料前五年的价格将保持 20 元/公斤，从第 6 年起将上涨 20%，试根据给定材料确定该设备的功能性贬值。（考虑时间价值因素选用折现率为 15%，所得税税率为 33%，其中折现率 15%，年限为 5 年的复利现值系数为 0.497 2，年金现值系数为 3.352 2，折现率为 15%，年限为 10 年的年金现值系数为 5.018 8）

先计算年超额运营成本：

前 5 年：每年 $200\,000 \div 100 \times 2 \times 20 = 80\,000$（元）$= 8$（万元）

后 5 年：每年 $200\,000 \div 100 \times 2 \times 20 \times (1 + 20\%) = 96\,000$（元）$= 9.6$（万元）

再计算年净超额运营成本：

前 5 年：每年 $8 \times (1 - 33\%) = 5.36$（万元）

后 5 年：每年 $9.6 \times (1 - 33\%) = 6.43$（万元）

最后折现处理得功能性贬值额：

$$5.36 \times 3.352\,2 + 6.43 \times 3.352\,2 \times 0.497\,2 = 28.68 \text{（万元）}$$

六、经济性贬值及其估算

经济性贬值是因外界因素影响而引起的资产贬值。导致经济性贬值的因素大致有：对产品需求的减少，市场竞争的加剧，原材料供应情况的变化，通货膨胀，高利率、政府法律、政策的影响，以及环境保护因素等。其最终表现为设备的利用率下降、闲置和收益减少。

由于经济性贬值是外界因素对整个企业而不是单台设备或孤立的一组设备发生作用的结果，因此，采用成本法对机器设备估价时，很难确定和估算设备的经济性贬值，这也是市场法的主要缺陷。如果经分析经济性贬值确实存在并造成影响，应采取适宜的方法进行估测。

对于设备利用率下降造成的经济性贬值，可通过比较设备目前实际生产能力和设计生产能力，以百分比的形式计算设备的经济性贬值率，然后再用设备的重置成本扣减实体性贬值和功能性贬值后的数额乘以设备的经济性贬值率得出设备的经济性贬值额。

估算方法：

经济性贬值 = 资产在尚可使用年限内可预见的经济收益损失额 × 现值系数

经济性贬值率 = $[1-(\text{实际使用生产能力}/\text{额定生产能力})^x]\times 100\%$

经济性贬值 =（重置成本 − 实体性贬值 − 功能性贬值）× 经济性贬值率

【例 3－11】 某厂的一台设备，资产的功能与价值存在线性关系，若重置全新的同类机器设备，价值为 500 万元，年产量为 500 件，被评估设备的产量为 400 件。该设备已经使用 6 年，设备的利用率为 100%，仍有 9 年的使用寿命。但由于技术进步的原因，出现了新设备，其功能相同，但每生产 1 件产品，可节约甲材料 2 公斤，预计在未来的 9 年内，甲材料在前 5 年的价格保持在 200 元/公斤，从第 6 年起上涨 20%（该企业适用的所得税率为 33%，假定折现率为 10%。年限为 5 年，折现率为 10% 的年金现值系数为 3.791，复利现值系数为 0.621，年限为 4 年，折现率为 10% 的年金现值系数为 3.170），计算资产评估值。

（1）资产的重置成本 = 500 × 400 ÷ 500 = 400（万元）

（2）确定实体性贬值率 = 6 ÷ 15 = 40%，实体性贬值额 = 400 × 40% = 160（万元）

（3）功能性贬值 = 400 × 2 × 200 × 0.67 × 3.791 + 400 × 2 × 240 × 0.67 × 3.170 × 0.621
= 659 632.044 8（元）

（4）评估值 = 4 000 000 − 1 600 000 − 659 632.044 8 = 1 740 367.955 2（元）

第三节 市场法在机器设备评估中的应用

一、运用市场法评估机器设备的基本步骤

机器设备评估的市场法是以近期相同或相类似设备的市场成交价或报价为参照，通过对被评估设备与参照物设备的比较因素进行对比分析，调整两者的差异对价格的影响，由此得出被评估设备评估价值的各种方法。通常采取以下步骤操作：

（1）收集有关机器设备交易资料。市场法的首要工作就是在掌握被评估设备基本情况的基础上，进行市场调查，收集与被评估对象相同或类似的机器设备交易实例资料。所收集的资料一般包括设备的交易价格、交易日期、交易目的、交易方式，设备的类型、功能、规格型号、已使用年限，设备的实际状态等。对所收集的资料还应进行查实，确保资料的真实性和可靠性。

（2）选择可供比较的交易实例作为参照物。对所收集的资料进行分析整理后，按可比性原则，选择所需的参照物。参照物选择的可比性应注意两个方面：一是交易情况的可比性；二是设备本身各项技术参数的可比性。这样可以对被评估设备与参照物之间的差异进行比较、量化和调整。

（3）量化和调整交易情况的差异。机器设备的交易价格会受到供求状况、交易数量、付款方式等交易情况影响。一般来说，在设备销售时，如果有多个投资者竞相购买，其价格必然要高，反之，价格就会降低；而只销售一台设备与同时销售多台设备相比，价格也会不

一样；另外，一次性付款和分期付款销售的价格也不相同。因此，应对上述因素进行分析，对由于上述因素引起的价格偏高或偏低情况进行量化和调整。

（4）量化和调整品牌、质量等方面的差异。同一类型的设备由于生产厂家和品牌的不同，产品质量和销售价格也有差别。名牌产品质量好、价格高，一般产品质量差一些，价格也低。因此在评估时应对生产厂家、品牌、质量等对影响交易价格的因素进行量化，并对这些因素进行调整，剔除其对交易价格的影响。

（5）量化和调整结构、性能等方面的差异。机器设备规格型号及结构上的差异会集中到设备间的功能和性能的差异上，如生产能力、生产效率、运营成本等方面的差异。运用功能价值法和超额运营成本折现等方法可以将被评估机器设备与参照物在结构、规格型号、性能等方面的差异量化并调整。

（6）量化和调整新旧程度方面的差异。评估时，被评估机器设备与参照物在新旧程度上往往不一致，评估人员应对被评估设备与参照物的使用年限、技术状态等情况进行分析，估测其成新率。比较而言，对被评估对象成新率的估测相对容易，关键是要对参照物的成新率如何进行客观判定。如有条件，应对参照物进行技术检测和鉴定，确定其成新率，如无条件，可采用年限法估测。

（7）量化和调整交易期日的差异。在选择参照物时应尽可能选择离评估基准日较近的交易实例，这样可以免去交易时间因素差异的调整。如果交易期日的价格与评估基准日设备交易价格发生变化，可利用同类设备的价格变动指数进行调整。

（8）确定被评估机器设备的评估值。对上述各差异因素量化调整后，得出初步评估结果。对初步评估结果进行分析，采用加权或算术平均法确定最终评估结果。

二、市场法在机器设备评估中的应用

市场法主要是用于机器设备变现价格的评估，而不适用于机器设备的原地续用价格的评估。变现价格与原地续用价格的不同，不仅在于价格构成项目的不同，更主要的是受市场因素影响的程度不同。应用市场法估价必须具备以下前提条件：

（1）需要一个充分发育活跃的机器设备交易市场。这是运用市场法估价的基本前提。充分发育活跃的机器设备交易市场应包括三种市场：一是全新的机器设备市场，它是常规性的生产资料市场；二是二手设备市场，即设备的旧货市场；三是设备的拍卖市场。三种市场中影响设备交易价格的因素各不相同，而二手设备市场的活跃发达程度是运用市场法的首要前提。

（2）与被评估设备相同或相类似的参照物设备能够找到。在设备市场中与被评估对象完全相同的资产是很难找到的，一般是选择与被评估设备相类似的机器设备作为参照物，参照物与被评估机器设备之间不仅在用途、性能、规格、型号、新旧程度方面应具有可比性，而且在交易背景、交易时间、交易目的、交易数量、付款方式等方面具有可比性，这是决定市场法运用与否的关键。

三、应用实例

【例 3－12】 评估对象为生产一种化工原料的设备，经市场调查，参照物选定为生产相同产品的另一设备。该类设备的规模效益指数为 0.65。参照物为全新设备，购置时间为 2

个月前。经分析，评估时价格上升了5%，其他比较见表3-1：

表3-1 设备参数比较

比较因素	参照物	被评估对象
市场价格（万元）	75	
生产工人定员（人）	40	35
生产工人平均工资（万元/年）	0.48	0.48
尚可使用年限（年）	20	15
生产量（万吨/年）	2	2.5
成新率（%）	100	80

（一）方法一

（1）时间因素调整 $=75\times(1+5\%)=78.75$（万元）

（2）生产能力调整 $=78.75\times(2.5/2)^{0.65}=91.04$（万元）

（3）调整成新率 $=91.04\times(75\%/100\%)=68.28$（万元）

（4）功能调整

由于被评估设备效率高，其平均单位产品用工少，所以被评估设备较参照物设备年节约工资数额 $=(40\times0.48/2+35\times0.48/2.5)^{2.5}=7.2$（万元）

假设折现率为0.12，则年节约工资净额的现值 $=7.2\times(P/A,\ 0.12,\ 15)\times(1-33\%)=32.86$（万元）

（5）被评估设备的评估值 $=68.28+32.86=101.14$（万元）

（二）方法二

（1）时间差异调整系数 $=1+5\%=1.05$

（2）生产能力差异调整系数 $=(2.5/2)^{0.65}=1.1561$

（3）成新率差异调整系数 $=75\%/100\%=0.75$

（4）功能差异调整系数 $=(2.5/35)/(2/40)=1.4286$

（5）被评估设备的评估 $=75\times1.05\times1.1561\times0.75\times1.4286$

$=97.55$（万元）

本章练习题

一、单项选择题

1. 机器设备属于下列哪类资产？（ ）

A. 流动资产　B. 无形资产　C. 不动产类资产　D. 动产类资产

2. 机器设备按国家固定资产分类标准分类，不包括（ ）。

A. 通用设备　B. 专用设备　C. 单台设备　D. 电气设备

3. 下列说法中正确的是（ ）。

A. 整体性机器设备的价值就是单台机器设备价值的简单相加

B. 设备的贬值因素很多，除实体性因素贬值外，还存在功能性贬值，但一般情况下

没有经济性贬值

C. 对机器设备评估主要应用成本法和收益法，市场法应用很少

D. 对机器设备进行评估时，通常用成本法和市场法，收益法应用得很少

4. 已知某机器设备的贬值率为 20%，该设备的已使用年限为 4 年，则其尚可使用年限为（　　）年。

A. 20　　B. 25　　C. 16　　D. 28

5. 下列计算重置成本的方法中，计算结果必然属于复原重置成本的是（　　）。

A. 重置核算法　　B. 功能价值法

C. 物价指数法　　D. 规模经济效益指数法

6. 机器设备按其组合程度分类，不包括（　　）。

A. 单台设备　　B. 机组　　C. 自制设备　　D. 成套设备

7. 设备成新率，是指（　　）。

A. 设备实体性贬值率与 1 的差异

B. 设备实体性贬值率的倒数

C. 设备综合性陈旧贬值率的倒数

D. 设备现时价格与设备重置成本比率

8. 机器设备的重置成本中的直接费用包括（　　）。

A. 各种管理费用　　B. 安装调试费　　C. 勘察设计费　　D. 投资方向调节税

9. 机器设备的经济寿命是指（　　）。

A. 从评估基准日到设备继续使用在经济上不合算的时间

B. 机器设备从开始使用到经济上不合算而停止使用的时间

C. 机器设备从开始使用到报废为止的时间

D. 机器设备从开始使用到出现了技术性更好的新设备而被淘汰的时间

10. 进行机器设备评估时，一般采用（　　）。

A. 收益法和成本法　　B. 收益法和市场法

C. 市场法与成本法　　D. 任何一种方法均可

11. 机器设备作为主要劳动手段，属于会计学中所称的（　　）。

A. 固定资产　　B. 流动资产　　C. 不动产　　D. 无形资产

12. 评估某企业 4 年前购建的家用电器生产线，其年产量为 15 万台，目前市场上同类新型生产线价格为 200 万元，其设计生产能力为 20 万台/年，规模经济效益指数为 0.8，该生产线的重置成本为（　　）万元。

A. 158.88　　B. 160.21　　C. 172　　D. 174

13. 技术进步可能会引起设备（　　）。

A. 实体性贬值　　B. 经济性贬值　　C. 功能性贬值　　D. 无形贬值

14. 下列不属于微观鉴定内容的是（　　）。

A. 动力系统状况　　B. 设备的燃料、动力消耗

C. 设备规格　　D. 设备型号

15. 某专用生产线，原设计生产能力为 18 000 台/年，该生产线至今已使用了 6 年，尚可使用 4 年。目前由于新生产线的出现，对老产品的需求量减少，造成开工不足，

每年只需要12 000台的生产能力，根据该行业的统计其规模效益指数为0.5。该设备的经济性贬值率为（　　）%。

A. 18　　B. 20　　C. 22　　D. 24

16. 运用修复费用法估测成新率适用于（　　）。

A. 所有机器设备　　B. 实体性贬值是可补偿的设备

C. 具有不可补偿有形损耗的设备　　D. 具有特殊结构的设备

17. 在机器设备的评估中，以下内容属于判断性鉴定的是（　　）。

A. 设备的维修保养情况　　B. 设备的剩余经济寿命

C. 设备的役龄　　D. 设备的生产厂家

18. 设备的技术寿命与（　　）有关。

A. 使用强度　　B. 技术更新速度

C. 使用时间　　D. 维修保养水平

19. 设备的加权投资年限是（　　）。

A. 设备已使用年限×更新成本　　B. 设备更新成本合计

C. 设备加权更新成本合计　　D. 设备加权更新成本合计/更新成本合计

20. 一台数控折边机，重置成本为160万元，已使用5年，其经济使用寿命约25年，现该机器数控系统损坏，估计修复费用约2万美元（折合人民币16.5万元），其他部分工作正常，该设备的实体性贬值率为（　　）%。

A. 28.25　　B. 26.91　　C. 27.25　　D. 25.91

21. 设备的到岸价是指（　　）。

A. FOB+进口关税　　B. FOB+运费+关税

C. FOB+运费+保险费　　D. 到岸价+境外保险费

22. 下列贬值属于功能性贬值的是（　　）。

A. 由于大量产品积压，某车间由三班改为两班造成开工不足

B. 由于设备生产厂家采用新技术，使某厂使用的车床相对物耗上升了20%

C. 由于市场疲软，某车间的10台机床，只有6台使用，造成4台闲置

D. 由于原材料紧俏，某厂处于半停产状态，造成设备闲置

23. 运用市场法评估机器设备中，对设备的役龄的评估属于（　　）。

A. 交易因素　　B. 时间因素　　C. 地域因素　　D. 个别因素

24. 银行财务费用的取费基数为（　　）。

A. 离岸价人民币　　B. 货价人民币数

C. 关税完税价格　　D. 关税完税价格+关税

25. 超额运营成本体现了（　　）。

A. 实体性贬值　　B. 功能性贬值

C. 经济性贬值　　D. 技术性贬值

26. 确定设备的新旧程度、剩余经济寿命等属于（　　）范畴。

A. 宏观性鉴定　　B. 微观性鉴定

C. 判断性鉴定　　D. 统计性鉴定

27. 用市场法进行机器设备评估时，第一步首先应该（　　）。

A. 因素比较

B. 计算评估值

C. 对评估对象进行鉴定，获取评估对象的基本资料

D. 进行市场调查，选取市场参照物

28. 某被评估设备，其正常运行需要 6 名操作人员，目前同类型的新式设备所需的操作人员是 3 名。假设被评估设备与参照物在运营成本的其他支出方面大致相同，操作人员的年平均工资福利为 10 000 元，被评估设备尚可使用 5 年，所得税税率为 33%，适用的折现率为 10%，则被评估设备的年超额运营成本额为（ ）元。

A. 20 000 B. 30 000 C. 40 000 D. 50 000

29. 某被评估设备，其正常运行需要 6 名操作人员，目前同类型的新式设备所需的操作人员是 3 名。假设被评估设备与参照物在运营成本的其他支出方面大致相同，操作人员的年平均工资福利为 10 000 元，被评估设备尚可使用 5 年，所得税税率为 33%，适用的折现率为 10%，则被评估设备的年超额运营成本净额为（ ）元。

A. 20 300 B. 20 200 C. 20 400 D. 20 100

30. 某被评估设备，其正常运行需要 6 名操作人员，目前同类型的新式设备所需的操作人员是 3 名。假设被评估设备与参照物在运营成本的其他支出方面大致相同，操作人员的年平均工资福利为 10 000 元，被评估设备尚可使用 5 年，所得税率为 33%，适用的折现率为 10%，则被评估设备的功能性贬值额为（ ）元。

A. 75 206 B. 75 771 C. 76 195 D. 77 298

二、多项选择题

1. 机器设备鉴定的具体内容包括（ ）。

A. 宏观鉴定 B. 微观鉴定 C. 总体鉴定

D. 抽样鉴定 E. 判断性鉴定

2. 对需要安装的单台机器设备，其重置成本包括（ ）。

A. 设备购置成本 B. 运杂费 C. 安装费

D. 基础费 E. 税金

3. 进口设备从属费用确定正确的是（ ）。

A. 海运费 = 货价 × 海运费费率

B. 关税 = 到岸价 × 关税税率

C. 消费税 =（关税完税价 + 关税）× 消费税税率 ÷（1 − 消费税税率）

D. 国外运输保险费 =（货价 + 关税）× 保险费费率

E. 外贸手续费 = 到岸价 × 外贸手续费费率

4. 分析研究设备的超额运营成本，应考虑新设备与老设备相比（ ）。

A. 生产效率是否提高

B. 维修保养费用是否降低

C. 材料消耗是否降低

D. 能源消耗是否降低

E. 操作工作数量是否降低

5. 机器设备评估的程序包括（ ）。

A. 明确评估目的
B. 明确评估对象
C. 对机器设备进行必要的鉴定
D. 研究确定评估方法
E. 评定估算，撰写评估报告
6. 造成设备经济性贬值的主要原因有（　　）。
A. 该设备所生产的产品供过于求
B. 该设备的技术落后
C. 该项设备被过度使用
D. 生产该设备的劳动生产率提高
E. 该设备所生产的产品存在污染问题，产量受国家环保政策限制
7. 重置成本一般包括重新购置或建造与评估对象功效相同的全新设备所需的一切合理的直接费用和间接费用，重置成本的构成要素与以下哪几个因素有关？（　　）
A. 评估对象　　B. 评估前提　　C. 评估目的
D. 评估时间　　E. 评估方法
8. 进口设备增值税的计税基数为（　　）。
A. 关税完税价　　B. 关税　　C. 消费税
D. 海外运输费　　E. 保险费
9. 运用使用年限法估算设备成新率时涉及的基本参数有（　　）。
A. 设备的总使用年限
B. 设备的技术水平
C. 设备的已使用年限
D. 设备的尚可使用年限
E. 设备的负荷程度
10. 进口设备重置成本进口从属费用包括（　　）。
A. 海运费　　B. 进口关税　　C. 增值税
D. 银行财务费用　　E. 外贸手续费
11. 机器设备实体性贬值的估算通常采用的方法有（　　）。
A. 使用年限法　　B. 修复费用法　　C. 观测分析法
D. 功能价值法　　E. 统计分析法
12. 适用抽样核查方法的机器设备包括（　　）。
A. 机器设备单台价值量很大
B. 机器设备单台价值量较低
C. 数量繁多
D. 规格型号及使用环境相同或类似
E. 在企业生产过程中，起决定性作用的主要设备
13. 机器设备的贬值可分为（　　）。
A. 实体性贬值　　B. 功能性贬值　　C. 货币性贬值
D. 风险性贬值　　E. 经济性贬值

14. 通常采用的估算机器设备重置成本的方法有（　　）。
A. 使用年限法　　B. 重置核算法　　C. 预决算调整法
D. 物价指数法　　E. 规模经济效益指数法

15. 估测设备成新率时应主要观测分析的指标有（　　）。
A. 设备的实际已使用时间　　B. 设备的正常负荷率
C. 设备的现时技术状态　　D. 设备的原始制造质量
E. 设备的维修保养状况

三、计算题

1. 某企业 2000 年从美国引进一台设备，当年安装投产，设备总金额为 100 万美元。2005 年对设备进行评估，评估基准日为 12 月 31 日，经过对该设备进行现场勘测和鉴定，该设备在国内外处于领先地位，在国际上也属于普遍使用的产品，故可采用指数法。该设备的费用可分为四大部分：设备实体、进口配件、国内配套设施、其他费用。经查询，设备实体在美国的价格上涨了 50%，进口配件的价格上涨了 30%，国内配套设施价格上涨了 60%，其他费用上涨了 50%。按评估基准日国家有关政策规定，该进口设备的关税、增值税等为 30 万元；评估时，美元对人民币汇率为 1∶8.27；另从进口原生产线合同得知，进口设备实体为 75 万美元，进口配件为 15 万美元；另从其他会计凭证中查得，国内配套设施原始价值为 45 万元，其他费用为 18 万元。

要求：计算该设备的重置成本。

2. 某企业从美国进口一台设备，离岸价格为 30 万美元，国外运杂费为 1 万美元，途中保险费为 1.5 万美元。增值税税率为 17%，关税税率为 20%。该设备在企业已使用 3 年，尚可继续使用 7 年，假定美元对人民币汇率为 1∶8。进口过程中，银行及外贸手续费为 2 万元，国内运杂费为 4 万元，安装调试费为 5 万元。

要求：计算该设备的评估价值。

3. 某企业有一套自制生产设备，原值 100 万元，其中材料费 70 万元，安装费用 22 万元，其他费用 8 万元。这台设备到 2004 年 12 月 31 日使用了 6 年，预计尚可使用 5 年。这台设备的设计能力为年产量 1 000 吨，从开始使用到 2004 年年底，材料费用上涨指数为 25%、20%、15%、12%、10%、11%；安装费和其他费用平均上涨指数分别为：9%、12%、10%、14%、18%、20%。同时预计 2004 年 12 月 31 日自制同样设备的生产能力会达到 1 200 吨。由于受国民经济的影响，正常开工率为 80%，规模经济效益指数取 0.6。

要求：试评估该设备 2004 年 12 月 31 日的价格。

4. 被评估生产线年设计生产能力为 10 000 吨。评估时，由于受政策调整因素影响，产品销售市场不景气，企业必须减产至年产 7 000 吨，或每吨降价 100 元以保持设备设计生产能力的正常发挥。政策调整其预计会持续 3 年，该企业正常投资报酬率为 10%，生产线的规模指数 x 为 0.6。

要求：试根据所给条件估测所能出现的经济性贬值率和经济性贬值额。

5. 已知某厂的一台设备仍有 10 年使用寿命，但由于技术进步的原因出现了一种新型设备，其功能相同，但每生产 100 件产品可节约 A 材料 2 公斤，预计该厂未来 10 年内年产该产品 20 万件，A 材料前 5 年的价格将保持 20 元/公斤，从第 6 年起将上涨 20%（适用折现率为 15%，所得税税率为 33%）。

要求：试根据给定的条件确定该设备的功能性贬值。

案例一：进口机器设备评估案例

某公司欲以公司拥有的进口机器设备等资产对外联营投资，故委托某评估机构对该进口设备的价值进行评估，评估基准日为2000年11月30日。

设备名称：图像设计系统

规格型号：STORK

设备产地：A国××厂家

启用日期：1998年7月

账面价值：11 000 000.00元

账面净值：9 000 000.00元

案例分析过程：

评估人员根据掌握的资料，经调查分析后，决定采用成本法评估。

一、计算公式

CIF价＝FOB价＋国外运输费＋国外运输保险费

重置现价＝CIF价＋银行财务费＋外贸手续费＋海关监管手续费＋商检费＋国内运杂费＋国内安装调试费

重置全价＝重置现价＋资金成本

评估价值＝重置全价×综合成新率

二、重置全价的估算

（1）FOB价为EUR（欧元）560 000.00元。该价格系向A国××厂家询得，按评估基准日汇率计算，折合USD（美元）571 000.00元，评估基准日美元与人民币汇率中间价为8.278 9；

（2）国外运输费率取5.5%；

（3）国外运输保险费率取0.4%；

（4）CIF价＝FOB价＋国外运输费＋国外运输保险费

＝571 000.00×(1＋5.5%)×(1＋0.4%)

＝604 814.62（元）

（5）关税及增值税：被评估设备根据《当前国家重点鼓励发展的产业、产品和技术目录》及《中华人民共和国上海海关公告——外商投资项目不予免税的进口商品目录》规定，除设备控制系统中的微型计算机不予免税外，其余机器设备均予免税，由于微型计算机所占金额很少，故计算中未计关税与增值税项目；

（6）银行财务费率取0.4%；

（7）外贸手续费率取1.5%；

（8）海关监管手续费率取0.3%；

（9）商检费率取0.3%；

（10）国内运杂费率取3%；

（11）设备基础费：该设备不需专门建设设备基础，故略去此费用；

（12）国内安装调试费率取3%；

（13）资金成本：评估基准日一年期贷款利率5.85%，半年期贷款利率5.58%。从合同签订至设备安装调试完毕共计12个月。付款方式为：首期支付CIF价的30%（计息期12个月），设备进关开始安装调试支付60%（计息期6个月），安装调试费均匀投入（计息期3个月），余款10%于调试运行后支付（计息期为零）。

进口设备重置现价 = FOB价 + 国外运输费 + 国外运输保险费 + 银行财务费 + 外贸手续费 + 海关监管手续费 + 商检费 + 国内运杂费 + 安装调试费

= [FOB价 ×(1 + 国外运输费率)×(1 + 保险费率)] ×(1 + 银行财务费率 + 外贸手续费率 + 海关监管手续费率 + 商检费率 + 国内运杂费率 + 安装调试费率)

= [571 000.00 ×(1 +5.5%)×(1 +0.4%)] ×(1 +0.4% + 1.5% +0.3% +0.3% +3% +3%)

=5 432 812（元）（取整）

资金成本 = CIF价 ×30% ×5.85% ×12/12 +(CIF价 ×60% + 银行财务费 + 外贸手续费 + 海关监管手续费 + 商检费 + 国内运杂费)×5.58% ×6/12 + 安装调试费 × 5.58% ×3/12

=604 814.62 ×30% ×5.85% ×12/12 + [604 814.62 ×60% +604 814.62 ×(1 +0.4% +1.5% +0.3% +0.3% +3%)] ×5.58% ×6/12 +604 814.62 × 3% ×5.58% ×3/12

=10 614.50 +28 534.49 +253.11

=39 402.1（元）

进口设备的重置全价 = 重置现价 + 资金成本

=5 432 812 +394 021

=5 472 214.1（元）

三、综合成新率的确定

（一）确定实体性损耗率

（1）该设备经济使用寿命为16年（属印刷设备类）；

（2）已使用日历年限为3年（从1997年11月开始试车至2000年11月评估基准日）；

（3）该机调整因素系数及综合值：

原始制造质量——1.10（进口设备）

设备时间利用率——1.05（1班/日）

维护保养——1.0（正常）

修理改造——1.0（无）

故障情况——1.0（无）

运行状态——1.0（正常）

环境状况——1.05（良好）

七项调整因素系数综合值为 $1.10\times1.05\times1.0\times1.0\times1.0\times1.0\times1.05=1.21$

（4）已使用年限经七项因素调整后为 $3\div1.21=2.5$（年）

（5）实体性损耗率 $=2.5\div16\times100\%$

$=15.63\%$

（二）确定功能性损耗率

功能性损耗率从新旧工艺及相应设备的生产率（印染速度）、耗损及原材料（未加工纸）价格三项因素比较，分别对每项因素估算其功能性损耗。估算均按下列步骤进行：

（1）将被评估设备的年生产率（或损耗、原材料价格）与功能相同但性能更好的新设备的年生产率（或损耗、原材料价格）进行比较；

（2）计算二者的差异，分别确定净超额工资、净超额损耗及净超额原材料成本；

（3）估测被评估设备的剩余寿命；

（4）以适当的折现率将被评估设备在剩余寿命内每年的净超额费用折现，这些折现值之和即为被评估设备的功能性损耗（贬值），计算公式如下：

$$被评估资产功能性损耗 = \sum(被评估资产年净超额成本\times折现系数)$$

被评估设备功能性损耗具体测算如下：

1. 根据委托方提供的资料。

（1）被评估设备生产率（印染速度）为 30 m/s，新设备为 90 m/s；

（2）被评估设备损耗为 30%，新设备为 10%；

（3）被评估设备使用原材料加工纸的价格为 3 000USD/T，新设备为 2 000USD/T；

（4）月均印染产量（自经销、代加工、卖模纸）共计 51 600 m；

（5）印染模纸 1 000 m/T；

（6）设备剩余年限 13.5 年；

（7）所得税税率 33%；

（8）评估基准日美元与人民币的汇率中间价 8.278 9；

（9）折现率取 7%。

2. 功能性损耗测算。

生产率（印染速度）因素影响值：

（1）旧设备月工资额：

①经销 11 000 m　　单位工资 1.11 元/m　　月工资额 12 210 元；

②代加工 17 800 m　　单位工资 0.28 元/m　　月工资额 4 984 元；

③卖花纸 24 00 m　　单位工资 0.32 元/m　　月工资额 7 68 元；

旧设备月工资 $\sum$ = 24 262 元

（2）新设备印染速度为 90 m/s，旧设备为 30 m/s，新设备月工资成本为：

①经销　　$1.11\times1/3=0.37$　　$0.37\times11\ 000=4\ 070$（元）

②代加工　　$0.28\times1/3=0.093$　　$0.093\times17\ 800=1\ 655$（元）

③卖花纸　　$0.31\times1/3=0.103$　　$0.103\times22\ 800=2\ 348$（元）

新设备月工资 $\sum$ = 8 073 元

（3）月差异额：$24\ 262-8\ 073=16\ 189$（元）

（4）年工资成本超支额：16 189 × 12 = 194 268（元）

（5）减所得税（33%）：194 268 × 33% = 64 108（元）

（6）扣除所得税后年净超额工资：194 268 − 64 108 = 130 160（元）

（7）资产剩余使用年限：13.5 年

（8）折现率取 7%：13.5 年年金折现系数为 8.554 7

（9）功能性损耗额：130 160 × 8.554 7 = 1 113 480（元）

3. 按上述步骤测算，得出：

（1）因第一项因素（生产率）得出的功能性损耗为 1 113 480 元；

同理，按新旧设备损耗率和使用纸的成本不同，计算出第二、第三项因素的损耗；

（2）因第二项因素（损耗）得出的功能性损耗为 1 113 685 元；

（3）因第三项因素（原材料）得出的功能性损耗为 2 938 205 元；

（4）上述三因素之和为 5 165 370 元。

$$\begin{aligned}功能性损耗率 &= 功能性损耗/重置价格 \times 100\% \\ &= 5\,165\,370/20\,995\,772 \times 100\% \\ &= 24.60\%\end{aligned}$$

（三）确定综合成新率

（1）经济性损耗率 = 0%

（2）综合损耗率 = 实体性损耗率 + 功能性损耗率 + 经济性损耗率

= 15.62% + 24.60% + 0% = 40%（取整）

（3）综合成新率 = 1 − 综合损耗率 = 1 − 40% = 60%

四、评估价值的确定

$$\begin{aligned}评估价值 &= 重置全价 \times 综合成新率 \\ &= 5\,472\,214.1 \times 60\% \\ &= 3\,283\,328\ （元）（取整）\end{aligned}$$

五、分析说明

1. 该案例是进口机器设备评估的案例。在计算重置全价时，资金成本的计算值得关注。资金成本的计算关键要确定两个因素：一是资金量的大小和投入时间的长短，二是资金的单位使用成本。前者根据实际情况来确定，后者就要具体分析资金的平均投资收益率，通常用银行的存贷款利率来计算。本案例即根据资金投入时间的长短，分别选用了银行一年期贷款利率和半年期贷款利率来计算资金成本。

2. 确定设备实体性损耗率常用的方法有：使用年限法、观察法和修复费用法。修复费用法的使用有一定的条件，其他两种方法的适用范围更大。本案例采用的是进行因素调整后的使用年限法，是使用年限法和观察法在一定层面上的结合。

3. 功能性损耗是由技术进步引起的。通过将被评估设备与功能相同，但性能更好的新设备进行比较，分析二者在运营上的差异并量化，即可得到被评估设备的功能性损耗。在这个过程中，差异分析是很关键的一步。本案例中新旧设备的差异主要是人工成本的差异，在得到人工成本年超支额后，还应扣除所得税。因为人工成本超支将会增加被评估设备的运营成本，降低被评估设备的运营收益，从而减少应计的所得税。在评估中确定的差异应是设备之间的净差异，因此要扣除所得税的影响。

4. 根据有关部门的规定，自 2005 年 2 月起取消海关监管手续费，因此在今后的进口机器设备评估中将不再涉及海关监管手续费。

案例二：国产机器设备评估

B 厂因资产重组，拟将锻压车间的一台设备转让，现委托某评估机构对该设备的价值进行评估，评估基准日为 2002 年 8 月 31 日。评估人员根据掌握的资料，经调查分析后，决定采用成本法评估。

设备名称：双盘摩擦压力机

规格型号：J53－300

制造厂家：A 机械厂

启用日期：1997 年 8 月

账面原值：180 000 元

账面净值：100 000 元

一、概况介绍

1. 用途及特点。

该设备是普通多用途锻压设备，用于 B 厂（被评估设备所属厂家）锻压车间手术器械成型模锻、挤压、精压、切边、弯曲、校正等作业。

该设备结构紧凑、动力大、刚性强、精度高、万能性强，采用液压操纵装置，可进行单次打击和连续自动打击。

2. 结构及主要技术参数。

（1）结构主要包括机架、滑块、飞轮与主轴（其上安装两个大摩擦轮）四个部分，液压操纵、刹紧、退料及缓冲四个装置，还有电器设备（主机电和油泵电机）。

（2）主要技术参数：

公称压力：3 000 kN

打击能量：2 000 kJ

最大行程：400 mm

液压系统工作油压：2～3 MPa

二、估算重置价值

1. 估算购置价格。

经向原制造厂家——A 机械厂询价得知，相同规格型号的 J53－300 型双盘摩擦压力机报价（2002 年 8 月 31 日，即评估基准日）为人民币 188 000 元。

2. 估算重置价值。

（1）购置价格＝188 000 元

（2）运杂费＝购置价格×运杂费率＝188 000×5%＝9 400（元）

（3）基础费＝购置价格×基础费率＝188 000×5%＝9 400（元）

（4）安装调试费：根据生产厂家承诺该项费用免收。

（5）资金成本：因该机可在不到一个月时间内完成安装调试工作，故资金成本不计。

重置价值 = 购置价格 + 运杂费 + 基础费 + 安装调试费 + 资金成本
= 188 000 + 9 400 + 9 400 + 0 + 0
= 206 800（元）

三、确定综合成新率

1. 确定经七项调整因素修正使用年限法的成新率。

（1）根据《全国资产评估价格信息》1999 年第一期刊出的《机器设备参考寿命年限专栏》，取锻压设备规定使用（经济）年限为 17 年；

（2）确定已使用（实际）年限为 5 年（启用日期 1997 年 8 月至评估基准日 2002 年 8 月）；

（3）确定七项调整因素综合修正系数为 0.99：

①制造质量——1.10（A 机械厂制造，质量优良）；

②利用程度——1.00（2 班/日，利用程度正常）；

③维护保养——1.00（正常）；

④修理改造——1.00（无修理改造）；

⑤故障情况——1.00（无故障）；

⑥运行状态——1.00（正常）；

⑦工作环境——0.90（高温、灰尘、振动）；

（4）确定已使用（经济）年限 5.05（= 5 ÷ 0.99）年；

（5）确定尚可使用（经济）年限为 11.95（= 17 − 5.05）年；

（6）确定经七项调整因素修正使用年限法的实际成新率。

实际成新率 = 尚可使用（经济）年限/规定使用（经济）年限 × 100%
= 11.95/17 × 100% = 70%

2. 现场勘察及综合技术鉴定成新率为 75%。

3. 确定综合成新率。

综合成新率 = 七项调整因素系数修正使用年限法成新率 × 40% +
现场勘察技术鉴定成新率 × 60%
= 70% × 40% + 75% × 60% = 73%

四、确定评估价值

评估价值 = 重置价值 × 综合成新率 = 206 800 × 73% = 150 964（元）

五、案例分析

（1）该案例在估算购置价格时采用了市场询价法。对于市场上有销售定价的设备，可以采用询价法估算其购置价格。在具体询价时应注意以下原则：

①必须是评估基准日的价格；

②必须采用具有权威性的、贸易量大的贸易单位的价格；

③尽可能向原设备制造厂家询价。结合实际情况，该案例就是向原设备制造厂家——A

机械厂询价的，所以被估设备的购置价格合理性较高。

（2）被估设备属于国产机器设备，其重置价值通常由购置价格、运杂费、基础费、安装调试费和资金成本五项构成。其中，运杂费是从生产厂家到安装使用地点所发生的装卸、运输、采购、保管、保险及其他有关的费用。它的计算方法有两种：一是根据设备的生产地点、使用地点以及质量、体积、运输方式，根据铁路、公路、船运、航空等部门的运输计费标准计算；二是按设备价格的一定比例作为设备的运杂费率，以此来计算设备的运杂费。该案例采用的是后一种方法。对于运杂费率的确定，国家有专门的机械行业运杂费率表。具体的运杂费率由评估师结合费率表和距离（从生产厂家到安装使用地点）、设备的尺寸、质量及相关因素确定。

设备的基础是为安装设备而建造的特殊构筑物。设备的基础费是指建造设备基础所发生的人工费、材料费、机械费及全部取费。可以按照设备价格的一定比例作为设备的基础费率，以此来计算设备的基础费。通常，设备的基础费率按设备所在行业颁布的概算指标中规定的标准取值，该案例即是如此。

安装调试费是指设备在安装的过程中所发生的所有人工费、材料费、机械费及全部取费。它可以按设备购置价格的一定比例计算得出，这个比例通常可以按所在行业概算指标中规定的设备安装费率来确定。在该案例中，根据厂商的承诺，安装被估设备免收安装调试费，即该项费用由设备生产厂家承担，使用者需负担的安装调试费为0。

（3）成新率是表示设备新旧程度的比率。估测机器设备的成新率通常有三种方法：使用年限法、观察法和修复费用法。其中，技术鉴定法是观察法中较为科学的方法，主要是根据机器设备的内在技术状态来确定成新率，这比用看外观和访问用户得出的资料来确定成新率更加可靠和准确。该案例是先用使用年限法和技术鉴定法分别得出被评估设备的成新率，再加权平均得出综合成新率。尽管这种加权平均方法的使用、具体权重的确定可能缺乏牢靠的科学依据，但这种方法的使用却可以降低成新率出现大的偏差的概率。此外，在使用年限法确定成新率过程中，结合被评估机器设备的特点和具体使用情况，对实际使用年限做出相应的调整，这是必要的。

国产机器设备评估案例使用说明

一、教学目的与用途

1. 适用课程。

本案例主要适用于资产评估课程。

2. 本案例的教学目的。

通过本案例的学习，加强学生对机器设备理论知识的掌握，并能应用市场法和成本法对机器设备进行定价。

二、启发思考题

1. 成本法评估的优缺点。
2. 机器设备评估的程序有哪些？
3. 如何对机器设备的成新率进行检测？

三、理论依据

1. 资产评估理论。
2. 市场法及成本法的应用前提条件。
3. 成新率的计算方法。

四、背景信息

本案例B厂因资产重组，拟将锻压车间的一台设备转让，现委托某评估机构对该设备的价值进行评估，评估基准日为2002年8月31日。评估人员根据掌握的资料，经调查分析后，决定采用成本法评估。通过应用成本法对机器设备进行详细的鉴定和测算，从而得出较科学的评估价格。

五、建议课堂计划

本案例可以作为专门的案例讨论课来进行。如下是按照时间进度提供的课堂计划建议，仅供参考。

整个案例课的课堂时间控制在80～90分钟。

课前计划：提出启发思考的问题，请学员在课前完成阅读和初步思考。

课中计划：简要的课堂发言，明确主题（2～5分钟）；
分组讨论（30分钟），告知发言要求；
小组发言（每组5分钟，控制在30分钟）；
引导全班进一步讨论，并进行归纳总结（15～20分钟）。

课后计划：如果必要，请学生采用报告形式给出案例评估报告。

第四章

房地产评估

第一节 房地产评估概述

房地产评估就是对房地产进行估价，也就是说，由持有《房地产估价人员岗位合格证书》或《房地产估价师注册证》的专业人员，根据估价目的，遵循估价原则，按照估价程序，运用估价方法，在综合分析影响房地产价格因素的基础上，结合估价经验及对影响房地产价格因素的分析，对房地产的特定权益，在特定时间最可能实现的合理价格所做出的估计、推测与判断。它实质上不是估价人员的定价，而是模拟市场价格形成过程将房地产价格显现出来，它具有专业性、技术性、复杂性，是科学、艺术和经验三者的结合。

一、房地产

房地产，又称不动产、物业等，是指土地及定着在土地之上的建筑物、构筑物和其他附属物和附带的各种权益的总称。房地产是物质实体、权益状态和区域三者的综合体。物质实体又是权益的载体。

二、房地产业

房地产业是进行房地产投资、开发、经营、管理、服务的行业，属于第三产业，是具有基础性、先导性、带动性和风险性的产业。

房地产业的细分行业包括房地产投资开发业、房地产咨询业、房地产价格评估业、房地产经纪业和物业管理业。

（1）房地产投资开发：在依法取得国有土地使用权的土地上进行基础设施、房屋建设的行为。

（2）房地产咨询业：为有关房地产活动的当事人提供法律法规、政策、信息、技术等方面服务的经营活动，具体有房地产市场调查研究、房地产开发项目可行性研究、房地产开发项目策划等。

（3）房地产价格评估业：对房地产在估价时点的客观合理的价格或者价值进行估算和判定的活动。

（4）房地产经纪业：向进行房地产投资开发、转让、抵押、租赁的当事人提供房地产居间介绍、代理和行纪的经营活动。

（5）物业管理业：专业的物业管理企业，受业主委托，按照国家法律法规，对已竣工投入使用的房屋及其附属配套设施进行经营管理，为客户提供高效、优质的服务。

三、房地产分类

居住性房地产：普通住宅、高档公寓、别墅等；

商业性房地产：商务办公楼（写字楼）、商场、餐饮、影剧院、娱乐场所、酒店宾馆饭店、度假村等；

工业性房地产：工业厂房、仓库等；

农业性房地产：农地、农场、林场、牧场、果园等；

特殊性房地产：车站、机场、医院、学校、教堂、寺庙、文物、墓地等。

四、房地产市场

（一）房地产市场类型

1. 按用途分类，可分为住宅市场、写字楼市场、商业用房市场等，每一类还可以细分，如住宅市场可以分为普通住宅市场、高级公寓市场、别墅市场等。

2. 按覆盖范围分类，可分为国际性、全国性、地方性的市场。需要注意的是，不同类型的房地产所影响的地理空间范围是有差别的。一般来讲，房地产的档次越高，市场影响的空间范围就越大。

3. 按层次划分，可以分为一、二、三级房地产市场。一级市场是指国家出让土地给开发公司的土地出让市场；二级市场是指开发公司与消费者之间的房产交易市场；三级市场是指房地产消费者之间的交易市场。

（二）房地产市场的特点

（1）地域性：房地产市场具有很强的地域性，不可能通过跨地区进行供求调剂，不同地区之间的价格水平、供求状况、交易数量有极大的差别。

（2）供给调节滞后性：由于房地产开发周期较长，因此在需求发生变动后，供给需要在相当长的一段时间才能随之调节变动，达到新的均衡。

（3）垄断竞争性：房地产交易价格及交易信息多为非公开的，使得买卖双方较难了解到真实的市场行情。即便交易的房产，也存在区位、质量、新旧、面积、价格等方面的差异。

（4）投机性：由于房地产的地区性、供求调节滞后性、垄断竞争性等，决定了房地产具有一定的投机性。

（5）交易形式多样：有土地使用权的出让与转让、房地产买卖、租赁、抵押、典当、项目转让等多种交易形式。

（6）交易复杂性：由于房屋存在差异，信息不公开，并且涉及较多的专业问题，需要较多的专业机构，因此房地产市场不仅交易复杂，而且效率较低。

（7）受金融业影响较大：其交易对信贷的依赖性较强。

（8）政府干预性：政府通过财政金融政策、土地利用政策、城市规划、环境保护等政策对房地产行业进行调控。

五、房地产评估原则

（一）合法原则

合法原则要求房地产估价应以估价对象的合法权益为前提进行，合法权益包括合法产权、合法使用、合法处分等。

（二）最高最佳使用原则

最高最佳使用原则要求房地产估价应以估价对象的最高最佳使用为前提进行。最高最佳使用具体包括3个方面，即最佳用途、最佳规模、最佳集约度。

（三）估价时点原则

估价时点原则要求房地产估价结果应是估价对象在估价时点的价值。影响房地产价格的因素是不断变化的，房地产市场是不断变化的，房地产价格自然也是不断变化的。因此，在不同的时间，同一宗房地产往往会有不同的价格。实际上，随着时间的流逝，房地产本身也会发生变化，例如，建筑物变得陈旧过时等。由此可见，房地产价格具有很强的时间性，每一个价格都对应着一个具体的时间，如果没有了对应的时间，价格就会失去意义。确立估价时点原则的意义在于估价时点是评估房地产价值的时间界限，例如，政府有关房地产的法律、行政法规、税收估价标准等的发布、变更、实施日期等，均有可能影响估价对象的价格。因此，在估价时是采用发布、变更、实施日期之前还是之后的，就应根据估价时点来确定。

（四）替代原则

替代原则要求房地产估价结果不得偏离类似房地产在同等条件下的正常价格。所谓类似房地产是指房地产中实物、权益、区位状况均与估价对象的实物、权益、区位状况相同或相当的房地产。具体一点说，类似房地产是在用途、规模、建筑结构、档次、权利性质等方面与估价对象相同或者相当，并与估价对象处在同一供求范围内的房地产。根据经济学原理，在同一市场上（同一供求范围内），相同的商品或具有相同价值的任何经济主体在市场上的行为，是要以最小的代价（花费或成本）取得最大的效益（效用或利润）。房地产价格也符合这一规律，只是由于房地产的独一无二特性，使得完全相同的房地产几乎没有，但在同一市场上具有相近效用的房地产，其价格是相近的。在现实房地产交易中，任何理性的买者和卖者，都会将其拟买或拟卖的房地产与类似房地产进行比较，任何买者不会接受过高于市场上正常价格的价格，任何卖者也不会接受过低于市场上正常价格的价格，最终是同一市场上类似的房地产，价格相互牵掣、相互接近。

六、房地产评估程序

房地产估价程序是指房地产估价作业按其内在联系，所形成的各个具体操作步骤和环节。一般而言，评估一宗房地产主要包括以下7个基本步骤。

（一）明确估价的基本事项

在实际进行房地产评估过程中，会涉及许多方面的问题，需要处理的事项也较多。有些事项直接关系到估价作业的全过程，对估价额也有较大的影响，这些事项被称为估价的基本事项，必须预先明确。一般来说，估价的基本事项包括估价对象、估价目的、估价时点及评估前提4个方面。

1. 明确估价对象。

（1）评估实体的确定。即要明确评估对象是什么、范围如何。估价的是土地，还是建筑物，或是房地合一，包括坐落位置、面积、用途、结构等。如估价的是写字楼，是否包括其中配备的设备；如估价的是酒店，是否包括其中的家具等。

（2）评估对象权利状态的确定。首先要明确所评估的是何种物权，是所有权还是使用权或抵押权等。在我国，尤其要注意所评估的是通过有偿出让方式获得的土地使用权，还是土地使用权的批租年限，已使用年限、剩余使用年限是否受到限制、是否完整等。如评估对象是否已设定了租赁权、抵押权和典权、地役权等，其年限如何。

2. 明确估价目的。

估价目的可具体分为买卖、交换、租赁、入股、抵押、典当、保险、课税、征用、拆迁补偿、投资决策、清产核资、区域规划、分析等。不同的评估目的对于估价方法的选择和估价结果是有一定影响的，因此，必须明确评估目的。

明确了评估目的，也就相应地确定了所要评估的价格类型，如买卖价格、租赁价格、入股价格、抵押价格、征用价格、课税价格等。各种价格在评估时都有相应的注意事项，如抵押价格评估与买卖价格评估就有较大的差异，由于抵押价格评估要考虑抵押贷款清偿的安全性，因此其数额应等于评估对象的预期价格（抵押期限）减去处置税费等；征用价格和课税价格评估一般是按照国家的有关规定进行的，如有些国家及地区规定，土地的课税价格用路线价法评估；保险价格的评估仅指建筑物及其家具、设备的价值等。

3. 明确估价时点。

房地产价格受多种因素影响，是不断变化的。对于同一宗房地产来说，在不同的时点上，其价格可能有较大的差别。我们通常所说的某宗房地产的价格都是指该房地产在某个特定时点上的时价，我们所要评估的也正是这种时价。非时价的评估不仅是毫无意义的行为，而且也是无法进行的。因此，必须明确估价时点。估价时点一般以年、月、日来表示，其详略程度一般是由房地产市场的稳定程度及评估的价格种类所决定的。

4. 明确评估前提。

由于特殊情况的需要，以及评估对象与其他事物之间所存在的关系，在评估上还要明确评估的前提条件，主要包括如下四种：

（1）独立估价。独立估价发生在估价对象为土地与建筑物合一的“房地产”上，根据某种需要或特定条件，有时单独就该房地产的土地部分进行评估，并且不考虑建筑物的存在，这种情形称为独立估价。简单地说，就是将土地当成空地，视为无建筑物存在的情形下进行评估。在地上建筑物预定拆迁的条件下，往往进行建筑物拆迁的独立估价。

（2）部分估价。部分估价是指估价对象房地产是由土地及建筑物构成的综合体，在该土地与建筑物为一整体的既定条件下，仅就其中的土地或建筑物进行价格评估。它与独立估价的区别是，独立估价不考虑地上建筑物存在对地价的影响，而部分估价则考虑地上建筑物存在对地价的实际影响，或土地对建筑物价格的实际影响。由房地产价格的均衡法则、适合法则等可以判定，土地或建筑物的部分估价额将受到既定状态的影响。

（3）合并估价或分割估价。以房地产的合并或分割为前提所进行的评估，称为合并或分割估价。例如，以购买邻地并与自有土地合并使用为前提，对邻地进行买卖价格评估即为合并估价；又如，为使土地的一部分分割出售成为可能，而评估其剩余部分的价格，即为分割估价。无论是合并估价还是分割估价，其估价结果都将与正常评估存在一定差异，其评估出的价格称为“限定价格”，即在市场受限定的条件下所形成的价格，该价格仅对特定的交易主体具有经济合理性。

（4）变更估价。变更估价是以改变房地产的利用状态为前提所进行的评估，也可称为变更利用状态估价，它主要包括如下几种情形：

①以房地产改变原来的用途为前提所进行的估价。如学生宿舍将改造为宾馆，政府机关办公楼将改造成供出租的写字楼等。

②以房地产重新进行装修改造为前提所进行的估价。

③以拆除建筑物为前提对土地进行的估价。

对于上述需要确定的种种估价事项，一般都是由委托人提出的，或根据委托人的意向由估价人员整理出来的。

（二）签订估价合同

在明确估价基本事项的基础上，估价方与委托估价方应签订委托估价合同或协议。

（三）拟订估价作业方案

为保证估价工作高效率、有秩序地进行，根据估价目的、待估房地产基本情况及合同条款，估价方应及时拟定合理的估价作业方案，其主要内容包括：①拟采用的估价技术路线和估价方法；②拟调查收集的资料及其来源渠道；③预计所用的时间、人力、经费；④拟定作业步骤和作业进度。

（四）收集、整理估价所需资料

估价资料是为应用估价方法、做出估价结论及撰写估价报告书提供依据的。因此，估价资料是否全面、真实、详细，直接关系到估价结果的可靠性和准确性。

（1）对房地产价格有普遍影响的资料，主要包括统计资料、法律法规资料、社会经济资料、城市规划资料等。

（2）对估价对象所在地区的房地产价格有影响的资料，主要包括市场交易资料、交通条件资料、基础设施资料、建筑物造价资料、环境质量资料等；

（3）类似房地产的交易、成本、收益实例资料；

（4）反映估价对象状况的资料。

（五）选定估价方法计算

在前述工作的基础上，根据待估房地产估价对象、估价目的和资料的详细程度，就可正式确定采用的估价方法，然后，采用相应的估价方法进行具体计算。

（六）确定估价结果

估价结果的确定过程，是使评估价格不断接近客观实际的过程。不同的估价方法是从不同的角度考虑对房地产进行估价的。因此，用不同估价方法对同一宗房地产进行估价，其计算结果自然会不同。估价人员应对这些结果进行分析、处理，以确定最终估价额。

（七）撰写估价报告

估价人员在确定了最终的估价额后，应撰写正式的估价报告。估价报告是房地产估价机构履行委托估价合同的成果，也是估价机构所承担法律责任的书面文件，同时又是房地产估价管理部门对估价机构评定质量和资质等级的重要依据。

七、房地产常用指标

（一）容积率

容积率，又称建筑面积毛密度，是项目用地范围内地上总建筑面积与项目总用地面积的比值。

容积率＝地上总建筑面积÷总用地面积

对于开发商来说，容积率决定地价成本在房屋中所占的比例，而对于住户来说，容积率直接涉及居住的舒适度。一个良好的居住小区，高层住宅容积率应不超过5，多层住宅应不超过2。

住宅容积率范围：独立别墅为0.2～0.5；联排别墅为0.4～0.7；6层以下多层住宅为0.8～1.2；11层小高层住宅为1.5～2.0；18层高层住宅为1.8～2.5；19层以上住宅为2.4～4.5。同时，容积率根据城市的不同特点有所差别。

【例4－1】 有一项目用地6 500 m^2，规划容积率为3.6。请问该项目地上总建筑面积为多少？

总建筑面积（地上）＝用地面积×容积率＝6 500×3.6＝23 400（m^2）

（二）绿化率、绿化覆盖率、绿地率

绿化率与绿化覆盖率、绿地率都是衡量居住区绿化状况的经济指标，但三者的含义却各不相同。

1. 绿化率：是规划指标，指规划建设用地范围内的绿地面积与规划建设用地面积之比。

2. 绿化覆盖率：绿化垂直投影面积之和与占地面积的百分比，因树的影子也算入绿化覆盖率，所以绿化覆盖率有时能做到60%以上。

3. 绿地率：绿地是指"居住区用地范围内各类绿地"，绿地率是居住区用地范围内各类绿地面积的总和占居住区用地面积的比率。绿地应包括公共绿地、宅旁绿地、公共服务设施所属绿地和道路绿地（即道路红线内的绿地），其中包括满足当地植树绿化覆土要求、方便居民出入的地下或半地下建筑屋顶绿地，不应包括其他屋顶、晒台的人工绿地。

（三）建筑密度

建筑密度是指在一定范围内，建筑物的基底面积总和与总用地面积的比例。它是指建筑物的覆盖率，具体是指项目用地范围内所有建筑的基底总面积与规划建设用地面积之比，它可以反映出一定用地范围内的空地率和建筑密集程度。

建筑密度＝建筑物的基底面积总和÷规划建设用地面积

【例4－2】 一块地为10 000 m^2，其中建筑底层面积之和为3 000 m^2，那么这块用地的建筑密度就是3 000÷10 000＝30%。

建筑密度一般不会超过40%～50%，用地中还需要留出部分面积用作道路、绿化、广场、停车场等。

（四）楼面地价

楼面地价，即单位建筑面积平均分摊的土地价格。楼面地价是房价的主要组成部分之一，与建造成本、开发利润、相关税费等共同构成了商品房的市场价值。

楼面地价＝土地总价÷规划建筑面积＝土地单价÷规划容积率

【例 4-3】 2009 年 12 月 26 日在福建福州拍卖的宗地 2009-22 号。土地面积为 13 145 m^2，容积率为 3.2，建筑密度≤25%，绿地率≥25%，建筑高度≤80 m。最后成交价为 4.63 亿元。请问楼面地价是多少？

$$楼面地价 = 463\ 000\ 000/(13\ 145 \times 3.2) = 11\ 007\ 元/m^2$$

（五）五证二书

即建设用地规划许可证、国土使用证、建设工程规划许可证、施工许可证、预售许可证，商品房质量保证书、商品房使用说明书。

（六）三通一平

即水通、电通、路通，场地平整。

（七）七通一平

即通上水、通下水、通电力、通电信、通煤气、通交通、通热力，场地平整。

第二节 成本法在房地产评估中的应用

成本逼近法、原价法、承包商法、重置成本法，是求取估价对象在估价时点的重新构建价格（重置价格或重建价格），扣除折旧，估算估价对象的客观合理价格或价值的方法。

一、基本思路

建立在重置成本的理论基础之上的成本法是以假设重新复制被估房地产所需要的成本为依据而评估房地产价值的一种方法，即以重置一宗与被估房地产可以产生同等效用的房地产，所需投入的各项费用之和为依据，再加上一定的利润和应纳税金来确定被估房地产价值。

二、适用范围

（1）一般适用于无收益（不能使用收益法），房地产市场发育不成熟，成交实例不多（不能使用市场法），无法利用收益法、市场法等方法进行评估的情况。

（2）成本法在土地评估中应用范围受到一定限制：由于土地的价格大部分取决于它的效用，并非仅仅是它所花费的成本，也就是说，土地成本的增加并不一定会增加它的使用价值。

（3）房地产评估使用成本法的主要对象：政府的办公楼、学校、医院、图书馆、军队营房、机场、博物馆、纪念馆、公园、新开发土地等没有收益，也很难进入市场交易，则可选择成本法。

三、土地评估成本法的操作步骤

成本法的基本公式为：

$$土地价值 = 待开发土地取得费 + 土地开发费 + 利息 + 利润 + 税费 + 土地增值收益$$

（一）计算待开发土地取得费用

1. 土地取得费。

土地取得费是为取得土地使用权而向原土地使用者支付的费用。根据取得方式不同，其土地取得费的构成和费用标准也不一样。

2. 征用集体土地的费用。

（1）征用集体土地需要向农村集体经济组织及个人支付费用。

①安置补助费：

A. 每一个需要安置的农业人口，安置补助费为该耕地被占用前3年的平均产值的4～6倍，但是每公顷的安置补助费，不超过被征用前3年平均年产值的15倍。

B. 需要安置的农业人口数量，按照被征用的耕地数量除以征地前被征收单位平均每人占有耕地的数量。

C. 按照规定支付的土地补偿费和安置补助费，不能保证被安置农民原有生活水平的，经省级政府批准，可以增加，但是土地补偿费和安置补助费之和，不得超过土地被征用前3年平均年产值的30倍。

D. 特殊情况下，经国务院批准可以提高土地补偿费和安置补助费的标准。

②土地补偿费：按该耕地被征用前3年平均年产值的6～10倍计算；

③附着物和青苗补偿费：附着物和青苗补偿费按省、自治区、直辖市规定费用标准支付；

④征用城市郊区的菜地，按照国家有关规定缴纳新菜地开发建设基金。

3. 购买和征用城市旧有土地的费用。

购买和征用城市旧有土地，需向原土地所有者支付拆迁费用等，具体标准由各地规定。

（二）计算土地开发费

土地开发费主要包括：

1. 基础设施配套费。

各地方规定不一，有的为“三通一平”，有的为“七通一平”，应视具体情况确定。

2. 公共事业建设配套费。

3. 小区开发配套费。

应按小区内各种设施及网点配套情况，或按当地规定确定。

（三）计算投资利息

1. 投资利息是土地建设中占用资金的时间价值。主要包括两部分：

（1）土地取得费利息：以整个土地取得费为基数，计息期为整个开发期和销售期。

（2）土地开发费利息：如果土地开发费是均匀投入的，以整个土地开发费（或资金投入）为基数，计息期按土地开发期限的一半计算。这里应该包含整个销售期。

2. 计算利息时要注意的问题：

（1）不管自有资金还是借入资金，都要计算利息。

（2）关于计息期，要准确地把握垫付的资金所占用的时间。

计息期分期初一次性投入、均匀投入和分段均匀投入。

①期初一次性投入：全期计息。

②均匀投入：计息期为开发期的一半。

③分段均匀投入（例如：第一年投入30%，第二年投入70%）：计息期为投入当年时间按照一半计算，附加剩余占用期间。

（3）利息的计算采用复利，而不是单利。

（四）计算投资利润和税费

1. 投资利润。

投资利润是投资开发商投资的回报。

2. 投资利润计算。

利润通常以土地取得费和土地开发费为基数，也可以是开发后土地的地价并通过合理的利润率计算。计算时，要注意所用的利润率的内涵。

3. 税费。

税费是取得土地和开发过程中所必须支付的税赋和费用。

（五）计算土地增值收益

土地增值收益主要是由于土地的用途改变或土地功能变化而引起的。土地增值收益率通常为10%~25%。

【例4-4】 某市经济技术开发区内有一块土地面积为15 000 m^2，该地块的土地征地费用（含安置、拆迁、青苗补偿费和耕地占用税）为每亩10万元，土地开发费为2亿元/km^2，土地开发周期为2年，第一年投入资金占总开发费用的35%，开发商要求的投资回报率为10%，当地土地出让增值收益率为15%，银行贷款年利率为6%。试评估该土地的价值。

该土地的各项投入成本均已知，可用成本法评估。

（1）计算土地取得费。

$$土地取得费=10\ 万元/亩=150\ (元/m^2)$$

（提示：1 亩 =667 m^2）

（2）计算土地开发费。

$$土地开发费=2\ 亿元/km^2=200\ 元/m^2$$

（提示：1 $km^2=10^6\ m^2$）

（3）计算投资利息。

土地取得费的计息期为两年，土地开发费为分段均匀投入，则

$$\begin{aligned}土地取得费利息&=150\times[(1+6\%)^2-1]\\&=18.54\ (元/m^2)\end{aligned}$$

$$\begin{aligned}土地开发费利息&=200\times35\%\times[(1+6\%)^{1.5}-1]+200\times65\%\times[(1+6\%)^{0.5}-1]\\&=6.39+3.84\\&=10.23\ (元/m^2)\end{aligned}$$

（4）计算开发利润。

$$开发利润=[(1)+(2)]\times10\%=35(元/m^2)$$

（5）计算土地出让增值收益。

$$\begin{aligned}土地出让增值收益&=[(1)+(2)+(3)+(4)]\times15\%\\&=62.07\ (元/m^2)\end{aligned}$$

（6）计算土地价值。

$$\begin{aligned}土地单价&=(1)+(2)+(3)+(4)+(5)=150+200+18.54+10.23+35+62.07\\&=475.84\ (元/m^2)\end{aligned}$$

$$土地总价=475.84\times15\ 000=7\ 137\ 600\ (元)$$

注意：教材将（5）和（6）合并为一步进行计算。

该宗地单价为 475.84 元/m^2，总价为 7 137 600 元。

四、新建房地产评估成本法的操作步骤

新建房地产价值 = 土地取得费用 + 开发成本 + 管理费用 + 投资利息 + 销售税费 + 开发利润

（一）土地取得费用

1. 土地的取得途径有征收、拆迁改造和购买等；
2. 按照土地的取得途径不同，分别测算土地的取得费用；
3. 土地取得费包含土地取得的手续费及税金。

（二）开发成本

开发成本主要由五个方面构成：

1. 勘察设计和前期工程费；
2. 基础设施费；
3. 房屋建筑安装工程费；
4. 公共配套设施建设费；
5. 开发过程中的税费及其他间接费用。

（三）开发利润

（四）管理费用

（五）投资利息

以土地取得费用和开发成本之和作为计算利息的基数。

（六）销售税费

五、旧建筑物评估成本法的操作步骤

建筑物价值 = 重置成本 − 年贬值额

（一）重置成本

应该是更新重置成本，其中包含利息、利润和税费。

（二）贬值额

1. 引起贬值产生的因素。

①物理化学因素；

②社会经济因素。

2. 贬值额的计算方法。

计算贬值额的方法有很多种，如直线折旧法、余额递减法、偿还基金法、年数合计法、成新折扣法等。常用的方法是直线折旧法和成新折扣法。

（1）直线折旧法。

2007 年公布的《资产评估准则——不动产》中规定：注册资产评估师应当全面考虑可能引起不动产贬值的主要因素，合理估算各种贬值。建筑物的贬值包括实体性贬值、功能性贬值和经济性贬值。确定建筑物的实体性贬值时，应当综合考虑建筑物已使用年限、经济寿命年限和土地使用权剩余年限的影响。

确定住宅用途建筑物实体性贬值时，应当考虑土地使用权自动续期的影响。当土地使用

权自动续期时，应当根据建筑物的经济寿命年限确定其贬值额。也就是说，按照经济寿命年限和土地使用权剩余年限的长短来确定实体性贬值。

（2）成新折扣法。

建筑物价值 = 重置成本 × 成新率

第三节 收益法在房地产评估中的应用

一、净收益测算的基本原理

收益性房地产获得收益的方式，主要有两种：出租和营业。因此，净收益测算的途径也可以分为两种：（1）基于租赁收入来测算净收益，它适用于可租赁的房地产。例如：住宅、公寓、写字楼、商铺、标准厂房、仓库等。（2）基于营业收入来测算净收益，它适用于有经营行为的房地产。例如，旅馆、影剧院、娱乐场所、加油站、餐馆等。当然有些房地产既可以租赁又可能存在经营行为，但无论如何分类，只要能够测算净收益就行。

（一）基于租赁收入的测算净收益

基于租赁收入的测算净收益公式为：

净运营收益 = 潜在毛收入 - 空置等造成的收入损失 - 运营费用

= 有效毛收入 - 运营费用

净运营收益：由有效毛收入扣除运营费用后得到归因于房地产的收益。

潜在毛收入：房地产在充分利用、无空置状况下所能获得的归因于房地产的收入。写字楼等出租型房地产的潜在毛收入，一般是潜在毛租金收入加其他收入。

潜在毛租金收入 = 全部可出租面积 × 最可能的租金水平

其他收入 = 租赁人保证金或者押金的利息收入 + 其他营业外收入

收租损失：出租的面积因拖欠租金，包括延迟支付租金、少付租金或者不付租金所造成的损失。

有效毛收入：从潜在毛收入扣除空置和收租损失以后得到的归因于房地产的收入。

运营费用：维持房地产正常生产、经营或使用必须支出的费用。

运营费用是从估价角度出发的，与会计上的成本费用有所不同，不包含房地产抵押贷款偿还额、房地产折旧费额、房地产改扩建费用和所得税。

运营费用率：运营费用与有效毛收入之比，用 OER 表示。其作用是：有些类型的房地产，其运营费用率有一个相对固定的范围，估价人员可在当地市场上找出其运营费用率，在估算运营费用或净收益时使用。

净收益率：净收益占有效毛收入的比率，是运营费用率的补集，即：

净收益率 = 1 - 运营费用率

（二）基于营业收入的测算净收益

当业主自行经营时，该收益性房地产的净收益按营业收入来测算。按营业收入测算净收益与按租赁测算净收益的区别主要是：（1）潜在的毛收入变成了经营收入；（2）要扣除归属于其他资本或者经营的收益，如商业、餐饮、工业、农业等经营者正常的利润（为劳动创造的，而不是房地产产生的）。应注意的是按租赁收入测算净收益，由于归属于其他资本或者经营的收入在房地产租金之外，即实际上已扣除，所以不再扣除归属于其他资本或者经营的收益。

注意：净收益是房地产本身产生的收益。

二、不同收益类型房地产净收益的求取方法

不同收益类型的房地产主要分为：出租型的房地产、营业型的房地产、自用或者尚未使用的房地产和混合收益的房地产。

（一）出租型房地产的净收益求取方法

出租型房地产的净收益 = 租赁收入 - 由出租人负担的费用

租赁收入 = 租金收入 + 租赁保证金或者押金的利息收入

（二）营业型房地产的净收益求取方法

营业型房地产最大的特点是业主与经营者合一，租金与经营者的利润没有分开。

（1）商业经营型房地产的净收益求取。

商业经营型房地产的净收益为商品销售收入扣除商品销售成本、经营费用、商品销售税金及附加、管理费用、财务费用和商业利润。

（2）工业生产型房地产的净收益求取。

工业生产型房地产的净收益为产品销售收入扣除生产成本、产品销售费用、产品销售税金及附加、管理费用、财务费用和厂商利润。

（3）农地的净收益求取。

农地的净收益是由农地年产值（全年农产品的产量乘以单价）扣除种苗费、肥料费、人工费、畜工费、机工费、农药费、材料费、农舍费、农具费、投资利息、农业税、农业利润等。农业税已经取消，不再扣除。

（三）自用或尚未使用房地产的净收益求取方法

自用或尚未使用房地产是指住宅、写字楼等目前为业主自用或者暂时空置的房地产，而不是指写字楼、宾馆的大堂、管理用房等必要的空置或者自用部分。写字楼、宾馆的大堂、管理用房等的价值是通过其他用房的收益体现出来的，因此，其净收益不用单独计算，否则就重复了。此部分收益可以比照同一市场上有收益的类似房地产的有关资料按上述相应的方式计算净收益，或直接比较得出净收益。

（四）混合收益的房地产的净收益求取方法

（1）将费用分为变动费用和固定费用，将测算出的各种类型的收入分别减去相应的变动费用，然后加总，再减去总固定费用。

（2）首先测算各种类型的收入，然后测算各种类型的费用，再将总收入减去总费用。

（3）将混合收益的房地产看作各种单一收入类型房地产的简单组合，然后依据各种收入和费用求各自的净收益，最后将所有净收益求和。

例如：一层作为餐馆，二层作为住宅出租或者一层作为商店出租，若干层作为办公室出租，若干层作为公寓出租的房地产。

三、求取净收益时对有关收益的取舍

（一）有形收益和无形收益

房地产的收益可以分为有形收益和无形收益。有形收益是由房地产带来的直接货币收

益。无形收益是指房地产带来的间接利益，如安全感、自豪感、提高个人的声誉、增强企业的融资能力以及获得一定的避税能力等。在计算房地产净收益时，既要考虑房地产的有形收益，也要考虑各种无形收益。

在实际估价时，有形收益已在租金中考虑，不再单独考虑；无形收益一般通过降低报酬率或资本化率来考虑。例如，对于无限年收益价格公式：$V=\frac{A}{Y}$，只要适当降低报酬率 Y，就可以增加收益价格 V。

（二）实际收益与客观收益

房地产的收益含有实际收益和客观收益。实际收益是现状条件下实际取得的收益，一般来说它不能用于估价。客观收益是排除了实际收益中属于特殊的、偶然的因素之后所能得到的一般正常收益，能作为估价的依据。

估价中采用的潜在毛收入、有效毛收入、运营费用或净收益，除了有租约限制的以外，都应采用正常客观的数据。

【例 4－5】 某商店的土地使用年限为 40 年，从 2001 年 10 月 1 日起计。该商店共有两层，每层可出租面积各为 200 m²。一层于 2002 年 10 月出租，租赁期为 5 年，可出租的月租金为 180 元/m²，且每年不变；二层现暂时空置。附近类似商场一、二层可出租面积的正常租金分别为 200 元/m² 和 120 元/m²，运营费用为 25%。该类房地产的报酬率为 9%。测算该商场 2005 年 10 月 1 日带租约出售时的正常价格。

（1）要测算 2005 年的正常价格，可以将始时点设在 2005 年，因为从 2002 年 10 月 1 日开始出租，租期为 5 年。因此，2005 年后剩余租期为 2 年，即 2006 年、2007 年，从 2008 年后认为是空置；

（2）因为要测算 2005 年的价格，所以剩余期限为 $40-4=36$（年）；

（3）从图 4－1 中很容易得出 A_1 和 A_2 均为 32.40 万元；A 为 36 万元，$t=2$ 年，n 为 36 年。

①商店一层价格测算：

$$\text{租赁期限内年净收益}=200\times180\times(1-25\%)\times12=32.40\text{（万元）}$$

$$\text{租赁期限外年净收益}=200\times200\times(1-25\%)\times12=36\text{（万元）}$$

一层的现金流量图：

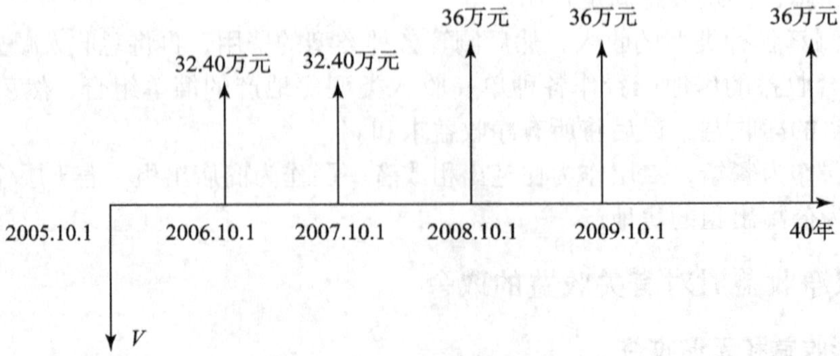

图 4－1 一层的现金流量

选用公式及计算：

$$V = \sum_{i=1}^{t} \frac{A_i}{(1+Y)^i} + \frac{A}{Y(1+Y)^t}\left[1 - \frac{1}{(1+Y)^{n-t}}\right]$$

$$= \frac{32.40}{(1+9\%)} + \frac{32.40}{(1+9\%)^2} + \frac{36.00}{9\%\ (1+9\%)^2} \times \left[1 - \frac{1}{(1+9\%)^{40-4-2}}\right]$$

$$= 375.69(\text{万元})$$

②商店二层价格测算：

$$\text{年净收益} = 200 \times 120 \times (1 - 25\%) \times 12$$
$$= 21.60\ (\text{万元})$$

选用公式及计算：

$$V = \frac{A}{Y}\left[1 - \frac{1}{(1+Y)^n}\right]$$
$$= \frac{21.60}{9\%} \times \left[1 - \frac{1}{(1+9\%)^{40-4}}\right]$$
$$= 229.60\ (\text{万元})$$

③计算该商店的正常价格：

$$375.69 + 229.60 = 605.29\ (\text{万元})$$

【例 4－6】 某公司 3 年前与该写字楼所有权人签订了租赁合同，租用其中 500 m^2，约定租赁期为 10 年，月租金固定不变，为 75 元/m^2。现市场上类似写字楼的月租金为 100 元/m^2。假设折现率为 10%，计算目前承租人权益的价值。

承租人约定租金与市场类似写字楼的租金差值，可视为承租人的净收益。承租人目前的权益价值，即为剩余租期的现值。从题意也可以得出：

（1）n = 剩余租期 = 10 − 3 = 7（年）；

（2）年净收益：$A = (100 - 75) \times 500 \times 12 = 15$（万元）；

（3）Y = 折现率 = 10%；

（4）计算 V：

$$V = \frac{A}{Y}\left[1 - \frac{1}{(1+Y)^n}\right]$$
$$= \frac{12.00}{10\%} \times \left[1 - \frac{1}{(1+10\%)^7}\right]$$
$$= 73.03\ (\text{万元})$$

需要注意的是，有租约限制下的价值、无租约限制下的价值和承租人权益价值三者的关系是：

有租约限制下的价值 = 无租约限制下的价值 − 承租人权益价值

四、收益期限和净收益流模式

（一）收益期限的确定

收益期限是估价对象自估价时点起至未来可以获取收益的时间，一般是根据建筑物的剩余经济寿命和土地使用权的剩余期限来确定的。建筑物的剩余经济寿命是自估价时点起至建筑物经济寿命结束的时间。土地使用权剩余期限是自估价时点起至土地使用权期限结束的时间。

收益期限应在房地产的自然寿命、法律规定（如土地使用最高年限）、合同约定（如租赁合同）等的基础上，结合房地产剩余经济寿命来确定。一般情况下，估价对象的收益期限为房地产的剩余经济寿命，其中土地的收益期限为土地使用剩余年限。

对于土地与建筑物同体的估价对象，建筑物经济寿命晚于或者与土地使用年限一起结束的，应根据土地使用权剩余年限确定收益年限，并可选用收益期限为有限年的公式计算。

建筑物经济寿命早于土地使用年限结束的，可先根据建筑物剩余经济寿命确定收益期限，并选用收益期限为有限年的公式计算，然后加建筑物经济寿命结束后，剩余土地使用权在估价时点时的价值。如图 4－2 所示：

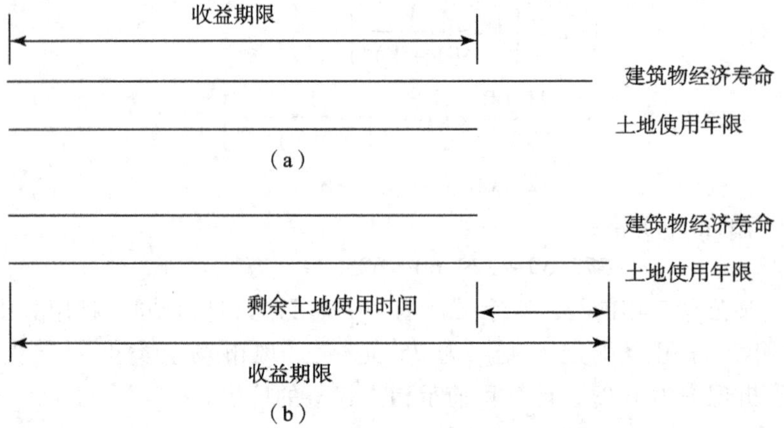

图 4－2　土地使用年限与建筑物经济寿命情况对比

（a）土地使用年限短于建筑物经济寿命情况；（b）土地使用年限长于建筑物经济寿命情况

（二）净收益流模式

运用报酬资本化估价，在求取估价对象的净收益时，应根据估价对象的净收益在过去和现在的变动情况，以及未来可获得收益期限，确定估价对象未来各期的净收益，并判断未来净收益属于下列哪种类型：（1）每年基本固定不变；（2）按某个固定数额递增或递减；（3）按某个固定比率递增或递减；（4）其他有规则变动，例如呈指数增长等。

年净收益的求取方法主要有：

（1）过去数据简单算术平均法。方法是通过调查，求取估价对象过去若干年（例如过去 3 年或 5 年）的净收益，然后将其简单平均值作为 A 值。

（2）未来数据简单算术平均法。方法是通过调查，预测估价对象未来若干年（例如未来 3 年或 5 年）的净收益，然后将其简单平均值作为 A 值。

（3）未来数据资本化公式法。方法是通过调查，预测估价对象未来若干年（例如过去 3 年或 5 年）的净收益，然后利用报酬资本化公式推导出的公式来求取 A 值（可视为一种加权平均数），公式为：

$$\frac{A}{Y}\left[1-\frac{1}{(1+Y)^{i}}\right]=\sum_{i=1}^{t}\frac{A_i}{(1+Y)^{i}}$$

或者：

$$A=\frac{Y(1+Y)^t}{(1+Y)^t-1}\times\sum_{i=1}^{t}\frac{A_i}{(1+Y)^i}$$

【例 4－7】 某宗房地产的收益期限为 40 年，判断其未来每年的净收益基本保持固定不变，通过测算得知未来 4 年的净收益分别为 25 万元、26 万元、24 万元、25 万元，报酬率为 10%。求该宗房地产的收益价格。

本题只给出了 4 年的净收益，但其他年份的净收益 A 没有给出，因此应先求出其他年份的净收益 A 值，求 A 的方法，可以用 4 年的净收益求简单算术平均值，也可以用资本化公式计算。

（1）求取 A 值

简单算术平均法求 A 值：

$$A=(25+26+24+25)/4=25(\text{万元})$$

利用资本化公式计算 A 值：

$$\begin{aligned}A&=\frac{Y(1+Y)^t}{(1+Y)^t-1}\times\sum_{i=1}^{t}\frac{A_i}{(1+Y)^i}\\&=\frac{10\%\times(1+10\%)^4}{(1+10\%)^4-1}\times\left[\frac{25}{1+10\%}+\frac{26}{(1+10\%)^2}+\frac{24}{(1+10\%)^3}+\frac{25}{(1+10\%)^4}\right]\\&=25.02\ (\text{万元})\end{aligned}$$

由此，可见两种方法计算出的 A 值相差不大。

（2）计算收益价格 V

按 A 值固定不变计算 V：

$$\begin{aligned}V&=\frac{A}{Y}\left[1-\frac{1}{(1+Y)^n}\right]\\&=\frac{25.02}{10\%}\times\left[1-\frac{1}{(1+10\%)^{40}}\right]\\&=244.67\ (\text{万元})\end{aligned}$$

五、报酬率的计算方法

（一）报酬率的实质

报酬率也称回报率、收益率，是一种折现率。报酬率是与投资及投资回报有关的概念。投资回报是指投入资本全部回收之后所获得的额外资金，即报酬。与投资回报相对应的是投资回收。投资回收是指投入资本的回收，即保本。以银行存款为例，收回本金即为投资回收，利息即为投资回报。报酬率的计算公式为：

报酬率＝投资回报/所投入的资本

如果将购买收益性房地产视为一种投资行为，则投资即为房地产价格，试图获取的收益即为房地产预期产生的净收益。当然，投资既要获取收益，又要承担风险。风险是指由于不确定性的存在，导致投资的实际收益偏离预期结果造成损失的可能性。

注意：在一个完善的市场中，投资者之间竞争的结果：要获得较高的收益，就要承担较大的风险。从全社会来看，报酬率与投资风险正相关，风险大，报酬高；反之亦然。

（二）报酬率的求取方法

报酬率的求取方法主要有以下 3 种：

1. 累加法。

累加法是将报酬视为包含无风险报酬率和风险报酬率两大部分，然后分别求出每一部分的报酬率，再加总得到报酬率的方法。无风险报酬率又称安全利率，是无风险投资的报酬率；风险报酬率是指承担额外风险所要求的补偿，即超过无风险报酬率以上部分的报酬率（见图4－3）。

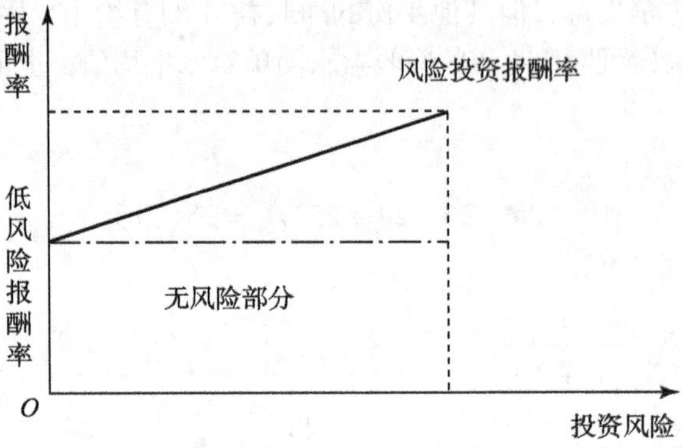

图4－3 风险投资报酬率

报酬率＝无风险报酬率＋投资风险补偿＋管理负担补偿＋缺乏流动性补偿－投资带来的优惠

其中：

①投资风险补偿是指投资者投资于收益不确定、具有风险性的房地产时，必然要求对所承担的额外风险有所补偿，否则不会投资。

②管理负担补偿是指一项投资要求的监管越多，其吸引力就越小，因而投资者必然会对所承担的额外管理有所补偿。

③缺乏流动性补偿是指投资者对所投入的资金由于缺乏流动性所要求的补偿。

④投资带来的优惠是指投资房地产可能获得某些额外好处，而降低的补偿率，也可以理解为获得优惠而付出的代价。

2. 市场提取法。

市场提取法是利用与估价对象房地产具有类似收益特征的可比实例房地产的价格、净收益等资料见表4－1，选用相应的报酬资本化公式，反算出报酬率的方法。

①在 $V=A/Y$（A 固定不变，收益期为无限年限情况下），$Y=A/V$。

表4－1 6个可比实例及相关资料

可比实例	净收益（万元/年）	价格（万元）	报酬率＝A/V（%）
1	12	102	11.8
2	23	190	12.1
3	10	88	11.4
4	65	542	12.0
5	90	720	12.5
6	32	250	12.8
简单算术平均值			12.1

以 12.1% 作为估价对象的报酬率。

②在 $V=\frac{A}{Y}\left[1-\frac{1}{(1+Y)^n}\right]$ 的情况下

$$\frac{A}{Y}\left[1-\frac{1}{(1+Y)^n}\right]-V=0$$

通过解上述方程求 Y 值。

③在 $V=\frac{A}{Y-g}$ 的情况下，通过 $Y=\frac{A}{V}+g$ 求取 Y 值。

注意：市场提取法求出的报酬率是对过去风险的判断，而非对未来的风险判断，可能不是估价对象未来各期收益风险。

3. 投资报酬率排序插入法。

投资报酬率排序插入法的具体步骤如下：

①调查、收集估价对象所在地区的房地产投资、相关投资及其报酬率和风险程度的资料。例如各类存款利率、债券利率、公司债券利率、股票报酬率等。

②将收集到的各种报酬率从低到高排序，制成如图 4－4 所示。

③确定估价对象的风险等级或者程度。

④依据确定的风险程度，从图 4－4 纵坐标上查找对应的报酬率。

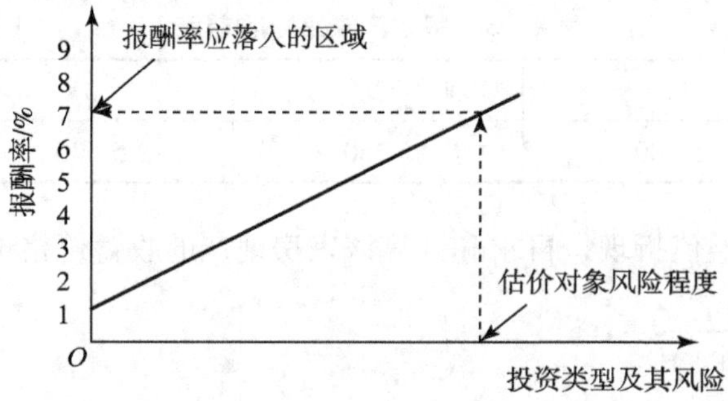

图 4－4　投资报酬率

六、资本化率与报酬率的区别和关系

资本化率（R）和报酬率（Y）都是将房地产的未来预期收益转换为价值的比率，但两者又有很大的区别。其主要区别在于：

（1）资本化率是在直接资本化法中应用，是一步就将房地产的未来预期收益转换为价值；

（2）报酬率是在报酬资本化法中采用，是通过折现的方式将房地产的未来预期收益转换为价值；

（3）资本化率是房地产的某种年收益与其价格的比率（通常是用未来第一年的净收益除以价格），仅仅表示从收益到价格的比率，并不明确表示获利能力；

（4）报酬率则是用来除以一连串的未来各期净收益，以求得未来各期净收益现值。其公式比较见表 4－2：

表 4-2 报酬率与资本化率关系

序号	条 件	关 系
报酬率 Y	净收益 A 不变，收益期限为无限年	$V=\frac{A}{Y}$
	净收益 A 不变，收益期限为有限年	$V=\frac{A}{Y}\left[1-\frac{1}{(1+Y)^n}\right]$
	净收益按一定比率 g 递增，收益期限为无限年	$V=\frac{A}{Y-g}$
	预知未来若干年后的价格变动情况	$V=\frac{A}{Y-\Delta\frac{Y}{(1+Y)^t}+1}$
资本化率 R 与 Y 的关系	净收益 A 不变，收益期限为无限年	$R=Y$
	净收益 A 不变，收益期限为有限年	$R=\frac{Y(1+Y)^n}{(1+Y)^n-1}$
	净收益按一定比率 g 递增，收益期限为无限年	$R=Y-g$
	预知未来若干年后的价格变动情况	$R=Y-\Delta\frac{Y}{(1+Y)^t-1}$

【例 4-8】 某宗房地产的未来净收益见表 4-3，假设报酬率为 10%，求资本化率。

表 4-3 房地产未来净收益流

年份	1	2	3	4
净收益（元）	5 000	5 250	5 600	5 850

先将各年份的净收益值折现，再求和计算该宗房地产的收益价格 V。

所用公式：$V_i=\frac{A_i}{(1+Y)^i}$

其中 $Y=10\%$，计算结果见表 4-4：

表 4-4 收益价格

年份	1	2	3	4	5	合计 V
现值（元）	4 545.45	4 338.84	4 207.36	3 995.63	40 359.89	57 447.17

用房地产的收益价格和第一年的净收益，计算资本化率：

$$R=5\ 000/57\ 447.17$$
$$=8.70\%$$

【例 4-9】 评估对象是一出租写字楼，土地总面积为 5 300 m^2，总建筑面积 25 000 m^2，建筑层数为 18 层，建筑结构为钢筋混凝土结构。该写字楼的土地使用权于 2000 年 4 月 1 日以出让的方式获得，土地使用权年限为 50 年，写字楼于 2002 年 4 月 1 日建成并开始出租，建筑物的耐用年限为 60 年。收集的有关资料如下：

①租金按净使用面积计算。可供出租的净使用面积为 15 000 m^2，占总建筑面积的 60%，其余部分为大厅、公共过道、楼梯、电梯、公共卫生间、大楼管理人员用房、设备用房等占

用面积。

②租金平均每月每平方米85元。

③空置率年平均为10%，即出租率年平均为90%。

④建筑物原值为4 800万元。

⑤家具设备原值为420万元，家具设备的经济寿命平均为10年，残值率为4%。

⑥经常费用平均每月8万元，包括工资、水电、供暖、维修、保洁、保安等费用。

⑦房产税按年总收入的12%缴纳，保险费按建筑物原值的3‰计算。

⑧营业税及附加为年总收入的5.5%。经估测，房地产的资本化率确定为8%。

评估该写字楼2005年4月1日的价值。

（1）估算年有效总收入。

$$年有效总收入=15\,000\times85\div10\,000\times12\times90\%=1\,377（万元）$$

（2）估算年运营成本。

① 年经常费用 $=8\times12=96$（万元）

② 房产税 $=1\,377\times12\%=165.24$（万元）

③ 年折旧费 = 原值（重置价）-（1 - 残值率）/使用年限

家具设备折旧费 $=420\times(1-4\%)/10=40.32$（万元）

④ 年保险费 $=4\,800\times3‰=14.40$（万元）

⑤ 营业税及附加 $=1\,377\times5.5\%=75.74$（万元）

⑥ 年运营成本 $=96+165.24+40.32+14.40+75.74$

$=391.70$（万元）

（3）计算年纯收益。

$$年纯收益=1\,377-391.70=985.30（万元）$$

（4）确定房地产收益年限。

房地产收益年限 = 土地使用权年限 - 开发建设期 - 房地产开始出租至评估基准日的年数

$=50-2-3=45$（年）

（5）计算房地产评估价值 $=985.30(P/A, 8\%, 45)=119\,304$（万元）

$$建筑物的单价=11\,930.41\times10\,000\div25\,000=4\,772（元/m^2）$$

评估结果：根据计算结果，经分析确定评估对象房地产2005年4月1日的公允价值为11 930.41万元，约合每平方米建筑面积4 772元。

第四节 市场法在房地产评估中的应用

市场比较法是指将估价对象与估价时点近期有过交易的类似房地产进行比较，对这些类似房地产的已知价格做适当的修正，以此估算估价对象的客观合理价格或价值的方法。市场比较法是房地产估价最重要、最常用的方法之一，也是一种技术上成熟、最贴切实际的估价方法。

一、前提条件

1. 需要一个充分发育活跃的房地产市场。房地产市场上，房地产交易越频繁，与估价对象相类似房地产的价格越容易获得。

2. 参照物及估价对象可比较的指标、技术参数等是可以收集到的。运用市场比较法估算估价对象的价格或价值，重要的是能够找到与估价对象相同或相似的成交案例。与估价对象完全相同的房地产是不可能找到的，这就要求对类似房地产进行修正调整。其修正调整的指标、参数等资料的获取和准确性，是决定市场比较法运用与否的关键。

二、市场比较法的操作步骤

1. 收集交易实例。
2. 选取可比实例。
3. 建立价格可比基础。
4. 进行交易情况修正。
5. 进行交易日期修正。
6. 进行区域因素修正。
7. 进行个别因素修正。
8. 求出比准价格。

三、可比实例选择的方法

虽然估价人员收集和积累的交易实例或房地产交易实例库中存放的交易实例较多，但针对某一具体的估价对象、估价目的和估价时点来说，有些交易实例并不适用。因此，需要从中选择符合一定条件的交易实例作为估价中用于参照比较的交易实例。这些用于参照比较的交易实例，称为可比实例。

可比实例选取得恰当与否，直接影响到比较法评估出的价格的准确性，因此应特别慎重。选取的可比实例应符合 8 个方面的要求：

1. 可比实例所处的地区应与估价对象所处的地区相同，或是在同一供求范围内的类似地区。

2. 可比实例的用途应与估价对象的用途相同。这里的用途主要指大类用途，如果能做到小类用途也相同则更好。大类用途一般分为：居住、商业、办公、旅馆、工业和农业等。

3. 可比实例的建筑结构应与估价对象的建筑结构相同。这里的建筑结构主要指大类建筑结构，如果能做到小类建筑结构也相同则更好。大类建筑结构一般分为：钢结构、钢筋混凝土结构、砖混结构、砖木结构和简易结构。

4. 可比实例的规模应与估价对象的规模相当。

5. 可比实例的权利性质应与估价对象的权利性质相同，当两者不相同时，一般不能作为可比实例。

6. 可比实例的交易类型应与估价目的相吻合。交易类型主要有土地使用权协议出让、一般买卖、租赁、征用等。为抵押、抵债目的的估价对象，应选取一般买卖的交易实例为可比实例。

7. 可比实例的成交日期应与估价时点接近。交易实例的成交日期与估价时点相隔一年以上的不宜采用，因为难以进行交易日期修正，即使修正也可能出现较大偏差。

8. 可比实例的成交价格应是正常成交价格，或可修正为正常成交价格。上述选取可比实例时，一般是指估价对象为土地的，应选取类似土地的交易实例；为建筑物的，应选取类似建筑物的交易实例；为房地的，应选取类似房地的交易实例。

选取可比实例还有所谓的“分配法”，其内容如下：如果估价对象为单独的土地或单独的建筑物，但缺少相应的交易实例，而有土地与建筑物合成体的交易实例时，则可将此土地与建筑物合成体及其成交价格予以分解，提取出与估价对象同类型部分的房地产及其价格，再以此为可比实例。例如，估价对象为土地，但在其所在地区或同一供求范围内的类似地区中，没有类似土地的单独交易实例，而有包含与该土地同类型土地的房地产交易实例时，则可从该房地产成交价格中扣除建筑物价格，剩余部分为土地价格，此土地便可作为可比实例。然后再对该土地价格进行适当的修正，即可求得估价对象土地的价格。

选取可比实例的数量从理论上讲是越多越好，但是，如果要求选取的数量过多，一是可能由于交易实例缺乏而难以做到，二是后续进行比较修正的工作量大，所以，一般要求选取3个以上（含3个）、10个以下（含10个）的可比实例即可。

四、市场法应用案例

【例4-10】

（1）房屋坐落：上海市徐汇区宛平南路590弄1号十四层1401~1406室、十五层1501~1506室；

（2）房地产结构、用途：钢混、居住；

（3）市场交易情况：交易活跃度一般；

（4）房地产状况：房地产状况主要分为三类，包括区位状况、实物状况、权益状况。

区位状况：委估对象位于徐汇区宛平南路590弄1号十四层1401~1406室、十五层1501~1506室，东至宛平南路，南至零陵路，西至双峰北路，北至斜土路，小区地处徐汇区徐家汇街道，周边有公交44路、50路等，毗邻地铁4号线，区位条件较好。

实物状况：地号：徐汇区徐家汇街道128街坊11/0丘。房屋所有权证上记载的建筑面积共1 178.8 m^2。估价对象坐落于宛平南路590弄1号，为15层钢混结构建筑。层高约为2.8 m，内外墙均为涂料，地面为地砖或地板，铝合金窗，竣工日期为1984年，估价对象防水、隔热、保温、通信、日照、采光、隔音一般，整体保养情况一般。

权益状况：根据房屋所有权证和上海市房地产登记簿记载，土地用途为住宅，房屋用途为居住，为国有划拨用地。根据房屋所有权证和上海市房地产登记簿记载，估价对象权利人为上海某化工厂，该厂现已变更为上海某化工有限公司，但房屋所有权证未变更。因历史原因，权利人未办理土地使用权证。

本次评估以1401室居住用房为举例对象，计算出市场价值，再对其余房屋用打分法修正，得出全部的市场价值。举例对象外墙面以涂料粉刷为主，内墙涂料，铺设地砖或地板，木门，铝合金窗，普通装修，层高约2.8 m，建筑面积为110.00 m^2。

市场法测算过程：

可比实例及计算过程如下：

①比较实例选择。

通过市场调查，根据替代原则，按用途相同、地区相同、价格类型相同等特点，选取委评资产地区的3个交易实例（见表4-5）。

表 4－5 市场调查比较案例

序号	地址	所在层数	建筑面积（m^2）	交易单价（万元/m^2）	交易类型	交易时间	案例来源
1	零陵路631号（爱乐大厦）	12	90	2.04	挂牌案例	2012年5月31日	安居客
2	零陵路585号（爱邦大厦）	15	105	1.59	挂牌案例	2012年5月31日	安居客
3	零陵路629号（爱和大厦）	5	96	1.91	挂牌案例	2012年5月31日	安居客

②比较因素的选择。

根据影响房地产价格的主要因素，结合委评资产和比较实例的差异情况，对交易情况、交易时间、区域因素、个别因素4个因素进行修正。

③编制因素条件说明表（见表4－6）和因素比较修正系数表（见表4－7）。

表 4－6 因素条件

比较因素		估价对象	案例一	案例二	案例三
坐落		宛平南路590弄1号1401室	零陵路631号（爱乐大厦）	零陵路585号（爱邦大厦）	零陵路629号（爱和大厦）
房地产用途		住宅	住宅	住宅	住宅
交易单价（万元/m^2）		待估	2.04	1.59	1.91
房地产指数		2 575	2 575	2 575	2 575
交易时间		2012年5月	2012年5月	2012年5月	2012年5月
交易情况		正常	挂牌	挂牌	挂牌
区位状况因素	聚集程度	较好	较好	较好	较好
	交通条件	较好	较好	较好	较好
	市政配套	较好	较好	较好	较好
	环境景观	较好	较好	较好	较好
	规划限制	标准	标准	标准	标准
权益状况	权利归属	土地使用权取得方式为划拨	土地使用权取得方式为出让	土地使用权取得方式为出让	土地使用权取得方式为出让
	其他特殊	无违章搭建、法律纠纷事宜	无违章搭建、法律纠纷事宜	无违章搭建、法律纠纷事宜	无违章搭建、法律纠纷事宜

续表

比较因素		估价对象	案例一	案例二	案例三
实物状况因素	容积率	1.6	2.1	1.4	2.2
	建筑结构	钢混	钢混	钢混	钢混
	装饰装修	普通装修	精装修	精装修	豪华装修
	建筑层高（m）	2.8	2.8	2.8	2.8
	完损程度	房屋完损程度一般	房屋完损程度较好	房屋完损程度较好	房屋完损程度较好
	楼层状况（层）	14	12	15	5
	面积（m^2）	110.00	90	105	96

表 4－7　因素比较修正系数

比较因素		委估对象	案例一	案例二	案例三
交易单价（万元/m^2）		待估	2.04	1.59	1.91
交易时间		1.00	1.00	1.00	1.00
交易情况		100	102	102	102
区位状况因素	聚集程度	100	100	100	100
	交通条件	100	100	100	100
	市政配套	100	100	100	100
	环境景观	100	100	100	100
	规划限制	100	100	100	100
	小计	100	100	100	100
权益状况因素	权利归属	100	100	100	100
	其他特殊	100	100	100	100
	小计	100	100	100	100
实物状况因素	容积率	100	97.5	101.5	94.5
	建筑结构	100	100	100	100
	装饰装修	100	102	102	104
	建筑层高	100	100	100	100
	完损程度	100	102	102	102
	楼层状况	100	99	100.5	95.5
	面积	100	100.7	100.2	100.5
	小计	100	101.2	106.2	96.5

④修正系数及比准价格的确定（见表 4－8）。

表 4-8 修正系数及比准价格

序号	项目	实例一	实例二	实例三
1	交易价格	2.04	1.59	1.91
2	市场时间	1.00	1.00	1.00
3	交易情况	0.98	0.98	0.98
4	房地产状况	0.99	0.94	1.04
4.1	区位状况	1.00	1.00	1.00
4.2	权益状况	1.00	1.00	1.00
4.3	实物状况	0.99	0.94	1.04
5	修正价格	1.98	1.46	1.95

对3个实例的比准价格，采用简单算术平均法得出租金水平：

$$评估单价=(1.98+1.46+1.95)\div 3=1.80\ (万元/m^2)$$

第五节　假设开发法在房地产评估中的应用

一、定义

假设开发法，又称为剩余法、倒算法、余值法、残值法，它是指在估算未来房地产正常交易价格的基础上，减去地上建筑物、附着物建造成本、专业费、利息、利润、税费等费用，最后得到的剩余值即为土地的价格。

二、理论依据

假设开发法的理论依据是预期原理。

假设开发法的基本思路可以通过房地产开发商购置待建土地的报价过程这一具体事例来加以体现，如某房地产开发商准备购置一块土地开发完成房屋出售，为了获得一定的开发利润，开发商一般可这样确定购置土地的最高价格：首先研究这块土地的内、外部条件，并分析房地产市场状况，据此选择这块土地的开发方案；选定了开发方案后，开发商就要预测大楼建成后的总售价，然后计算建造该大楼需要支付的总费用（主要包括前期费、建安工程费、配套费以及利息和税收等）。这些数据确定之后，开发商就可将楼价减去总开发费用，再减去所要获得的开发利润后的余额作为购置该土地的最高价格。

由上可以看出，假设开发法在形式上是评估新建房地产价格的成本法的倒算法。与成本法的主要区别是：成本法中的土地价格为已知，需要求取的是开发完成后的房地产价格；假设开发法中开发完成后的房地产价格已事先通过预测得到，需要求取的是土地价格。

三、假设开发法的特点、适用条件与对象

（一）假设开发法的特点

1. 可靠性基于对待开发不动产的各种假设。

2. 以种种假定或限制条件为前提（房地产总价、租金和成本数据在开发期间不会大变

化；在开发期间各项成本是均匀或分段均匀投入的）。

3. 有动态和静态两种计算方式。

静态计算不考虑资金的时间因素，但是要单独计算利息（传统方法）。动态计算则要将所有不同时点发生的费用全部贴现到地价发生的时点，利息不必单独计算。

（二）适用条件与对象

假设开发法主要适用于以下几种类型土地的评估：

1. 待开发土地的评估。

2. 改造的再开发房地产的评估，是公式中的建筑费用，还包括拆迁费用。

3. 土地整理或房产整理成可供直接利用的土地或房产评估。

4. 现有新旧房地产中地价的单独评估，即从房地产价格中扣除房屋价格，剩余之数为地价。

四、假设开发法的评估程序

（一）调查待估土地的基本情况

1. 调查土地的位置，掌握土地所在城市的性质及其在城市中的具体坐落位置，了解土地周围的环境条件和利用现状，为选择最佳利用方式提供依据。

2. 查清土地面积大小、形状、平整状况、基础设施状况，为估算建筑费用提供依据。

3. 调查土地利用要求，即规划限制，掌握政府对此宗地的规定用途、容积率、建筑物高度限制等。

4. 调查此地块的权利状况，包括权属性质、使用年限、能否延期，以及对转让、出租、抵押等的有关规定。查清这些权利状况，主要是为确定开发完成后的不动产价值、售价及租金水平服务。

（二）确定最有效的开发利用方式

根据待估土地的基本情况、土地市场条件等，在规划要求及管理限制所允许的范围内确定土地的最佳利用方式，以实现土地的最有效使用。它包括确定土地的用途、建筑容积率、土地覆盖率、建筑高度等。最重要的是选择最佳的土地用途。土地用途的选择，要考虑土地的位置，这种用途的现实社会需要程度、未来的发展趋势等。

（三）确定开发完成后的不动产销售总价

根据土地条件和所确定的开发利用方式，确定开发完成后不动产的预期售价。不动产售价的预测要建立在充分了解不动产市场状况、社会供需状况的基础上，可选用市场比较法、收益还原法等，根据相邻地区或同一地区相同或相似不动产的售价、租金，加以修正而获得。

（四）估算建筑费、专业费等多项成本费用和开发商的利润

1. 估算开发建筑成本费用。

开发建筑成本费包括直接工程费、间接成本费、建筑承包商利润及由发包商负担的建筑附带费用等，可采取比较推算，也可采用建筑工程概预算的方法来估算。

2. 估算专业费用。

专业费用主要指建筑师的建筑设计费、评估费、咨询费、公证费等，一般采用建筑费用的一定比例估算。

3. 确定开发建设周期，估算预付资本利息。

开发建设周期是指从取得土地使用权一直到不动产全部销售或出租完毕的这段时间。开发建设周期会影响预付资本的融资成本，即利息。不动产开发的预付资本包括地价款、开发建筑费、专业费等。这些费用在不动产开发建设过程中投入的时间是不同的。在确定利息额时必须根据各项费用投入额、各自在开发过程中所占用的时间长短和当时的贷款利率高低进行计算。

应计息的项目：

（1）地价款、开发建筑费、专业费和不可预见费、管理费用及投资者购买待开发不动产应负担的税费，销售税费一般不计息。

（2）计息期的长短，预付地价款的利息额应以全部预付地价款按整个开发建设周期计算；开发建设费、专业费的计息期应以其实际投入期（通常假定均匀投入）的中间时点至整个开发建设周期末为止；开发建设费、专业费在建筑竣工后的空置和销售期内应按全额全期计息。

（3）计息的方式：以复利来计息。

（五）估算税费

税费主要是指建成后不动产销售的营业税、企业所得税、教育费附加等，应根据当前政府的税收政策估算。

（六）估算开发完成后不动产租售费用

租售费用主要是指建成后不动产销售或出租的中间代理费、市场营销广告费、交易手续费等。

（七）估算开发商利润

开发商利润一般以不动产销售总价或预付总资本的一定比例计算，比例的高低随地区和项目类型不同而有所不同。

（八）计算和确定估价额

将上述估算数据直接代入公式进行计算，即：

地价 = 不动产总价 - 建筑费用 - 专业费 - 利息 - 税费 - 租售费用 - 开发商利润

值得注意的是，目前在运用假设开发法求取估价对象价格时，有两种基本的方式，即静态方式（传统计息方式）和动态方式（现金流量折现方式）。

静态方式主要是以估价时的房地产市场状况为依据，视不动产的各项费用为静止在估价作业日期时的数额；不考虑各项支出、收入发生的时间不同，即不是将它们折算到同一时间上的价值，而是直接相加减，但要计算利息，计息期通常到不动产开发完成时止。

动态方式要考虑各项支出、收入发生的时间不同，即首先要将它们的价值折算到同一时点上（通常是折算到估价期日上），然后再相加减。例如，评估一宗待开发土地 2001 年 10 月的价值，要将在未来发生的支出和收入都折算到 2001 年 10 月。如果预测该宗土地 2004 年 10 月开发完成的房价（含地价）为 5 000 万元，折现率为 10%，则需将这 5 000 万元折现到 2001 年 10 月，即在 2001 年 10 月来看的房价实际为 $5\,000 \times (1 + 10\%)^3 = 3\,757$（万元）。

按照上述公式测算出的剩余价值是开发商当前取得待开发场地所能支付的最大费用。由于开发商在取得场地使用权时除了支付地价款外，还要支付取得土地使用权的相关法律手续费用、土地评估费用及登记发证费用等。因此必须从计算出的剩余价值中扣除上述费用，才能得到所估土地的地价额。例如，根据假设开发法计算得到的剩余价值为1 000万元，取得土地使用权的相关法律费用、评估及土地使用证书等费用估计为地价款的2%，则待估地块的地价为1 000/(1+2%)=980.4（万元）。最后再根据测算到的地价额，结合评估人员的经验和其他因素，综合确定估价额。

五、假设开发法的应用举例

【例4-11】　有一成片荒地需要估价，获知该成片荒地的总面积为2 km^2，适宜进行“五通一平”开发后的分块有偿转让；附近地区位置相当的小块“五通一平”的熟地单价为800元/m^2；将该成片荒地开发成“五通一平”的熟地的开发成本为2.5亿元/km^2，开发期为3年，开发成本在3年开发期内均匀投入；年贷款利率为12%，投资利润率为20%；土地转让中卖方需缴纳的税费为转让地块价格的6%；购买荒地需要缴纳的税费为荒地价格的4%，熟地可转让土地面积的比率为60%。试用静态方法估算该成片荒地的总价和单价。

设该成片荒地的总价为P。

（1）总开发价值$=800\times2\times106\times60\%=9.6$（亿元）

（2）总开发成本$=2.5\times2=5$（亿元）

（3）总利息$=P(1+4\%)\times[(1+12\%)^3-1]+5[(1+12\%)^{1.5}-1]$

$=0.421P+0.926$（亿元）

（4）总转让税费$=9.6\times6\%=0.576$（亿元）

（5）购买该成片荒地的税费$=P\times4\%=0.04P$（亿元）

（6）总利润$=(1.04P+5)\times20\%=0.208P+1$（亿元）

（7）根据假设开发法公式得：

$$P=(1)-(2)-(3)-(4)-(5)-(6)=1.257\text{（亿元）}$$

$$\text{单价}=1.257\text{亿元}/2\ km^2=62.85\text{（元}/m^2\text{）}$$

$$\text{楼面地价}=1\ 274.72/2=637.36\text{（元}/m^2\text{）}$$

第六节　基准地价法在房地产评估中的应用

基准地价修正法是我国土地估价中重要的估价方法之一，它是利用城镇基准地价和基准地价修正系数等评估成果，按照替代原理，将待估宗地的区域条件和个别条件等与其所处区域的平均条件相比较，并对照修正系数表选取相应的修正系数对基准地价进行修正，从而求取待估宗地在估价基准日价格的一种估价方法。

一、基准地价的概念与特点

基准地价是指在宗地估价的基础上，评估出的各个级别或各个区域土地的平均价格。它包括城镇用地基准地价和农用地基准地价。

基准地价具有以下几方面的特点：

1. 基准地价是一种区域性的价格。基准地价总是以某一个区域为单位进行评估的，此区域就叫作基准地价的评估区域。所以，基准地价不是一种宗地价格，而是区域性的价格，它总是与一定的区域相联系的。基准地价的评估区域一般有级别、区片和区段3种形式，相应地，基准地价通常也有三种表现形式：级别基准地价、区片基准地价和区段基准地价。

2. 基准地价是一种分用途的价格。在同一区域中，不同用途的土地有不同的价格水平。所以，不同用途的土地，其基准地价也是不一样的。城镇基准地价通常包括三大类，即商业用地基准地价、住宅用地基准地价、工业用地基准地价；个别城镇根据其特殊情况，还包括其他用途的基准地价，如旅游用地基准地价。农用地基准地价主要包括耕地基准地价、园地基准地价、林地基准地价、水域基准地价和荒草地基准地价。目前，一些地区所评估的农用地基准地价主要是耕地基准地价。

3. 基准地价是一种平均价格。它反映的只是各区域各类用地的平均价格水平。在某一区域中，具体某一宗地的价格可能稍高于或稍低于此平均价格。所以，在基准地价的基础上建立基准地价修正系数体系，用以评估具体宗地的价格。

4. 基准地价是有限年期的价格。基准地价是土地使用权的价格，土地使用权是一种有时间限制的产权，所以说基准地价是有限年期的价格。就城镇而言，不同用途土地使用权的出让最高年限不同，不同用途基准地价的年期也不同。一般而言，各用途基准地价的年期应以各用途的最高出让年期为准。就农用地而言，目前还没有一个明文的规定，一般取 30 年为农用地基准地价的年期。

5. 基准地价具有时效性。基准地价反映的只是一定时期的地价标准。为了保持基准地价的现实性，每隔一定时期应对基准地价进行更新。

6. 基准地价是一种控制性的价格。基准地价是国家调控土地市场的一种价格，不是市场交易价格。市场上最终达成的价格，是以基准地价为依据根据市场行情而确定的。

二、基准地价的作用

基准地价的作用主要表现在以下几个方面：

1. 宏观控制土地市场的依据。基准地价反映了土地市场的地价水平和变动趋势，为政府制定土地市场管理措施提供依据。

2. 国家征收土地使用税的依据。根据国外经验，土地税都是从价计征。我国目前仍未达到这一步，土地使用税征收的税额偏低，不能体现土地收益的级差，不能达到利用土地使用税这一经济杠杆调节土地利用的目的。因此，科学、合理、公开的基准地价对合理征收土地使用税是非常重要的。

3. 调节土地利用。政府评估并公布基准地价，可以使投资者和土地使用者及时了解不同地段、不同用途的地价水平和变动趋势，从而根据自身需要和支付地租地价的能力调整土地利用方式，以促进土地有序流转，最终达到土地合理利用的目的。

4. 进一步评估宗地地价的基础。基准地价反映了某一区域内宗地的平均价格，该区域内各宗地的地价都围绕基准地价上下波动，因此根据宗地条件对基准地价进行修订，即可方便地得到具体宗地的地价。

三、基准地价评估的原则

1. 土地使用价值评定和土地价格测算相结合的原则。土地使用价值决定人们对某一类型或某一区位地块的需求程度，市场供求关系决定了地价水平。在正常的土地市场条件下，相同使用价值的土地，在同一市场供需圈内，应具有相同的价格水平。在目前我国土地市场不太成熟、土地使用权转移不很规范的情况下，宗地价格多是采用收益法评估得到的收益价格，土地使用权直接转移所形成的地价与真实价格（即收益价格）相差较大。因此，通过土地使用价值相同区域中收益价格的比较分析，可排除其他因素对地价的非正常影响，较好地评估出基准地价。这也就要求我们在评估基准地价时，应将土地定级和土地估价紧密地结合起来。

2. 以现实的土地用途为主，适当考虑规划的原则。基准地价的市场导向性等作用，要求基准地价评估应以目前实际存在的土地利用方式为主要依据，以此反映现实土地收益的高低和支付地租、地价的能力。另外，由于土地利用具有历史继承性，目前不合理的土地利用结构是过去无偿使用制度的产物，要想在很短的时间内改变它是不可能的，也是不现实的。所以，应根据城乡目前的土地利用状况和市场交易资料来评估其基准地价，同时以其土地利用总体规划为参考，使最终的估价结果对目前不合理的土地利用格局起到调控作用。

3. 各类用地分别评估，多种方法综合运用的原则。如前所述，各类用地的利用效益存在较大的差异，各类用地价格的变化规律也不相同，所以城乡各类用地的价格应分别评估，不能以某种用地类型的价格代表其他用地类型的价格。另外，由于各类用地特点不同，同时为了消除因资料收集途径的差异而产生的影响，应采用多种方法计算，使之相互比较、互为补充。

4. 与社会经济水平相适应、相协调的原则。经济发展水平决定了地价水平。反过来，地价水平又对经济发展产生了很大的影响。在确定基准地价时，既要从土地的使用价值和价值出发，又要与城市社会经济发展水平相适应、相协调。因此，在评估基准地价时，应有一个基准点，就是不让国家所有或集体所有的土地资产大量流失，也不影响城乡社会经济的发展。这就要求评估的基准地价不能太低，也不能太高，必须适应改革开放和经济发展的形势，并对城乡社会经济发展起到一定的促进作用。

四、基准地价法评估程序

1. 收集有关基准地价资料；

2. 确定待估宗地所处级别（区域）的同类用途基准地价；

3. 分析待估宗地的地价影响因素，编制待估宗地地价影响因素条件说明表；

4. 依据宗地地价影响因素指标说明表和基准地价系数修正法表，确定待估宗地地价修正系数；

5. 进行估价期日、容积率、土地使用年期等其他修正；

6. 求出待估宗地地价。

五、基准地价法评估案例分析

【例 4－12】

1. 估价对象情况。

某省某市主要商业街有一待估面积为 2 000 m^2 的商业用途土地（具体区域因素、个别因素不列）。其出让时间为 1998 年 1 月 1 日，出让年限为 40 年，开发程度为三通一平，宗地容积率为 1.5，现要评估该宗地在估价基准日 2002 年 1 月 1 日的价格。该宗地属市区商业二级地段，该市二级地段商业用途基准地价为 7 000 元/m^2（开发程度为三通一平，标准容积率为1)。基准地价公布时间为1996年1月1日。该市商业基准地价修正系数和修正系数说明见表4－9～表4－11。

表4－9　某市商业服务用地修正系数说明表

项目	影响因素	优	较优	一般	较劣	劣
商业繁华条件	企业经营类别	首饰高档服装	家电服装饮食	日用百货理发	副食店等	基本生活用品
	企业职工总数（人）	>400	250～400	150～250	80～150	≤80
	距商业中心距离	≤$R/2$	>$R/2$ 且≤R	>R 且≤$2R$	>$2R$ 且≤$4R$	>$4R$
交通状况	距公交车站距离（m）	≤100	100～200	200～300	300～500	500～1 000
	公交车站车流量（辆/小时）	>30	15～30	8～15	5～8	<5
	距火车站距离（km）	≤1	1～2	2～3	3～4	>4
	距汽车站距离（km）	≤1	1～2	2～3	3～4	>4
宗地条件	宗地临街门面宽度（m）	>8	4～8	2～4	1～2	<1
	宗地形状	形状好	形状良好	形状规则	形状不良	形状差
	宗地自身深度距离（m）	<3	3～7	7～9	9～12	>12
	容积率	4	2～3	1	0.5～0.9	<0.5
宗地临街道路	道路级别（m）	20～40	10～20	7～10	<7	无
	人行道宽度（m）	>5	3～5	1.5～3	1～1.5	<1
	区域交通管理规定	无限制	货车禁行	货车禁行，其他车不能停放	汽车行道，不能停放	限制机动车通行
宗地外界环境	周围土地利用类型	商业用地	住宅生活用地	市政小道，公共建筑	工业仓储，交通用地	园林风景其他用地
	未来地规划用途	商业用地	住宅生活用地	公共事业教育卫生机关用地	工业交通用地	

表 4-10 某市商业服务用地修正系数表

项目	影响因素	优	较优	一般	较劣	劣
商业繁华条件	企业经营类别	15	7.5	0	-3.75	-7.0
	企业职工总数（人）	15.4	7.7	0	-3.85	-7.7
	距商业中心距离（m）	11.8	5.9	0		
交通状况	距公交车站距离（m）	4	3	2	1	0
	公交车站车流量（辆/小时）	3.8	1.8	0	-0.9	-1.8
	距火车站距离（km）	5.7	4.28	2.85	1.43	0
	距汽车站距离（km）	5.7	4.28	2.95	1.43	0
宗地条件	宗地临街门面宽度（m）	5	2.5	0	-2.5	-5
	宗地形状	2.5	1.25	0	-1.25	-2.5
	宗地自身深度距离（m）	1	0.5	0	-0.5	-1
	容积率	7.3	3.67	0	-3.67	-7.3
宗地临街道路	道路级别（m）	2.4	1.2	0	-1.2	-1.4
	人行道宽度（m）	4	2	0	-2	-4
	区域交通管理规定	2	1	0	-1	-2
宗地外界环境	周围土地利用类型	7.6	3.8	0	-3.8	-7.6
	未来的规划用途	7	3.5	0	-3.5	-7

表 4-11 商业用地容积率修正系数表

容积率	0.7	0.8	1.0	1.2	1.5	2
修正系数	0.85	0.9	1.0	1.5	1.2	1.3

2. 估价要求。

用基准地价修正法评估该宗地于 2002 年 1 月 1 日的地价。

3. 估价过程。

（1）确定对应基准地价。

通过查对基准地价，确定待估宗地属商业用途二级地，其对应的基准地价为 7 000 元/m^2（开发程度为三通一平）。

（2）确定宗地地价评估的修正系数。

根据宗地区域、个别因素条件，对照修正系数说明表（表 4 - 9）中各项指标，确定各因子情况从上到下依次为：一般、一般、一般、优、较优、一般、较劣、优、一般、较优、较优、一般、一般、较劣、一般、一般。

则根据修正系数表，具体计算出宗地宗修正系数：

$$K = 17.25\%。$$

（3）确定待估宗地适用年期修正系数：$Y = 0.953$。

（4）确定期日修正系数（见表 4 - 12）。

表 4 - 12 日期修正系数

日期	1996. 1. 1	1997. 1. 1	1998. 1. 1	1999. 1. 1	2000. 1. 1	2001. 1. 1	2002. 1. 1
地价指数	100	102	105	109	112	113	115

则期日修正系数：

$$T = 115/100 = 1.15$$

（5）确定容积率修正系数。

待估宗地容积率为 1.2，本基准地价标准容积率为 1。查商业用的容积率修正系数表，则：

$$K = 1.2/1 = 1.2$$

（6）计算并确定待估宗地地价。

$$P_i = P \times (1 + K) \times Y \times T \times K = 7\,000 \times (1 + 17.25\%) \times 0.953 \times 1.15 \times 1.2$$
$$= 10\,794\ (元/m^2)$$

第七节 路线价法在房地产评估中的应用

一、路线价法的含义和理论依据

（一）路线价法的含义

路线价法是根据土地价值高低随距街道距离增大递减的原理，在特定街道上设定单价，并依此单价配合深度百分率表及其他修正率表，用数学方法来计算临街同一街道的宗地地价的一种估价方法。

（二）路线价法的理论依据

1. 市区内各宗土地的价值与其临街深度大小关系很大，土地价值随临街深度而递减，离开街道远价值就会递减。

2. 路线价法实质上也是市场法的一种，因此路线价法的理论基础也是替代原理。

路线价是标准宗地的单位地价，可看作比较实例，对路线价进行的各种修正可视为因素修正。

二、路线价法的计算公式

宗地总价＝路线价×累计深度百分比×临街宽度

如果宗地条件特殊，如宗地属街角地、两面临街地、三角形地、梯形地、不规则形状地、袋地等，则需按下列公式计算：

宗地总价＝路线价×累计深度百分比×临街宽度×其他条件修正率

三、路线价法的适用范围

适宜同时对大量土地进行评估，特别适宜于土地课税、土地重划、征地拆迁等需要在大范围内对大量土地进行评估的场合。

四、路线价法的程序

（一）路线价区段划分

1. 地价相等、地段相连的地段一般划分为同一个路线价区段。

2. 路线价区段一般为带状地段。

3. 街道两侧接近性基本相等的地段长度称为路线段长度。路线价区段一般以路线价显著增减的地点为界。

4. 对同一路线价地段求取该段内标准宗地的平均地价，附设于该路线段上。

（二）标准宗地的确定

1. 标准宗地是指从城市一定区域中沿主要街道的宗地中选定的深度、宽度和形状标准的宗地。标准深度是指标准宗地的临街深度。临街深度是指宗地离开街道的垂直距离。

2. 路线价是标准宗地的单位价格，路线价的设定必须先确定标准宗地的面积。

（三）路线价的评估

方法一：市场法等基本评估方法，各国通用。

方法二：评分方式。

（四）深度百分率表的制作

深度百分率是地价随着临街深度长短变化的比例。

（五）计算宗地价值

依据路线价和深度百分率及其他条件修正率表，运用路线价法计算公式，计算得到宗地价值。

五、路线价法法则介绍

1. “四三二一”法则。

“四三二一”法则将标准深度100英尺①的普通临街地，与街道平行区分四等分，即由临街面算起，第一个25英尺的价值点路线价的40%，第二个25英尺的价值占路线价的30%，第三个25英尺的价值占路线价的20%，第四个25英尺的价值占10%，如果超过100英尺，则需“九八七六”法则来补充。即超过100英尺的第一个25英尺价值为路线的9%，

①1英尺＝0.3048米。

第二个 25 英尺为 8%，第三个 25 英尺为 7%，第四个 25 英尺为 6%。

2. 苏慕斯法则。

100 英尺深的土地价值，前 50 英尺的价值占宗地价值的 72.5%，后 50 英尺的价值占宗地价值的 27.5%，若再深 50 英尺，则该宗地所增加的价值仅为 15%。

3. 霍夫曼法则。

深度 100 英尺的宗地，最初的 25 英尺价值占全宗地价值的 37.5%，最初的 50 英尺价值占全宗地价值的 2/3（67%），75 英尺等于 87.7%，100 英尺等于 100%。

4. 哈柏法则。

宗地价值与其深度的平方根成正比。

【例 4-13】 现有临街宗地 A、B、C、D、E，这些宗地都和街道垂直，而且成长方形。深度分别为 30 m、60 m、90 m、120 m 和 150 m，宽度分别为 5 m、5 m、10 m、10 m、15 m。路线价为 4 000 元，设标准深度为 120 m，试运用“四三二一”法则，计算各宗土地的价值。

路线价 4 000 元，可以理解为单位宽度 1 m 的宗地单价是 4 000 元（标准深度 120 m）。

宗地总价 = 标准深度下每单位宽度的路线价 × 累计深度百分率 × 临街宽度

A：30/120 = 25%，累计深度百分率是 0.4

B：60/120 = 50%，累计深度百分率是 0.7

C：90/120 = 75%，累计深度百分率是 0.9

D：120/120 = 100%，累计深度百分率是 1

E：150/120 = 125%，累计深度百分率是 1.09

A = 4 000 × 0.4 × 5 = 8 000（元）

B = 4 000 × 0.7 × 5 = 14 000（元）

C = 4 000 × 0.9 × 10 = 36 000（元）

D = 4 000 × 1.0 × 10 = 40 000（元）

E = 4 000 × (1.0 + 0.09) × 15 = 65 400（元）

本章练习题

一、术语解释

1. 地产　　2. 房地产　　3. 不动产

4. 基准地价　　5. 标定地价　　6. 楼面地价

二、单项选择题

1. 最佳使用是（　　）必须考虑的评估前提。

A. 地产　　B. 房屋建筑物　　C. 企业资产　　D. 资产

2. 基准地价系数修正法所要修正的因素是（　　）。

A. 地理位置和交通条件　　B. 个别因素和市场转让条件

C. 容积率和覆盖率　　D. 特别利害关系和特殊动机

3. 假设开发法属于一种（　　）。

A. 加和法　　B. 积算法　　C. 类比法　　D. 倒算法

4. 某宗地年金收益额为 8 500 元，剩余使用年限为 20 年，假定折现率为 10%，其评估价值最有可能为（　　）元。

A. 85 000　　B. 12 631　　C. 72 369　　D. 12 369

5. 计算建筑期利息的工期应按（　　）计算。

A. 合同工期　　B. 额定工期　　C. 协商工期　　D. 实际工期

6. 待估建筑物账面原值为 100 万元，竣工于 1990 年年底，假定 1990 年的价格指数为 100%，从 1991 年到 1995 年的价格指数每年增长幅度分别是 11.7%、17%、30.5%、6.9%、4.8%，则 1995 年年底该建筑物的重置成本最有可能是（　　）元。

A. 1 048 000　　B. 1 910 000　　C. 1 480 000　　D. 19 100 000

7. 待估建筑物为砖混结构单层住宅，宅基地 300 m^2，建筑面积 200 m^2，月租金 3 000 元，土地还原利率为 7%，建筑物还原利率为 8%，评估时，建筑物的剩余使用年限为 25 年，取得租金收入的年总成本为 7 600 元，评估人员另用市场法求得土地使用权价格每平方米 1 000 元，运用建筑物残余估价法所得到建筑物的价值最有可能是（　　）元。

A. 61 667　　B. 925 000　　C. 789 950　　D. 58 041

8. 残余估价法属于（　　）中的一种具体方法。

A. 收益法　　B. 成本法　　C. 市场法　　D. 功能价值法

9. 有一宗地面积为 500 m^2，地上建有一幢 3 层的楼房，建筑密度为 0.7，容积率为 2.0，土地单价为 3 000 元/m^2，则楼面地价为（　　）元/m^2。

A. 1 000　　B. 1 500　　C. 2 100　　D. 2 800

10. 若反映宗地地价水平，（　　）指标更具说服力。

A. 建筑总价格/土地总面积　　B. 土地总价格/土地总面积

C. 房地总价格/土地总面积　　D. 土地总价格/建筑总面积

11. 某地产未来第一年纯收益为 30 万元，假设该地产的使用年限为无限年期，预计未来每年土地纯收益将在上一年的基础上增加 1 万元。资本化率为 7%，则该地产的评估值最接近于（　　）万元。

A. 205　　B. 429　　C. 633　　D. 690

12. 待估地产年总收入 18 万元，年总费用 10 万元，剩余使用年限 10 年，折现率为 10%，则其评估价值最接近于（　　）万元。

A. 110　　B. 61　　C. 80　　D. 49

13. 待评估建筑物为一砖混结构两层楼房，宅基地面积为 300 m^2，房屋每层月租金为 2 500 元，各种费用占租金收入的 40%，土地还原率为 8%，建筑物还原率为 10%，评估人员另用市场法求得土地使用权价格为每平方米 1 000 元，建筑物的年纯收益为（　　）元。

A. 1 000　　B. 12 000　　C. 4 000　　D. 2 000

14. 某评估机构采用市场法对一房地产进行评估，评估中共选择了三个参照物，并分别得到 127 万元、142 万元、151 万元 3 个评估结果，它们的权重依次为 25%、40%、35%，则被评估房地产的价值最接近（　　）万元。

A. 140　　B. 157　　C. 141　　D. 148

15. 如果房地产的售价为 5 000 万元，其中建筑物价格为 3 000 万元，地价为 2 000 万元，该房地产的年客观净收益为 450 万元，建筑物的资本化率为 10%，那么土地的资本化率最接近于（　　）%。

A. 9　　B. 12. 5　　C. 7. 5　　D. 5

16. 被评估建筑物历史建造成本为 80 万元，1997 年建成，要求评估该建筑物 2000 年的重置成本。调查得知，被评估建筑物所在地区的建筑行业价格环比指数分别为 103%、103%、102%，该建筑物的重置成本最接近于（　　）万元。

A. 86　　B. 87　　C. 90　　D. 85

17. 已知某房地产月租金收入为 20 万元，月费用总额为 5 万元，建筑物价格为 1 000 万元，建筑物的资本化率为 10%，该房地产的土地年纯收益最接近于（　　）万元。

A. 50　　B. 60　　C. 80　　D. 100

18. 假定被评估房地产可以永续利用，预计前 3 年的纯租金收入分别为 3 万元、2 万元、1 万元，从第 4 年开始年纯收益保持在 3 万元水平上，折现率为 10%，该房地产的评估值最接近于（　　）万元。

A. 28　　B. 32　　C. 25　　D. 30

19. 被评估土地的剩余使用权年限为 30 年，参照物剩余使用权年限为 25 年，假定折现率为 8%，被评估土地的年限修正系数最接近于（　　）

A. 0. 965 9　　B. 0. 948　　C. 1. 152　　D. 1. 054

20. 运用最佳使用原则评估地产的前提条件是（　　）。

A. 土地的非再生性　　B. 土地位置固定性

C. 土地用途广泛性　　D. 土地利用永续性

21. 某宗地取得费用为每平方米 100 元，开发费用为每平方米 300 元，当地银行一年期贷款利率为 9%，二年期贷款利率为 10%，三年期贷款利率为 11%，开发周期为 3 年，第一年投资占总投资的 1/2，第二、三年投资各占总投资的 1/4，问该土地每平方米应负担利息为（　　）元。

A. 51. 75　　B. 30. 75　　C. 89　　D. 71. 25

22. 某砖混结构单层住宅宅基地为 200 m^2，建筑面积为 120 m^2，月租金为 3 000 元，土地还原利率为 8%，取得租金收入的年总成本为 8 000 元，评估人员另用市场比较法求得土地使用权价格为 1 200 元/m^2，建筑物的年纯收益为（　　）元。

A. 8 600　　B. 8 800　　C. 9 000　　D. 12 000

23. 某一宗 2 000 m^2 空地的预计最佳利用方式，为开发一建筑面积 4 000 m^2 的商业建筑。预期该商业房地产建成后的售价为 3 000 元/m^2，估计该建筑物的建筑费用为 1 400 元/m^2，专业费用为建筑费用的 6%，利息利润为地价、建筑费用及专业费用之和的 15%，销售费用及有关税费为售价的 10%，该土地的价值接近于（　　）元/m^2。

A. 1 728　　B. 1 900　　C. 1 500　　D. 1 000 元

24. 在用收益法评估土地使用权价格时，总费用不包括（　　）。

A. 房地产税金　　B. 管理费　　C. 利息　　D. 保险费

25. 某一宗土地用于住宅开发时的价值为 300 万元，用于商业大楼开发时的价值为 500

万元，用于工业厂房开发时的价值为 280 万元。城市规划确认该土地可用于住宅或工业。该宗土地的价值应评估为 300 万元。这体现了房地产评估的（　　）。

A. 供求原则　B. 替代原则　C. 最佳使用原则　D. 贡献原则

26. 某待评估住宅建筑物与参照住宅建筑物相比而言，室内格局更加合理，由此引起待评估住宅的价格比参照交易住宅的价格高 15%，室内格局因素修正系数为（　　）。

A. 100/115　B. 85/100　C. 115/100　D. 100/85

27. 某建筑物建成于 1990 年 1 月，为砖混结构一等，耐用年限为 50 年，残值率为 2%。该建筑物 2001 年 1 月的重置成本为 500 万元，2001 年 1 月的评估值接近（　　）万元。

A. 400　B. 392　C. 402　D. 390

28. 某宗土地的土地取得成本为 500 万元，土地开发费为 1 000 万元，土地开发期为 1 年，银行一年期贷款利率为 8%。该土地投资利息为（　　）万元。

A. 120　B. 80　C. 60　D. 100

29. 某宗土地为 1 000 m^2，国家规定的容积率为 5，建筑密度为 0.6，下列建设方案中最可行的为（　　）。

A. 建筑物地面一层建筑面积为 800 m^2，总建筑面积为 4 600 m^2

B. 建筑物地面一层建筑面积为 700 m^2，总建筑面积为 7 000 m^2

C. 建筑物地面一层建筑面积为 600 m^2，总建筑面积为 4 800 m^2

D. 建筑物地面一层建筑面积为 400 m^2，总建筑面积为 4 200 m^2

30. 某地产未来第一年的纯收益为 18 万元，预计以后各年的纯收益按 1% 的比率递减，该地产的剩余使用权年限为 10 年，折现率为 8%。该地产的评估值最接近于（　　）万元。

A. 77　B. 146　C. 116　D. 193

三、多项选择题

1. 影响地价的一般因素有（　　）。

A. 行政因素　B. 区域因素　C. 社会因素
D. 经济因素　E. 人口因素

2. 影响地价的社会因素主要包括（　　）等几个方面。

A. 政治安定状况　B. 社会治安程度　C. 税收政策
D. 房地产投机　E. 交通管制

3. 影响商业用地土地价格的区域因素有（　　）。

A. 商业繁华程度　B. 环境优劣度　C. 规划限制
D. 公有设施完善度　E. 交通便捷度

4. 影响地价的个别因素主要有（　　）。

A. 位置因素　B. 地形地质因素　C. 面积因素
D. 地块形状因素　E. 土地利用因素

5. 市场法中进行区域因素修正需考虑的因素有（　　）。

A. 繁华程度　B. 交通状况　C. 基础设施状况

D. 环境质量　　E. 土地使用年限

6. 评估建筑物需考虑的因素包括（　　）。

A. 产权　　B. 用途　　C. 建筑结构

D. 建成时间　　E. 装修质量和水平

7. 建筑物应在（　　）方面符合政府规定。

A. 建筑结构　　B. 建筑用途　　C. 容积率

D. 覆盖率　　E. 外形设计

8. 我国房地产评估的标的物一般包括（　　）。

A. 土地使用权　　B. 土地所有权　　C. 建筑物及其权益

D. 建筑物中的水暖设施　　E. 建筑物中的办公设备

9. 假设开发法中的投资利润是以（　　）为计算基础的。

A. 专业费用　　B. 投资利息　　C. 卖楼价

D. 地价　　E. 建筑费用

10. 运用市场比较法评估地产，在选择参照物时应注意在（　　）方面与评估对象保持一致。

A. 交易类型　　B. 用地性质　　C. 交易价格

D. 供需圈　　E. 交易时间

11. 房地产评估遵循的原则有（　　）。

A. 最有效使用原则　　B. 合法原则　　C. 替代原则

D. 供求原则　　E. 贡献原则

四、计算分析题

1. 待估宗地为待开发建设的七通一平空地，面积 2 000 m^2，允许用途为住宅建设，允许容积率为6，覆盖率为≤50%，土地使用权年限为 70 年。要求按假设开发法估测该宗地公平市场价值。有关数据如下：预计建设期为 2 年，第一年投入 60% 的总建设费，第二年投入 40% 的总建设费，总建设费预计为 1 000 万元。专业费用为总建设费用的 6%，利息率为 10%，利润率为 20%，售楼费用及税金等综合费率为售楼价的 5%，假设住宅楼建成后即可全部售出，楼价预计为 3 000 元/m^2，折现率为 10%。

2. 投资者面对甲、乙两幅土地。甲地容积率为 5，单价为 1 000 元/m^2，乙地容积率为 3，单价为 800 元/m^2，两幅土地其他条件相同。问投资者应选择哪一幅土地进行投资更为经济？

3. 某房屋建筑面积为 1 200 m^2，同类型房屋标准新建单价为 970 元/m^2，但该房屋装修好，调整增加 1%；设备配置齐全，增加 2%；地段、层次、朝向增加 1.5%，其他情况同标准房屋。经现场评定，该房屋为七成新。根据上述情况，评估房屋价格。

4. 某商业用房地产，按照国家的规定其土地使用权最高使用年限为 40 年，现该房屋拟出租，出租期 10 年，按租赁双方合同规定，前 5 年租金是以第一年租金 8 万元为基础，每年比上年递增 2%，后 5 年按每年 15 万元固定不变。假定资本化率为 10%，该房地产 10 年租期内的收益现值为多少？

5. 有一待估宗地，现收集到 4 个可比较参照交易案例，具体情况见表 4 - 13。

表 4-13　待估宗地与参照交易案例对比

宗地	成交价格（元/m^2）	交易时间	交易情况	容积率	剩余使用年限（年）	区域因素	个别因素
待估地		2000/01	0	1.2	45	0	0
1	800	1998/01	2%	1.3	50	1%	0
2	850	1999/01	1%	1.4	50	0	1%
3	760	1998/01	0	1.1	40	0	-2%
4	780	1998/01	0	1.0	45	-1%	1%

表 4-13 中的交易情况、区域因素及个别因素值，都是参照物宗地与待估宗地比较，负号表示参照物宗地条件比待估宗地条件差，正号表示参照物宗地条件比待估宗地条件优，数值大小代表对宗地地价的修正幅度。容积率与地价的关系为：容积率在 1~1.5 时，容积率每增加 0.1，宗地单位地价比容积率为 1 时增加 3%。该城市地价指数见表 4-14：

表 4-14　地价指数

年份	1995	1996	1997	1998	1999	2000
指数	100	105	108	110	111	115

试根据以上条件评估待估宗地 2000 年 1 月 20 日的价格。

6. 有一宗七通一平的待开发建设的空地，土地面积为 3 200 m^2，建筑容积率为 2.5，拟开发建设为公寓。土地使用权年期为 50 年。据市场调查和项目可行性分析，该项目建设开发周期为 3 年，取得土地使用权后即可动工，建成后即可对外出租，出租率估计为 90%，每建筑平方米的年租金预计为 300 元，年出租费用为年租金的 25%。建筑费预计每建筑平方米 1 000 元，专业费为建筑费的 10%，建筑费和专业费在建设期内均匀投入。假设当地银行贷款利率为 7%，不动产综合还原利率为 8%，开发商要求的总利润为所开发不动产总价的 15%。试评估该宗土地的地价。计算结果以元为单位（取整）。

7. 房地产的总使用面积为 1 万 m^2，月租金为 7 元/m^2。预计年房租损失费为年预期租金总收入的 5%，房产税为年预期租金总收入的 12%，管理费、修缮费为年预期租金总收入的 6%，房屋财产保险费为 0.3 万元/年。预计该房地产尚可以使用 10 年，折现率为 12%。计算该房地产的评估值。

8. 假定某市政府将于 2000 年 2 月 1 日公开拍卖一宗土地，规划用途为住宅，土地面积 5 000 m^2，容积率限定为 4，土地使用权 70 年，某开发商欲购买此地，他准备取得土地后即投资开发，施工期为 2 年，建筑投资均匀投入。建筑成本为 1 500 元/m^2，专业费为建筑成本的 6%，开发商的目标利润为成本的 15%，有关税费为楼价的 5%，折现率为 10%，工程完工后每平方米售价 5 500 元，估计一年内售完。开发商委托你评估该宗土地价格，试计算分析。

9. 某房地产 2001 年 10 月的年净收益为 300 万元，预测未来 3 年的年净收益仍然保持这一水平，2004 年 10 月转售时的价格预计比 2001 年 10 月上涨 10%，转售时卖方应缴纳的税费为售价的 6%。若该类房地产的投资收益率为 9%，试测算该房地产 2001 年 10 月的价格。

10. 某建筑物为钢筋混凝土结构，经济寿命为50年，实际已经使用8年。经过调查测算，现在重新建造全新状态的该类建筑物的建造成本为800万元（建设期为2年，假定第一年投入建造成本的60%，第二年投入建造成本的40%），管理费用为建造成本的3%，年利息率为6%，销售税费为50万元，开发利润为120万元。该建筑物的墙、地面等损坏的修复费用为18万元；装修的重置成本为200万元，平均寿命为5年，已经使用2年；设备部分的重置成本为110万元，平均寿命为10年，已经使用8年。假设残值率为0，试计算该建筑物的折旧（贬值）总额。

11. 某房地产的土地面积为1 000 m^2，建筑面积为2 000 m^2。土地于1994年10月1日通过有偿出让方式以1 000元/m^2的价格取得，使用权年限为50年。建筑物为钢筋混凝土结构，于1995年10月1日建成使用，建筑造价为800元/建筑平方米。1999年10月1日与该房地产地段及用途相似、使用权年限为50年的土地的价格为1 100元/m^2，该类房屋的重置成本为900元/建筑平方米。假定该类建筑物的残值为0，土地资本化率为6%，试估算该房地产1999年10月1日的总价格。

12. 某在建工程开工于2001年3月1日，用地面积为2 000 m^2，建筑容积率为5.1，用途为公寓。土地使用权年限从2001年3月1日起50年。土地取得费为楼面地价1 000元/m^2，该公寓正常建设期为2年，建造费用为2 500元/建筑平方米，到2001年9月1日已经投入预计建设费用的45%。估计该公寓开发项目可以按期完成，建成后出租的租金预计为80元/建筑平方米·月，可出租面积为总建筑面积的65%，正常出租率为80%，出租经营费用为收入的30%。购买该在建工程应缴纳税费为购买价格的4%，折现率为10%，试估算该在建工程2001年9月1日的价格。

13. 某商场的土地使用年限从1994年5月31日起40年，商场共有两层，每层建筑面积为2 000 m^2，可出租面积占建筑面积的60%。一层已经于1996年5月31日出租，租期5年，月租金为180元/m^2。二层暂时空置。附近类似商场一、二层可出租面积的正常月租金分别为200元/m^2、120元/m^2，出租费用为租金的20%，折现率为10%。试估算该房地产1998年5月31日出售时的总价格。

14. 某在建工程开工于2002年3月1日，用地面积为2 000 m^2，建筑容积率为5，用途为公寓。土地使用权年限从2002年3月1日起50年。土地取得费为楼面地价1 000元/m^2，该公寓正常建设期为2年，建造费用为2 500元/建筑平方米，到2002年9月1日已经投入预计建设费用的45%。评估基准日相近地区类似70年土地使用权的土地上刚刚建成公寓（建设开发周期为2年）的出售价格为3 500元/建筑平方米，公寓类房地产价格近年来每年上涨2%，预计将继续保持该增长率。购买该在建工程的契税税率为购买价格的4%，市场利息率为10%，利润为楼价的8%。试估算该在建工程2002年9月1日的价值。若按评估价值进行交易，在建工程的原产权人大约盈余或亏损多少（不计利息）？

房地产评估案例

评估对象为××有限公司位于上海市××开发区××路××号工业用途房地产（土地为出让）。该公司因需以评估对象房地产向法院提供财产担保，委托××评估机构对该房地产的公开市场价值进行评估，评估基准日为2003年2月21日。该案例采用房地产分估然后加总的方法对房地产价值进行评估。

一、基本情况

（一）估价对象概况

此次委托评估的是位于上海市××开发区内的工业用房地产。

1. 估价对象的登记和权属状况。

根据委托方提供的［沪房地×字（2002）第×××号］房地产权证及估价师实地查勘，估价对象产权状况如下：

权利人：××有限公司

坐落：××路××号

土地权属性质：国有出让

土地用途：工业

土地使用期限：1996-04-05至2046-04-04止

土地总面积：29 032 m^2

建筑面积：6 791 m^2

房屋类型：工厂

地号：（略）

建筑结构：钢混

未发现估价对象有抵押或其他权利限制现象，目前处于正常使用状态。

2. 估价对象具体情况。

估价对象位于上海市××开发区××路××号，土地等级属上海市基准地价十级地段。距奉浦大桥30 km，距虹桥机场52 km，距上海火车站45 km，距浦东国际机场30 km。

估价对象四至：东为待租土地，西为××路，北为××路，南为×××有限公司。

3. 估价对象土地利用状况。

估价对象土地上已建设总建筑面积为6 791 m^2的厂房，估价对象属大型现代化厂区，厂区道路为水泥地坪，路面平整，能承载大型货车，绿化种植有序，厂区周围有集中绿化带。

（二）影响因素说明

1. 个别因素分析。

（1）建筑物状况。

根据实地勘察，估价对象为××有限公司位于上海市××开发区××路××号内房地产，建筑物状况见表4-15。

表4－15 评估对象建筑物情况

幢号	1	2	3	4	5	6	7	8
类型	工厂	工厂	工厂	工厂	工厂	工厂	工厂	工厂
部位	全幢	全幢	全幢	全幢	全幢	全幢	全幢	全幢
用途	工程楼	工程楼	危险品仓库	门卫	生产车间	仓库	综合楼	门卫
结构	钢混	钢混	钢混	钢混	钢混	钢混	钢混	钢混
层数（层）	1	1	1	1	3	1	2	1
建筑面积（m^2）	321	458	81	50	4 045	804	982	50
层高（m）	6.0	6.0	6.0	4.8	7.5	8.0	4.0	4.8
室内地坪	水泥	水泥	水泥	地砖	水泥	水泥	地砖	地砖
内墙面	涂料刷白	涂料刷白	涂料刷白	涂料刷白	涂料刷白	涂料刷白	涂料刷白	涂料刷白
门窗	铝合金门窗	铝合金门窗	铝合金门窗	铝合金门窗	铝合金门窗	铝合金门窗	铝合金门窗	铝合金门窗
外墙面	条形面砖	条形面砖	条形面砖	条形面砖	条形面砖	条形面砖	条形面砖	条形面砖
建造年份	1998.8	1998.8	1998.8	1998.8	1998.8	1998.8	1998.8	1998.8
维护状况	较好	较好	较好	较好	较好	较好	较好	较好

（2）厂区内状况。

估价对象属于大型现代化厂区，厂区道路为水泥地坪，路面平整，能承载大型货车，绿化种植有序，厂区周围有集中绿化带。

（3）交通条件。

估价对象距奉浦大桥30 km，距虹桥机场52 km，距上海火车站45 km，距浦东国际机场30 km，估价对象的交通条件较好，主干道为××公路。

（4）基础设施状况。

估价对象红线外具备道路、上水、下水、电力、通信、供气等基础设施条件。基本生产、生活设施完善。

2. 区域因素。

估价对象所在的××区位于上海的南翼，杭州湾北岸，东西长41 km，南北宽22 km，总面积687 km^2。××区历史悠久，人杰地灵，气候宜人，土地肥沃，资源丰富，海岸线长31.6 km，江岸线长13.6 km，港口码头等设施齐全，开发前景广阔，是上海市的南大门。

近年来××区抓住机遇以吸收上海大企业和全国大企业为方向，以开发市级工业区为重点，吸引外资，开拓国际市场，逐步形成机电设备、汽车配件等一批新型支柱产业框架，全区经济已进入适度和相对平稳发展的轨道，区内海关、商检、外汇银行、国际货运、国际商务等机构俱全，1999 年被国务院发展研究中心列入首批全国10 家小康县之一。

××区水陆交通便捷，特别是近年来开展以路桥为重点的基础建设和工业园区建设，建成以“十字路”为主干道的九纵六横公路网络，与××港、××运河等组成相当容量和应变能力的综合交通体系。

3. 市场背景分析。

2002 年国际经济形势由于受恐怖事件的影响，呈现出复杂、低迷的局面。我国实行了适当的财政、货币等宏观应对政策，使国内政治局面稳定，经济形势平稳。国民经济在此基础上保持高速发展，据统计国民经济的增长速度已达到 8%。

上海是我国的特大型城市，2002 年 12 月成功获得了 2010 年世博会的举办权，上海将获得更大的发展机遇。根据国际国内形势的发展和国家的要求，上海长远发展的总体目标是：到 2010 年，把上海建成为国际经济、金融、贸易中心之一，在后十年上海需要继续保持两位数的经济增长速度，人民生活水平接近发达国家（地区）水平，要基本实现与世界经济的全面接轨和功能的根本改变。

由于我国已加入 WTO，作为国家最大经济中心的上海市国际经济活动更趋于频繁，投资增加、进出口业务量的增加，将使厂房类物业需求增加，对其价格产生刺激作用，估计近期其价格将会稳步上升。

二、评估价值定义

本次评估所揭示的是××有限公司位于上海市××开发区××路××号的房地产（建筑总面积 6 791 m^2，土地总面积 29 032 m^2）在满足全部假设和限制条件下，于评估基准日的公开市场价值。

三、评估方法的选择

1. 估价技术路线和估价方法。

根据委托方确定的估价目的以及可以收集到的资料，采取适宜的估价方法。估价对象所在区域及附近区域，存在较多与估价对象类似用途、规模、标准的土地近期成交实例，但缺乏与估价对象类似用途、规模、标准的房地产近期交易实例，故采用房地分估的估价方法，即对土地采用市场比较法估价，对建筑物采用成本法估价，然后土地使用权价格与建筑物价格之和即为评估值。

2. 市场比较法。

市场比较法是将估价对象与在估价时点近期有过交易的类似房地产进行比较，对这些类似房地产的已知价格做适当的修正，以此估算估价对象的客观合理价格或价值的方法。即估价人员通过市场调查，选择了三个属于同一供需圈、房屋类型一致的交易案例作为参照物，然后，经过估价人员对案例的实地勘察，对交易情况、交易日期、区域因素和个别因素分别进行比较和修正，计算得出估价对象房地产在估价期日的比准价格，用算术平均法求得估价对象土地为工业用地、出让方式获得、熟地状态（红线外“六通一平”）在估价期日的市场价格。

3. 成本法。

成本法是求取估价对象在估价时点的重置价格或重建价格，扣除折旧，以此估算估价对象的客观合理价格或价值的方法。即根据委托方提供和估价人员实地勘察收集的资料，以上海市同类地区建筑行业造价信息中典型工程建安费为依据，运用类比法将估价对象与典型工程的差异因素进行比较分析，增减调整后确定估价对象建筑物的建安费，在此基础上加上必要的增容及管理工程费、专业费、管理费、利息、利润和税金，得出建筑物的重置成本，按其成新率得出估价对象建筑物的现实价格。

四、评估技术说明

（一）土地使用权价值估算（市场比较法）

1. 计算公式。

估价对象比准价格 = 比较案例价格 × 交易日期修正指数 × 交易情况修正指数 × 区域因素修正指数 × 个别因素修正指数

2. 比较实例选择。

选择比较案例时，根据估价对象情况，应符合以下要求：用途相同、交易类型相同、属于正常交易、与估价期日接近、区域及个别因素相近。

3. 估价对象房地产价格测算。

本次估价，选择了与估价对象条件类似的三个交易案例作为比较实例。

（1）估价对象和交易实例土地因素条件描述见表 4－16。

表 4－16　土地比较因素条件说明表

因素条件＼对象		待估土地	实例 A ××工业区 ××镇土地	实例 B ××开发区 土地	实例 C ×× 工业开发区
土地区域等级		十级	十级	十级	十级
交易日期			2003. 2	2003. 2	2003. 2
交易单价（元/m^2）			210	190	180
交易情况			正常	正常	正常
区域因素	道路级别	主干道××公路	主干道××公路	主干道××公路	主干道××公路
	产业聚集度	较高	一般	较高	较小
	距火车站、机场、码头距离	距火车站较远，机场、码头较近	距火车站较远，机场、码头较近	距火车站、机场较远，码头较近	距火车站较远，机场、码头较近
	环境状况优劣度	较好	较好	较好	较好
个别因素	容积率	小于 1	小于 1	小于 1	小于 1
	使用年限（年）	50（假设）	50	50	50
	宗地自然条件	地势平坦，适于建厂	地势平坦，适于建厂	地势平坦，适于建厂	地势平坦，适于建厂
	宗地临路条件	临主干道	临主干道	临主干道	临主干道
	宗地面积	较大，适宜建大型厂房	较大，适宜建大型厂房	较大，适宜建大型厂房	较大，适宜建大型厂房
	宗地形状	矩形较规则	矩形较规则	矩形较规则	矩形较规则
	市政配套齐全度	红线外“六通一平”	红线外“六通一平”	红线外“六通一平”	红线外“六通一平”

（2）编制比较因素条件指数表。

以估价对象土地的各因素条件为基础，相应指数为100，将交易实例相应因素条件与估价对象相比较，确定相应的指数，见表4－17。

表4－17　土地比较因素条件指数表

比较因素		待估房地产	实例A	实例B	实例C
交易日期		100	100	100	100
交易情况		100	100	100	100
区域因素	道路级别	100	100	100	100
	产业聚集度	100	97	100	95
	距火车站、机场、码头距离	100	102	100	102
	环境状况优劣度	100	100	100	100
个别因素	容积率	100	100	100	100
	使用年限	100	100	100	100
	宗地自然条件	100	100	100	100
	宗地临路条件	100	100	100	100
	宗地面积	100	100	100	100
	宗地形状	100	100	100	100
	市政配套齐全度	100	100	100	100

（3）交易实例修正后的土地价格（比准价格）。

经比较修正，交易实例修正后达到估价对象条件时的价格，见表4－18。

表4－18　土地比较因素修正系数

比较因素		实例A	实例B	实例C
市场销售单价（元/m^2）		210	190	180
交易日期		100/100	100/100	100/100
交易情况		100/100	100/100	100/100
区域因素	道路级别	100/100	100/100	100/100
	产业聚集度	100/97	100/100	100/95
	距火车站、机场、码头距离	100/102	100/100	100/102
	环境状况优劣度	100/100	100/100	100/100

续表

比较因素		实例 A	实例 B	实例 C
个别因素	容积率	100/100	100/100	100/100
	使用年限	100/100	100/100	100/100
	宗地自然条件	100/100	100/100	100/100
	宗地临路条件	100/100	100/100	100/100
	宗地面积	100/100	100/100	100/100
	宗地形状	100/100	100/100	100/100
	市政配套齐全度	100/100	100/100	100/100
修正后的单价（元/m^2）		212	190	186

（4）估价对象土地价格的确定（假设50年使用权）。

对上述3个交易实例经因素条件修正后的比准价格，采用简单算术平均计算得出估价对象土地的评估单价，即：

$$\begin{aligned}\text{估价对象土地评估单价} &= (212+190+186)/3 \\ &= 196\ (\text{元}/m^2)\end{aligned}$$

合13.07万元/亩[①]。

（5）估算估价对象土地现状的市场单价和总价。

估价对象土地为1996年4月出让取得，使用年限为50年，工业用途，使用期限自1996年4月5日至2046年4月4日止，尚可使用年限为43.11年。通过以下公式对估价对象土地进行年期修正，计算年期修正系数为：

$$R_y = \frac{1-1/(1+r)^n}{1-1/(1+r)^N}$$

式中：R_y——年期修正系数；

r——土地折现率，取$r=6\%$；

n——土地剩余有效使用年限（43.11年）；

N——土地法定最高使用年限（工业用地50年）。

经计算，$R_y=0.97$，则：

估价对象土地评估单价$=196\times0.97=190$（元/m^2）

估价对象土地总价$=29\ 032\times190=5\ 516\ 080$（元），取整为551.61万元。

（二）建筑物及构筑物估价（成本法）

1. 建安费测算。

经现场勘察，获悉估价对象现状见表4-19。

①1亩=667平方米。

表 4-19　估价对象建筑物情况

幢号	1	2	3	4	5	6	7	8
类型	工厂	工厂	工厂	工厂	工厂	工厂	工厂	工厂
部位	全幢	全幢	全幢	全幢	全幢	全幢	全幢	全幢
用途	工程楼	工程楼	危险品仓库	门卫	生产车间	仓库	综合楼	门卫
结构	钢混	钢混	钢混	钢混	钢混	钢混	钢混	钢混
层数	1	1	1	1	3	1	2	1
建筑面积（m^2）	321	458	81	50	4 045	804	982	50
层高（m）	6.0	6.0	6.0	4.8	7.5	8.0	4.0	4.8
室内地坪	水泥	水泥	水泥	地砖	水泥	水泥	地砖	地砖
内墙面	涂料刷白	涂料刷白	涂料刷白	涂料刷白	涂料刷白	涂料刷白	涂料刷白	涂料刷白
门窗	铝合金门窗	铝合金门窗	铝合金门窗	铝合金门窗	铝合金门窗	铝合金门窗	铝合金门窗	铝合金门窗
外墙面	条形面砖	条形面砖	条形面砖	条形面砖	条形面砖	条形面砖	条形面砖	条形面砖
建造年份	1998.8	1998.8	1998.8	1998.8	1998.8	1998.8	1998.8	1998.8
维护状况	较好	较好	较好	较好	较好	较好	较好	较好

根据以上建筑物的特点，查阅近期《上海市房地产估价》《上海房地产市场报告》《上海市工程造价信息》等资料，获悉与估价对象相同结构的典型工程概况见表 4-20。

表 4-20　与估价对象结构相同的典型工程概况

典型工程	工　程　概　况	建安费（元/m^2）
典型工程 1	多层厂房：框架结构；建筑面积 11 656 m^2；层数八层；总高度 36.9 m；预制钢砼方桩独立基础；楼地面细石砼整体面层；局部同质地砖地坪；铝合金门窗，硬木框三夹板门，钢板分户门；外墙面砖；内粉刷乳胶漆，局部白瓷砖，轻钢龙骨吊顶；屋面三元乙丙橡胶防水卷材，现浇正主岩保温；电气由主干线电缆、普通开关、荧光灯、防火报警系统组成；管道由聚氯乙烯给水管、塑料排水管、普通卫深设施、消火栓系统组成	1 157.75
典型工程 2	仓库：框架结构；建筑面积 3 523 m^2；层数一层；总高度 8.6 m；独立基础；水泥砂浆楼地面；铝合金门窗，铝合金卷帘门；外墙苯丙乳胶漆；内粉刷 803 涂料；聚乙烯橡胶防水卷材；主干线电缆；普通开关插座、防尘防水灯、吸顶灯、自动防灾报警系统；镀锌钢管、消火栓、自动喷淋系统、照明配电箱	947
典型工程 3	独立别墅：砖混；二层；总高度（檐口）7.8 m；带型基础；水泥砂浆楼地面，局部铺设花岗岩；喷塑铝合金门窗，柚木大门，GRC 板门窗套；外墙为花岗岩及高级涂料；混合砂浆内粉刷；自粘型橡胶沥青防水卷材；挤塑聚苯乙烯隔热板保温，小西瓦斜屋面；普通开关及插座，座头灯，软线吊灯；复合铜管，钢塑复合管，塑料排水管，普通卫生洁具；照明配电箱；离心泵	1 776.67

以此为依据，运用类比法将估价对象与典型工程的差异因素进行比较分析，增减调整，确定估价对象的建安费见表4－21。

表4－21 差异因素对比

幢号	估价对象1	估价对象2	估价对象3	估价对象4	估价对象5	估价对象6	估价对象7	估价对象8
类型	工厂	工厂	工厂	工厂	工厂	工厂	工厂	工厂
部位	全幢	全幢	全幢	全幢	全幢	全幢	全幢	全幢
用途	工程楼	工程楼	危险品仓库	门卫	生产车间	仓库	综合楼	门卫
结构	钢混	钢混	钢混	钢混	钢混	钢混	钢混	钢混
层数（层）	1	1	1	1	3	1	2	1
建筑面积（m^2）	321	458	81	50	4 045	804	982	50
层高（m）	6.0	6.0	6.0	4.8	7.5	8.0	4.0	4.8
建安费（元）	850	850	850	800	1 400	940	1 700	800

以上建安费含室内外装修。

2. 室外工程费。

每平方米取45元。

3. 增容及管理工程费。

每平方米取95元。

4. 专业费。

专业费包括前期规划、可行性研究、勘察、设计咨询等费用。根据上海市房地产估价师协会、上海市房地产估价所编印的《上海房地产估价》，上海市社会科学院房地产研究中心、上海市房地产市场、中房上海房地产开发总公司研究所编印的《上海房地产市场报告》等统计资料获悉，目前上海市建设工程项目的专业费，一般为建安费的3%～8%，考虑估价对象的具体特点，专业费取5%。

5. 建设单位管理费。

从上海市房地产估价师协会、上海市房地产估价所编印的《上海房地产估价》，上海市社会科学院房地产研究中心、上海市房地产市场、中房上海房地产开发总公司研究所编印的《上海房地产市场报告》等统计资料中获悉，目前上海市建设工程项目的建设单位管理费为建安费的2%～5%。考虑估价对象的具体特点，取建设单位管理费为3%。

6. 贷款利息。

根据“建设工期定额”及估价对象建设特点，综合确定该项目建设期为半年，年贷款利息按中国人民银行公布的一年期贷款利率5.31%计。

利息＝（建安费＋室外工程费＋增容及管理工程费＋专业费＋建设单位管理费）×工期（年）×年贷款利息×1/2

7. 利润。

根据目前上海市房地产市场一般状况，该类型房地产开发平均利润率在10%～15%，本估价项目利润率取10%。

利润=(建安费+室外工程费+增容及管理工程费+专业费+建设单位管理费)×利润率

8. 营业税及附加。

上海市营业税及附加为5.577 5%。

营业税及附加=(建安费+室外工程费+增容及管理工程费+专业费+建设单位管理费+利息+利润)×5.577 5%

9. 建筑物重置价值。

建筑物重置价值=建安费+室外工程费+增容及管理工程费+专业费+管理费+利息+利润+营业税及附加

10. 建筑物价格。

根据建筑物的用途和实际维护状况，以及建筑物不同的竣工年月确定综合成新率时，以观察法为主，并考虑建筑物功能性、实体性和经济性损耗进行综合修正。

运用如下公式确定评估价值：

建筑物价值=建筑物重置价值×综合成新率

详细计算见表4－22。

表4－22　建筑物价格估计

建　筑　物	估价对象1	估价对象2	估价对象3	估价对象4
建筑结构	钢混	钢混	钢混	钢混
装修标准	一般标准	一般标准	一般标准	一般标准
行车	无	无	无	无
工程造价	850.00	850.00	850.00	800.00
专业费用5%	42.50	42.50	42.50	40.00
管理费用3%	25.50	25.50	25.50	24.00
增容及管理工程费	95.00	95.00	95.00	95.00
室外工程费	45.00	45.00	45.00	45.00
小计	1 058.00	1 058.00	1 058.00	1 004.00
建设期	0.50	0.50	0.50	0.50
筹资成本5.31%	14.04	14.04	14.04	13.33
利润率	10%	10%	10%	10%
利润	105.80	105.80	105.80	100.40
营业税及附加5.577 5%	65.69	65.69	65.69	62.34
重置成本	1 243.53	1 243.53	1 243.53	1 180.07
建筑面积	321.00	458.00	81.00	50.00
评估原值	399 173.13	569 536.74	100 725.93	59 003.50
规定年限	40	40	40	40
建成年月	1998年	1998年	1998年	1998年

续表

建　筑　物	估价对象 1	估价对象 2	估价对象 3	估价对象 4
年限成新率	88%	88%	88%	88%
观察成新率	90%	90%	90%	90%
综合成新率	90%	90%	90%	90%
评估单价	1 119.18	1 119.18	1 119.18	1 062.06
建筑面积	321.00	458.00	81.00	50.00
建筑物价值	359 256.78	512 584.44	90 653.58	53 103.00
建筑物	估价对象 5	估价对象 6	估价对象 7	估价对象 8
建筑结构	钢混	钢混	钢混	钢混
装修标准	一般标准	一般标准	一般标准	一般标准
行车	无	无	无	无
工程造价	1 400.00	940.00	1 700.00	800.00
专业费用 5%	70.00	47.00	85.00	40.00
管理费用 3%	42.00	28.20	51.00	24.00
增容及管理工程费	95.00	95.00	95.00	95.00
室外工程费	45.00	45.00	45.00	45.00
小计	1 652.00	1 155.20	1 976.00	1 004.00
建设期	0.50	0.50	0.50	0.50
筹资成本 5.31%	21.93	15.34	26.23	13.33
利润率	10%	10%	10%	10%
利润	165.20	115.52	197.60	100.40
营业税及附加 5.577 5%	102.58	71.73	122.70	62.34
重置成本	1 941.71	1 357.79	2 322.53	1 180.07
建筑面积	4 045.00	804.00	982.00	50.00
评估原值	7 854 216.95	1 091 663.16	2 280 724.46	59 003.50
规定年限	40	40	40	40
建成年月	1998 年	1998 年	1998 年	1998 年
年限成新率	88%	88%	88%	88%
观察成新率	90%	90%	90%	90%
综合成新率	90%	90%	90%	90%
评估单价	1 747.54	1 222.01	2 090.28	1 062.06
建筑面积	4 045.00	804.00	982.00	50.00
建筑物价值	7 068 799.30	982 496.04	2 052 654.96	53 103.00

经测算，建筑物价值合计为 11 172 531 元，取整为 1 117. 25 万元。

（三）估价对象房地产价值确定

估价对象房地产评估价值 = 土地价格 + 建筑物价格
= 551. 61 + 1 117. 25
= 1 668. 86（万元）

五、估价结论

本次估价根据估价目的，遵循估价原则和程序，以掌握的有关标的物的信息资料为依据。经估价，× ×有限公司位于上海市 × ×开发区 × ×路 × ×号的房地产（建筑面积 6 791 m^2 以及相应土地面积 29 032 m^2，转让方式获得土地，工业用途，开发程度为红线外“六通一平”）在估价时点 2003 年 2 月 21 日的评估价值为人民币 1 668. 86 万元，大写人民币壹仟陆佰陆拾捌万捌仟陆佰元整（其中：土地面积 29 032 m^2，评估价值为人民币 551. 61 万元；建筑面积 6 791 m^2，评估价值为人民币 1 117. 25 万元）。

第五章

流动资产评估

第一节　流动资产评估概述

一、流动资产的定义及评估内容

流动资产是指企业在 1 年内或者超过 1 年的一个营业周期内变现或者耗用的资产，包括库存现金、各种银行存款以及其他货币资金、短期投资、应收及预付款项、存货以及其他流动资产等。流动资产评估包括实物类流动资产评估、货币性资产评估、债券类流动资产的评估。

1. 实物类流动资产是指企业在生产经营过程中为销售或耗用而储备的具有实物形态的资产，主要包括各种材料、在产品、半成品、低值易耗品、包装物等。实物类流动资产评估是流动资产评估的重要内容。

2. 货币类流动资产是指现金和各项存款等具有现金等价物性质的流动资产。货币类流动资产包括现金、银行存款和短期内准备变现的短期投资。

3. 债权类流动资产是指没有一定的实物形态的具有债权性质的流动资产。债权类流动资产主要包括各种应收预付款项、待摊费用等。

二、流动资产的特点

与固定资产相比，流动资产的特点主要表现在以下几个方面：

1. 周转速度快。

周转速度快是流动资产最主要的特征，流动资产在使用中只经历一个生产经营周期，就改变其实物形态，并将其全部价值转移到所形成的产品中去，构成成本费用的一个组成部分，然后从营业收入中得到补偿。判断一项资产是否是流动资产，关键是看其周转情况。

2. 变现能力强。

变现能力强是流动资产的一个显著的标志。各种形态的流动资产都可以在较短的时间内出售或变卖，具有较强的变现能力，是企业对外支付和偿还债务的物质基础。当然不同形态的流动资产，其变现速度是有区别的，按变现能力强弱排序，首先是货币资产；其次是短期投资；然后是较易变现的应收账款；最后是存货。

3. 形态多样性。

流动资产存在的形态呈现多样性的特点。不同行业流动资产的存在形态千差万别，即使在同一行业的不同部门，流动资产的存在形态也有很大的差别。但总的来说，流动资产总是处于储备形态、生产形态、成品形态、货币资金形态及结算资金形态。动资产按其存在形态，可以归结为以下几种类型：货币类流动资产，包括现金、各项存款及短期投资等；债权类流动资产，包括各种应收、预付款项；实物类流动资产，包括各种材料、产成品、在产品、商品等；其他流动资产。

三、流动资产评估的特点

流动资产的特点使流动资产评估与其他的资产评估相比，具有以下特点：

1. 流动资产评估是单项评估。

流动资产评估是以单项资产为评估对象，根据其本身的特点进行评估，不需要以其综合获利能力进行综合价值评估。

2. 流动资产评估要合理确定评估基准日。

资产评估是确定资产在某一时点上的价值，而流动资产由于其流动性和波动性，使得不同形态的流动资产随时都在变化，不可能人为地停止流动资产的运转。因此，流动资产评估对时点的要求比较严格，所选评估基准日应尽可能在会计期末，或尽可能与资产评估结论利用的时间相一致，并在规定的时间进行盘点和清查，确定流动资产的数量和账面价值，防止重复和遗漏。

3. 评估要分清主次，掌握重点。

在流动资产评估之前必须认真进行资产清查，这直接影响着评估质量的好坏。但是，由于流动资产往往数量较大、种类较多，清查工作量很大，因此，需要同时考虑评估的时间要求和评估成本。流动资产评估往往需要根据不同企业的生产经营特点和流动资产分布的特点，对其分清重点和一般，选择不同的方法进行清查和评估。清查采用的方法可以是抽查、重点清查和全面盘点。当抽查核实中发现原始资料或清查盘点工作可靠性较差时，要扩大抽查范围，直至核查全部流动资产。

4. 流动资产的账面价值基本上可以反映其现值。

由于流动资产周转速度快，变现能力强，无须考虑资产的功能性贬值因素（资产的实体性损耗的计算也只适用于低值易耗品、包装物以及呆滞、积压物资的评估），在价格变化不大的情况下，资产的账面价值基本上可以反映流动资产的现值。因此，在特定的情况下，对流动资产较适合采用历史成本法进行评估，这就必然使流动资产的评估对企业会计核算资料的依赖性比较高。

第二节　实物类流动资产的评估

实物类流动资产主要包括各种材料、在产品、产成品、低值易耗品和包装物等。

一、材料的评估

（一）材料评估的内容

企业中的材料按其存放地点，可以分为库存材料和在用材料。在用材料在生产过程中已经形成产品或半成品，不再作为单独的材料存在，因此这里所说的材料评估是对库存材料的评估。库存材料包括各种主要材料、辅助材料、燃料、修理用备件、包装物、低值易耗品等。低值易耗品的评估在后面有专门的介绍，这里主要介绍对前面几种材料的评估。

库存材料具有品种多、数量大、金额大，而且计量单位、购进时间和自然损耗等各不相同的特点，在评估时需要注意以下几点：

1. 保证被评估库存材料的账实相符。

在对被评估库存材料进行评估之前，首先要对其进行盘点，清查核实其数量，并查明其中有无毒烂、变质、毁损或呆滞材料等。

2. 选择适合的评估方法。

对库存材料进行评估使用的更多的是市场法和成本法，评估人员要根据不同的评估目的和待估资产的特点选择合适的评估方法，保证评估结果的准确性。

3. 运用企业库存管理的 ABC 分类法。

由于企业的库存材料品种、规格繁多，数量大，在评估时把全部材料作为重点进行评估不太现实，可以将材料按照一定的目的和要求，按照 ABC 分类法进行分类，分清重点、次重点和一般对象，着重对重点材料进行评估。

（二）库存材料的评估

对库存材料进行评估时，可以根据材料购进情况的不同选择合适的评估方法。

1. 近期购进库存材料的评估。

近期购进库存材料的库存时间较短，在市场价格变化不大的情况下，其账面价值与现行市价基本接近，评估时可以采用市场法或成本法，这两种评估方法得出的评估结果相差不大。

【例 5－1】 被评估企业中 A 材料系两个月前从外地购进，材料明细账的记载为：数量 6 000 kg，单价 500 元/kg，运杂费为 600 元。根据材料消耗的原始记录和清查盘点，评估时库存尚有 1 000 kg。根据以上资料，可以确定材料的评估值为：

$$材料评估值 = 1\ 000 \times (500 + 600/6\ 000) = 500\ 100\ （元）$$

2. 购进批次间隔时间长、价格变化较大的库存材料的评估。

这种库存材料的评估可以采用以下两种方法：一种是以最接近市场价格的那批材料的价格作为评估的计价基础；一种是直接以评估基准日的市场价格作为评估的计价基础。这里需要注意的是，各企业对材料的购进时间和购进批次等的核算在会计上采用不同的方法，如先进先出法、后进先出法、加权平均法等，这使得材料的账面余额不尽相同。但核算方法的差异对评估结果并无影响，评估时的关键还是准确核查库存材料的实际数量，在此基础上确定库存材料的评估价值。

【例 5－2】 要对被评估企业的库存 B 材料进行评估，评估基准日为 2003 年 12 月 31 日。该材料分两批购进：第一批购进时间为 2002 年 1 月，购进 1 500 吨，单价为 450 元/吨，第二批购进时间为 2003 年 11 月，购进 2 000 吨，单价为 300 元/吨。截至评估基准日，2002 年购入的还剩 100 吨，2003 年购入的还没有使用。因此，尚需评估的材料数量为 2 100 吨，应按照现行的市场价格 300 元/吨计算评估值：

$$材料评估值 = 300 \times (100 + 2\ 000) = 630\ 000\ （元）$$

3. 购进时间较早，市场上已脱销，没有现行市价的库存材料的评估。

这类库存材料无法直接从市场上找到它的现行价格，只能采用其他的方法来确定。

（1）通过寻找替代品的价格变动资料来修正该材料的价格。

（2）通过分析该材料在市场上的供需情况的变化来修正该材料的价格。

（3）通过市场上同类材料的平均物价指数来修正该材料的价格。

4. 呆滞材料价值的评估。

呆滞材料是指企业从库存材料中清理出来需要进行处理的材料。这部分材料由于长期积压或保管不善等问题而导致使用价值下降。对这类材料的评估首先是对其数量和质量进行核查和鉴定，然后区别不同情况来进行评估。

5. 盘盈、盘亏材料的评估。

对此，分别盘盈和盘亏进行处理。

（1）盘亏材料的评估。盘亏材料并无实物，不存在评估的问题，应直接从待估材料申报中剔除。

（2）盘盈材料的评估。因为盘盈材料并没有历史成本资料，应采用现行市价法或重置成本法进行评估。

二、在产品的评估

企业的在产品包括产品生产过程中尚未加工完毕的在制品和已加工完毕但不能单独对外销售的半成品。在此，外购的半成品视同材料评估，可直接对外销售的自制半成品视同产成品评估。

由于在产品的数量不太容易核查清楚，而且对其进行评估还需要估计其完工程度，所以对在产品的评估应结合它的特点，采用成本法或市场法。

1. 成本法。

成本法是指根据清查核实、技术鉴定和质量检测的结果，按评估时的相关市场价格及费用水平重置同等级在产品所需要的合理的料、工、费来确定在产品的评估值。这种方法适用于仍需继续生产、销售并有盈利的在产品的评估，而且主要适用于生产周期较长的在产品的评估。对于生产周期较短的在产品，主要以其实际发生的成本作为评估依据，在变现风险很小的情况下，也可以根据其账面值进行调整。成本法中的具体方法有以下三种。

（1）价格变动系数调整法。

价格变动系数调整法是指以产成品实际发生的成本为基础，根据评估基准日的市场价格变动情况进行调整，得出产成品的重置成本的方法。这种方法主要适用于生产经营正常，会计核算水平较高的企业。

用价格变动系数调整法对产成品进行评估，首先要对被评估在产品进行技术鉴定，将不合格在产品的成本从总成本中剔除；然后分析原来成本的构成，将不合理的费用从总成本中剔除；接着就要分析构成在产品的材料从生产准备开始到评估基准日的价格变动情况，测算出价格变动系数；分析在产品中的工资、燃料、动力及制造费用等从开始生产到评估基准日的变动情况，测算出调整系数；最后就要根据原始成本的构成和组成部分的调整系数进行调整，确定评估值。计算公式如下：

$$\text{在产品的评估值}=\text{原合理材料成本}\times(1+\text{价格变动系数})+\text{原合理工资、费用}\times(1+\text{合理工资、费用变动系数})$$

公式中工资虽为直接费用，但在实际计算中较难确定，所以把它和费用等合并作为费用来计算。

(2) 社会平均消耗定额和现行市价法。

这种方法是指按照重置同类资产的社会平均成本确定被评估资产的价值。在用此方法之前要先掌握以下几点：

第一，被评估在产品的完工程度；

第二，被评估在产品有关工序的工艺定额；

第三，被评估在产品耗用材料的近期市场价格；

第四，被评估在产品的合理工时取费标准。

此方法的基本计算公式如下：

在产品的评估值 = 在产品实有数量 ×（该工序单件材料工艺定额 × 单位材料现行市价 + 该工序单件工时定额 × 正常工资费用）

对于工艺定额的选取，首先考虑行业统一标准；没有行业统一标准的，按照企业的现行标准。

【例 5-3】 某企业有处于某一生产阶段的在产品 300 件，已知每件的铝材消耗为 50 kg，每千克市场单价 5.00 元；在产品累计单位工时定额 20 小时，每定额小时的燃料和动力费用定额 0.45 元、工资及附加费定额 10.00 元、车间经费定额 2.00 元、企业管理费用定额 4.00 元，该在产品不存在变现风险。则该在产品的评估值计算如下：

原材料成本 = 300 × 50 × 5.00 = 75 000（元）

工资成本 = 300 × 20 × 10.00 = 60 000（元）

费用成本 = 300 × 20 ×（2.00 + 4.00）= 36 000（元）

燃料和动力成本 = 300 × 20 × 0.45 = 2 700（元）

该在产品评估值 = 75 000 + 60 000 + 36 000 + 2 700 = 173 700（元）

(3) 约当产量法。

约当产量法是指将在产品的数量，按其完工程度折算为相当于完工产品的数量（即约当产量），然后根据产成品的重置成本和约当产量计算在产品评估值的方法。计算公式为：

在产品评估值 = 产成品重置成本 × 在产品约当产量

在产品约当产量 = 在产品数量 × 在产品完工程度

其中在产品的完工程度有很多种确定方法，可以根据已完成工序（工时）与全部工序（工时）的比例来确定，也可根据生产完成时间与生产周期的比例来确定。

【例 5-4】 某工厂在评估时，有在产品 20 件，材料随生产过程陆续投入。已知这批在产品的材料投入量为 75%，完工程度为 60%，该产品的单位定额成本为：材料定额 3 800 元，工资定额 400 元，费用定额 620 元。现确定该批在产品的评估价值如下：

在产品材料约当产量 = 20 × 75% = 15（件）

在产品工资、费用约当产量 = 20 × 60% = 12（件）

在产品评估值 = 15 × 3 800 + 12 ×（400 + 620）= 69 240（元）

2. 市场法。

市场法是用同类在产品的市场销售价格，扣除销售过程中预计发生的费用后确定在产品评估值的方法。这种方法适用于因产品下马，在产品不能进一步加工，只能对外销售情况下的评估。一般来说，在产品的通用性强，能用于产品配件更换或用于维修等情况下，其评估价值也较高；若在产品属于很难通过市场出售或调剂出去的专用配件等，则只能按废料回收价格进行评估。

基本计算公式如下：

在产品评估值＝在产品数量×市场可接受的不含税价格－预计销售过程中发生的税费

报废在产品的评估值＝可回收废料的数量×废料的单位现行回收价格

三、产成品的评估

产成品包括企业已经完工入库和已经完工并经过质量检验但尚未办理入库手续的产成品和商品流通企业的库存商品。产成品可以直接对外销售，依据其变现的可能和市场接受的价格通常可采用成本法和市场法进行评估。

1. 成本法。

用成本法进行评估，主要根据生产、制造该项产成品全过程中发生的成本费用来确定产成品评估值。具体可分为以下两种情况：

（1）评估基准日与产成品完工时间较接近，且物价变动不大时。这时可以直接按产成品账面成本确定，其计算公式为：

产成品评估值＝产成品数量×产成品账面单位成本

（2）评估基准日与产成品完工时间相距较长，成本费用变化较大时。这时的产成品评估值可按下面两种方法进行：

产成品评估值＝产成品实有数量×（合理材料工艺定额×材料单位现行价格＋合理工时定额×单位工时合理工资及费用开支）

产成品评估值＝产成品实际成本×（材料成本比率×材料综合调整系数＋工资费用成本比率×工资费用综合调整系数）

【例5－5】 某企业评估时产成品实有数量为100台，每台实际成本500元，根据会计核算资料，该产品生产成本中材料与工资、其他费用的比例为3:2，根据目前价格变动情况和其他相关资料，确定材料综合调整系数为1.20，工资、费用综合调整系数为1.10，由此可以确定该产品评估值为：

产成品评估值＝100×500×（60%×1.2＋40%×1.1）＝58 000（元）

2. 市场法。

市场法是指按不含税的可接受市场价格，扣除相关费用后确定产成品评估价值的方法。在用市场法时应注意以下几点：

（1）产成品的使用价值。评估人员要对产品本身的技术水平和内在质量进行鉴定，明确产品的使用价值及技术等级，进而确定合理的市场价格。

（2）分析产品的市场供求关系和被评估产品的前景。这样做有利于产品的市场价格的合理确定。

（3）市场价格的选择应以公开市场上形成的产品近期交易价格为准，非正常交易情况下的交易价格不能作为评估的依据。

（4）对于产成品的实体性损耗，如表面的残缺等可以根据其损坏程度，确定适当的调整系数来进行调整。

采用市场法进行评估时，市场价格中包含了成本、税金、利润的因素，对这部分利润和税金的处理应视产成品评估的不同目的和评估性质而定。如果产成品的评估是为了销售，应直接以现行的市场价格作为评估值，不需要考虑销售费用和税金的问题；如果产成品的评估是为了投资等，这时税金要流出企业，销售费用也可得到补偿，应从市价中扣除各种税金作为产成品的评估价值。

【例 5-6】 某厂生产的产品，评估基准日的账面价值为 392 500.54 元，评估中根据厂方提供的年度会计报表及评估人员的清查得知，评估基准日该产品的库存数量为 50 000 件，单位成本为 50 元/件，出厂价为 60 元/件（含增值税），该产品的销售费用率为 3%，销售税金及附加占销售收入的 2%，利润率为 15%，该企业的增值税率为 17%。其产品的评估价值的计算过程如下：

$$
\begin{aligned}
\text{产品的评估价值} &= 50\,000 \times (60/1.17) \times (1 - 3\% - 2\% - 15\%) \\
&= 50\,000 \times 51.28 \times 0.8 \\
&= 2\,051\,200\ (\text{元})
\end{aligned}
$$

四、低值易耗品的评估

（一）低值易耗品评估的内容

低值易耗品是指虽不构成固定资产，但能多次使用而基本保持其实物形态的劳动资料。一方面，低值易耗品能多次使用并基本保持其实物形态，在使用过程中需要进行维修，报废时也有一定的残值，这与固定资产相类似；另一方面，因为低值易耗品的价值较低，常作为材料进行管理。可见，低值易耗品是一种特殊的劳动资料。不同行业对固定资产和低值易耗品的划分标准是不完全相同的，在评估过程中判断劳动资料是否是低值易耗品，应视其在企业中的作用来定。

低值易耗品的种类很多，从评估的角度主要按以下标准进行分类：

1. 按易耗品的用途分类。

按易耗品的用途可以分为一般工具、专用工具、替换设备、管理用具、劳动保护用品和其他低值易耗品等。

2. 按易耗品的使用情况分类。

按易耗品的使用情况可以分为在库低值易耗品和在用低值易耗品。

（二）低值易耗品的评估方法

1. 在库低值易耗品的评估。

在库低值易耗品的评估可以根据具体情况，采用与库存材料评估相同的方法。库存材料评估的方法前面已进行了介绍，这里不再赘述。

2. 在用低值易耗品的评估。

在用低值易耗品的评估，可以采用成本法进行评估。其计算公式为：

$$\text{在用低值易耗品评估值} = \text{全新低值易耗品的成本价值} \times \text{成新率}$$

全新低值易耗品的成本价值可以按以下方法进行确定：在物价变动很小的情况下，直接采用低值易耗品的账目价值；在物价变动较大的情况下，可直接用评估基准日的市场价格，还可以用账目价值乘以物价变动指数来确定。

由于低值易耗品的使用期限比较短，一般不考虑其功能性损耗和经济性损耗，在确定成新率时，应根据其实际损耗确定，一般不能按照其摊销方法（一次摊销或分次摊销）确定。成新率的计算公式为：

$$成新率=(1-实际已使用月份/可使用月份)\times 100\%$$

【例5-7】 某企业的某项低值易耗品原价为800元，预计使用期限为1年，截止到评估基准日已使用了9个月，该低值易耗品的现行市场价格为1 000元，则该项低值易耗品的评估值为：

$$低值易耗品的评估值=1\ 000\times(1-9/12)=250（元）$$

第三节　其他流动资产的评估

其他流动资产主要包括货币性资产、应收款项、待摊及预付款项等。

一、货币性资产的评估

货币性资产是指以货币形态存在的资产，包括现金、银行存款和短期内准备变现的短期投资。

（一）现金、银行存款的评估

资产评估主要是对非货币性资产而言的，货币性资产不会因时间的变化而发生差异，因此对于货币资金的评估，尤其是对现金、银行存款的评估，主要是对数额的清查确认。要对现金进行盘点，并与现金日记账和现金总账核对，实现账实相符；对银行存款要进行函证，核实其实有数额。评估时要以核实后的实有值作为评估值，如有外汇存款，应按评估基准日的国家外汇牌价折算成人民币计算。

（二）短期投资的评估

短期投资主要是企业为了利用正常营运中暂时多余的资金，购入一些可随时变现的有价证券。这样做可以在一定程度上提高资金的使用效益。对于在证券市场上公开交易的有价证券，可按评估基准日的收盘价计算确定评估值；对于不能公开交易的有价证券，可按其本金加持有期利息计算评估值。

二、应收款项的评估

应收款项主要包括应收账款、预付账款、应收票据等。由于预付账款也是企业的一项资产，这里和应收账款合并进行介绍。

应收账款和预付账款是指企业在经营过程中由于赊销等原因形成的尚未收回的款项及根据合同规定预付给供货单位的货款等。由于应收账款存在回收风险，因此评估时需要判断估计坏账损失，然后确定应收账款的评估值，其基本计算公式为：

$$应收账款评估值=评估时价值-已确定的坏账损失-预计可能的坏账损失$$

1. 应收账款额的确定。

对应收账款进行评估时，要进行清查核实，确定应收账款的数额。评估人员要进行账证核对、账表核对，还要尽可能地按客户名单发询证函，查明每项应收账款的发生时间、金额、债务人单位的基本情况等，为预计坏账损失提供依据。对机构内部独立核算单位间的往来要进行双向核对，以避免重记、漏记。

2. 已确认坏账损失的确认。

已确定的坏账损失是指在评估时可以确认不能收回的应收账款。《企业会计制度》

(2001 年版）规定符合下列条件之一的，应确认为坏账损失：

（1）债务人死亡，以其遗产清偿后仍无法收回的应收账款。

（2）债务人破产，以其破产财产清偿后仍无法收回的应收账款。

（3）债务人在较长时间内未履行其偿债义务，并有足够证据表明无法收回或收回的可能性极小。

对于已确认的坏账损失，在评估其价值时，必须从应收账款价值中扣除。

3. 预计坏账损失的确认。

确定预计坏账损失，即判断应收账款回收的可能性。影响其回收可能性的因素主要有：

（1）业务往来的密切程度、依存关系；

（2）债务人的偿债能力及其信用；

（3）被评估单位的索债能力及相互拖欠的“三角债”的影响等。

对预计坏账损失的估计方法主要有：

（1）坏账比例法。

坏账比例法是指根据被评估企业前若干年（一般为 3～5 年）的实际坏账损失额和应收账款发生额确定坏账的发生比例，然后根据这一比例和全部应收账款的数额来确定其预计坏账损失。

坏账比例的计算公式为：

坏账比例＝评估前若干年发生的坏账数额/评估前若干年应收账款余额

【例 5－8】 对某企业的应收账款进行评估时，根据账面的记载，截止到评估基准日应收账款的账面余额为 500 万元，前 4 年的应收账款发生情况及坏账损失情况见表 5－1：

表 5－1 前 4 年坏账损失情况

应收账款余额	处理坏账金额（万元）
第一年	15 020
第二年	2 457.2
第三年	25 012
第四年	35 510.8
合　计	78 000

计算前四年坏账比例为：

$$坏账比例=(50/1\,000)\times100\%=5\%$$

$$预计坏账损失额=500\times5\%=25\ (万元)$$

当然，如果企业的应收账款多年未清理，账面上找不到坏账的处理金额，这时坏账比例法就不适用了，就要寻求其他的方法。

（2）账龄分析法。

账龄分析法是指按应收账款拖欠时间的长短，分析应收账款预计可收回的金额及其产生坏账的可能性。应收账款能否顺利回收，与应收账款拖欠的时间长短有很大关系。一般来说，应收账款的账龄越长，产生坏账的可能性越大，可收回的金额就越低。因此，这种方法主要是将应收账款按账龄分类，对各类应收账款分别估计其坏账损失的可能性，从而估计坏账损失的金额。

【例5-9】 某企业以2003年12月31日为评估基准日，经核实其应收账款的实有数额为35 000元，具体情况见表5-2：

表5-2 应收账款余额与坏账损失额

应收账款账龄	余额（元）	估计坏账损失率（%）	坏账损失额（元）
未到期	18 000	1	180
过期一个月	10 000	3	300
过期二个月	4 350	10	435
过期三个月	1 000	20	200
过期三个月以上	1 650	50	825
合计	35 000		1 940

$$应收账款评估值=35\ 000-1\ 940=33\ 060（元）$$

应收账款评估以后，账面上的"坏账准备"科目按零值计算。因为"坏账准备"科目是应收账款的备抵账户，其金额是按会计制度规定的一定比例计提的，而对应收账款进行评估时，是按照应收账款实际收回的可能性进行的，这时已经考虑了坏账损失的因素，因此，应收账款评估值就不应再包括坏账准备数额。预付账款评估可参照应收账款的评估方法进行。

应收票据是由付款人或收款人签发的，由付款人承诺到期无条件付款的一种书面凭证。我国的应收票据主要指商业汇票。商业汇票可以依法背书转让，也可以向银行申请贴现。应收票据按承兑人的不同分为商业承兑汇票和银行承兑汇票；按其是否带息分为带息商业汇票和不带息商业汇票。

应收票据的评估可采用下列两种方法进行：

1. 按票据的本利和计算。

由于商业汇票有带息和不带息之分，所以对于不带息的商业汇票，其票面金额即为评估值；对于带息商业汇票的评估值则是本金和利息的和。其计算公式为：

$$无息票据评估值=票面金额$$

$$有息票据评估值=票面金额\times(1+利息率\times时间)$$

【例5-10】 某企业拥有一张期限为一年的票据，票面金额为6万元，月利息率为10‰，截止到评估基准日离付款期尚差3个月的时间。由此确定票据的评估值为：

$$评估值=6\times(1+10‰\times9)=6.54（万元）$$

2. 按票据的贴现值计算。

这种方法下应收票据的评估值即为按评估基准日到银行贴现可获得的贴现额。其计算公式为：

$$应收票据评估值=票据到期价值-贴现息$$

其中不带息票据的到期价值为票据的面值；带息票据的到期价值则为票据到期时的本利和金额。

$$贴现息=票据到期价值\times贴现率\times贴现期$$

【例5-11】 仍以上例的数据为例，假定银行的贴现率为月息12‰，则应收票据的评估值计算为：

$$贴现息 = 6 \times (1 + 10‰ \times 12) \times 12‰ \times 3 = 0.24（万元）$$

$$应收票据评估值 = 6 \times (1 + 10‰ \times 12) - 0.24 = 6.48（万元）$$

三、待摊及预付款项的评估

（一）待摊费用的评估

待摊费用是指企业已经支付或发生，但是应由本月和以后各个月份负担的费用。待摊费用本身不是资产，它是已耗用资产的反映，但是它的支出可以形成一定形态的资产。所以，对待摊费用的评估，应按其形成的具体资产的价值来确定。

这里应当注意的是当这种具体资产的价值已计入其他资产的评估值时，就不能再在待摊费用中重复评估。例如，某企业待摊费用中发生的待摊修理费用为2万元，由于使机器设备的使用寿命或功能等有所改进，在机器设备评估时已计入机器设备，在机器设备价值中已得到体现，就无须再在待摊费用中反映了。

（二）预付费用的评估

预付费用是在评估日之前企业已经支出，但在评估日之后才能产生效益的特殊资产，如预付的租金、预付保险费等。它是一种未来可取得服务的权利，所以预付费用的评估也就是对未来可取得服务的权利价值进行评估，其依据主要是未来可产生效益的时间。如果预付费用的效益已在评估日前全部体现，只因发生的数额过大而采取分期摊销的方法，这种预付费用不应在评估中作价，只有那些在评估日之后仍将发挥作用的预付费用，才是评估的真正对象。

【例5-12】 某企业评估基准日为2003年6月30日，经核实发现评估基准日待摊和预付费用情况如下：预付一年的保险金60万元；尚待摊销的低值易耗品余额15.9元；预付的房租45万元，租期为5年，尚有3年的使用权。评估过程如下：

（1）预付保险金的评估。

根据保险金全年支付金额计算每月的分摊数额为：

$$分摊数额 = 60/12 = 5（万元）$$

$$保险金评估值 = 60 \times 0.5 = 30（万元）$$

（2）低值易耗品的评估。

低值易耗品根据实有数量和现行市场价格，确定其评估值为13万元。

（3）房屋租金的评估。

按总租金数额和合约规定的租期计算得出每年的租金为9万元，房屋的租期还有3年。

$$房租评估值 = 9 \times 3 = 27（万元）$$

该企业在评估基准日待摊和预付费用的评估值 = 30 + 13 + 27 = 70（万元）

本章练习题

一、术语解释

1. 流动资产　　2. 实物类流动资产
3. 债权类流动资产　　4. 货币类流动资产

二、单项选择题

1. 评估流动资产时有时会考虑其（　　）。

A. 经济性贬值　　B. 功能性贬值　　C. 实体性损耗　　D. 各种贬值

2. 在用低值易耗品的评估一般采用（　　）。

A. 成本法　　B. 市场法　　C. 收益法　　D. 清算价格法

3. 企业中 A 材料为一个月前从外地购进，数量 5 000 kg，单价为 200 元，当时付运杂费 500 元。评估时清查盘点尚有 1 500 kg A 材料，则该材料评估值为（　　）元。

A. 30 000　　B. 300 150　　C. 300 500　　D. 以上都不对

4. 某低值易耗品原价 700 元，预计可使用 1 年，现已使用 6 个月。据调查，该低值易耗品的现行市价为 1 100 元，则其评估值为（　　）元。

A. 1 100　　B. 1 000　　C. 800　　D. 550

5. 采用成本法对在用低值易耗品评估时，成新率的确定应根据（　　）。

A. 已使用月数　　B. 已摊销数额　　C. 实际损耗程度　　D. 尚未摊销数额

6. 某企业截至评估基准日止，经核实的应收账款余额为 200 万元，前 5 年有关资料见表 5－3：

表 5－3　前 5 年应收账款余额与坏账　　单位：万元

年份	应收账款余额	坏账金额
第 1 年	30	0. 25
第 2 年	35	0. 5
第 3 年	60	0. 8
第 4 年	90	8
第 5 年	105	20

根据上述资料，该企业应收账款的评估值应为（　　）元。

A. 200　　B. 190. 45　　C. 181. 6　　D. 175. 5

7. 确定应收账款评估值的基本公式是：应收账款评估值等于（　　）。

A. 应收账款账面值－已确定坏账损失－预计坏账损失

B. 应收账款账面值－坏账准备－预计坏账损失

C. 应收账款账面值－已确定坏账损失－坏账损失

D. 应收账款账面值－坏账准备－坏账损失

8. 一般来说，应收账款评估后，账面上的“坏账准备”科目应为（　　）。

A. 0　　B. 应收账款的 3‰～5‰

C. 按账龄分析确定　　D. 评估确定的坏账数字

9. 某企业向甲企业售出一批半成品，贷款金额 500 万元，约定半年后付款。采用商业承兑汇票结算。该企业 6 月 10 日开出汇票，并经甲企业承兑。汇票到期日为 12 月 10 日。现对该企业进行评估。评估基准日为 8 月 10 日，月贴现率为 5‰，则应收票据的评估值应为（　　）万元。

A. 500　　B. 490　　C. 510　　D. 495

10. 某企业三月初预付 6 个月的房屋租金 90 万元，当年 5 月 1 日对该企业评估时，该预付费用评估值为（　　）万元。

A. 35　　B. 60　　C. 45　　D. 30

11. 对上市有价证券评估时，一般可按评估基准日的相关有价证券的（　　）计算评估值。

A. 最高价　　B. 最低价　　C. 中间价　　D. 收盘价

12. 对外币存款折算为人民币时，一般应按（　　）折算。

A. 月平均外汇牌价　　B. 年平均外汇牌价

C. 评估基准日外汇牌价　　D. 当年最低外汇牌价

13. 某企业当年1月31日预付未来一年的保险金12万元，至评估基准日2001年4月30日已摊销3万元。该预付费用评估值为（　　）万元。

A. 9　　B. 3　　C. 12　　D. 10

14. 某企业有一张为期一年的票据，票面值为65万元，年利率为7.2%，截至评估基准日离付款期尚差两个半月的时间，该应收票据的评估价值为（　　）元。

A. 659 750　　B. 687 050　　C. 640 250　　D. 678 050

15. 某企业有一期限为10个月的应收票据，本金为500 000元，月利率为1%，截止到评估基准日离付款期尚差3个半月的时间，则该应收票据的评估值为（　　）元。

A. 532 500　　B. 500 000　　C. 517 500　　D. 523 500

16. 某企业于2000年10月购进1 000吨钢材，每吨价格为3 800元，2001年9月购进钢材500吨，每吨价格为4 000元，2001年10月有库存钢材700吨，该批库存钢材2001年10月的评估价值为（　　）万元。

A. 280　　B. 266　　C. 273　　D. 276

17. 某企业产成品实有数量80台，每台实际成本为940元，该产品的材料费用与工资费用的比例为7∶3，根据有关资料，材料费用综合调整系数为1.2，工资费用调整系数为1.08。该产品的评估值为（　　）元。

A. 97 450　　B. 87 530　　C. 75 200　　D. 88 000

18. 流动资产评估无须考虑功能性贬值是因为（　　）。

A. 周转速度快　　B. 流动性强　　C. 形态多样化　　D. 库存数量少

三、多项选择题

1. 流动资产具有（　　）特点。

A. 周转速度快　　B. 变现能力强

C. 形态多样化　　D. 占用数量的固定性

2. 在产品的评估一般可以采用（　　）。

A. 成本法　　B. 市场法　　C. 收益法　　D. 清算价格法

3. 流动资产的实体性贬值可能会出现在（　　）。

A. 在产品　　B. 应收账款　　C. 在用低值易耗品D. 呆滞、积压物资

4. 产成品及库存商品的评估，一般可采用（　　）。

A. 年金法　　B. 成本法　　C. 市场法　　D. 分段法

5. 对低值易耗品进行评估时，应考虑的因素主要有（　　）。

A. 市场价格　　B. 实体性损耗　　C. 功能性损耗　　D. 经济性损耗

6. 对于购进时间长，市场已脱销，没有准确市场现价的库存材料评估，可以采用的评

估方法有（　　）。

A. 通过寻找替代品的价格变动资料来修正材料价格

B. 在市场供需分析的基础上，确定该项材料的供需关系，并以此修正材料价格

C. 把材料的账面价值作为评估值

D. 通过市场同类商品的平均物价指数进行评估

7. 在预付费用的评估中，正确的说法是（　　）。

A. 预付费用在评估基准日前已经支付，但在评估基准日后才能产生效益的价值，才能成为预付费用的评估值

B. 预付费用在评估基准日前已经支付，其产生的效益在评估基准日前已全部体现的，其预付费用的评估值应为零

C. 预付费用的评估应按核实后实际支付值为其评估值

D. 对评估基准日前已经支付的预付费用的评估，应区别其在评估基准日之前和之后发生效益的情况，分别按零值和预留值（评估值）进行评定

8. 关于流动资产的评估，下列说法正确的有（　　）。

A. 实物类流动资产的评估方法通常采用市场法和成本法

B. 通常情况下，货币类流动资产以账面原值作为评估值最为合理

C. 债权类流动资产按可变现净值进行评估

D. 评估流动资产一般不需考虑资产的功能性贬值因素

四、计算题

1. 企业中某材料是两个月以前从外地购进，数量为 300 kg，单价 150 元，当时支付的运杂费为 1 500 元。根据原始记录和清查盘点，评估时库存尚有 100 kg 这种材料。试评估该材料的价值。

2. 某企业要对其库存的某种钢材进行评估。该种钢材是分两批购进的：第一批购进时间是上年 10 月，购进 1 000 吨，每吨 3 800 元；第二批是今年 4 月购进的，数量 100 吨，每吨 4 500 元。今年 5 月 1 日评估时，经核实去年购进的此种钢材尚存 500 吨，今年 4 月购进的尚未使用。因此，需评估的钢材数量是 600 吨，价格可采用每吨 4 500 元计算，试计算其评估值。

3. 某企业向甲企业售出材料，价款 1 000 万元，商议 9 个月后收款，采取商业承兑汇票结算，该企业于 3 月 10 日开出汇票并由甲企业承兑。汇票到期日为 12 月 10 日。现对该企业进行评估，评估基准日为 6 月 10 日，贴现率为月利息 6‰，试评估该汇票的价值。

流动资产评估案例

——秦岭工程机械有限公司

一、流动资产概况

秦岭工程机械有限公司是国家在“一五”时期建设的大型工程机械企业，主要生产推土机、挖掘机、铲运机、装载机等大型工程机械，是我国四大工程机械制造企业之一，年销售收入5 458万元，年净利润653万元。

在评估基准日2000年9月30日，该企业流动资产共计68 367 328.16元，具体构成如下：货币资金1 232 275.65元；短期投资307 000.00元；预付账款923 157.46元；应收账款45 059 915.28元；其他应收款3 253 758.59元；存货16 915 925.93元；待摊费用675 295.25元。

二、评估目的

该企业为实行股份制改造进行资产评估。

三、评估基准日

评估基准日为2000年9月30日。

四、流动资产评估程序和方法

（一）货币资金的评估程序和方法

企业提供的货币资金账面金额为1 232 275.65元，其中现金182 666.03元，银行存款1 049 609.62元。

1. 现金的评估程序和方法。

评估人员于2000年10月15日对现金进行了现场盘点。具体过程见表5－4、表5－5。

表5－4　库存现金盘点表

现金清点情况			账目核对	
面额	张数	金额（元）	项　目	金额（元）
100元	231	23 100.00	盘点日账户余额	59 184.54
50元	15	750.00	加：收入凭证未入账	55 000.00
20元	42	840.00	减：付出凭证未入账	84 529.90
10元	178	1 780.00	调整后现金余额	29 654.64
5元	151	755.00	实点现金	
2元	499	998.00	长期借款	
1元	2	2.00	短期借款	
5角	2717	1 358.50	评估基准日	2000年9月30日
2角	50	10.00	现金盘点日	2000年10月15日

续表

现金清点情况			账目核对	
面额	张数	金额（元）	项　　目	金额（元）
1 角	512	51.20		
分币		9.94		
合计		29 654.64		

财务负责人：邹明东　　　　出纳员：张力　　　　评估人员：孙浩

表 5－5　货币资金——现金清查评估工作底稿

被评估单位名称：秦岭工程机械有限公司
评估基准日：2000 年 9 月 30 日　　评估人员：孙浩
清查日期：2000 年 10 月 15 日　　评估方法：实地盘点
审核人员：赵力　　审核日期：2000 年 10 月 20 日

项　　目	金额（元）	备　　注
清查日调整后现金余额	29 654.64	
加：评估基准日至清查日支出	632 438.73	
减：评估基准日至清查日收入	479 427.34	
评估基准日账面余额	182 666.03	评估基准日外汇汇率：
调整事项：无		
评估基准日至清查日调整数		
评估基准日评估值		

2. 银行存款的评估程序和方法。

银行存款账面余额 1 049 609.62 元，包括在工行、中行、建行等银行开设的 20 个账户的余额。银行存款的评估值为 1 049 609.62 元。

（二）短期投资的评估程序和方法

秦岭工程机械有限公司在评估基准日的短期投资情况及评估值计算过程见表 5－6。

表 5－6　短期投资评估

股票名称	股数（股）	账面成本（元）	评估基准日市价（元/股）	评估值
深发展 A	1 000	15 000.00	16.5	____
深万科 A	1 500	24 000.00	15.2	____
陕长岭 A	8 000	48 000.00	8.50	____
西安旅游	10 000	145 000.00	16.00	____
青岛双星	5 000	75 000.00	14.8	____
合计		307 000.00		____

该公司的短期投资均为购买的上市股票，故评估值可按评估基准日股票的收盘价确定，经计算该公司短期投资的评估值为____元。

（三）预付账款的评估程序和方法

预付账款账面金额为923 157.46元，是预付的材料和设备款。确定有2笔共85 950.50元因供货单位停业，无法追回材料或货款，认定为坏账，预付账款的评估值为____元。

（四）应收账款的评估程序和方法

秦岭工程机械有限公司在评估基准日有应收账款45 059 915.28元，共508笔。应收账款评估的具体计算过程见表5－7。

故应收账款的评估值为40 672 677.90元。

表5－7 应收账款评估值计算分析

拖欠时间	应收金额（元）	预计坏账率（%）	坏账金额（元）	评估值
2年以内	23 078 643.46	0.00	0.00	____
2～3年	9 798 562.38	10	979 856.24	8 818 706.14
3～4年	5 099 188.39	15	764 878.26	____
4～5年	2 997 525.47	20	599 505.09	____
5年及以上	4 085 995.58	50	2 042 997.79	2 042 997.79
合计	45 059 915.28		4 387 237.38	40 672 677.90

（五）其他应收款的评估程序和方法

其他应收款账面金额为3 253 758.59元，包括和其他单位往来款项和备用金，其中和其他单位往来款项共2 403 404.09元，备用金850 354.50元。有5笔其他应收款189 687.00元系职工所借住院费，职工已死亡。其他应收款的评估值为____元。

（六）存货的评估程序和方法

秦岭工程机械有限公司在评估基准日有存货25 605 156.38元．其中原材料8 689 230.45元，产成品16 915 925.93元。

1. 原材料的评估程序和方法。该公司的原材料品种繁多，有钢材、各种半成品和零部件，如柴油机、轮胎等。经评估人员现场盘点和查看，原材料保存情况良好，账实相符。并且由于该公司销售形势较好，材料储存时间较短，周转较快，材料的账面成本基本上反映市场价格，材料的评估值为____元。

2. 产成品的评估程序和方法。秦岭工程机械有限公司的产成品有挖掘机、装载机、铲运机、松土机等，在评估基准日产成品的构成及数量见表5－8。

表5－8 产成品明细

产成品名称	数量（台）	成本（元）	单价（元）
推土机TY220	20	8 577 764.31	549 427.00
推土机TYS220	1	447 195.65	552 991.45
装载机ZL50A	6	1 282 200.00	235 043.00
装载机ZL50C	12	2 852 088.98	266 524.00
挖掘机PY185	2	700 432.76	485 470.00

续表

产成品名称	数量（台）	成本（元）	单价（元）
挖掘机 PY160	9	2 555 519. 53	348 908. 00
松土机 TY220	7	284 995. 76	49 573. 00
松土机 TYS220	5	215 728. 94	54 700. 00
合计		16 915 925. 93	

经调查，该公司上述产品销路均较好，根据 2000 年 1 ~ 9 月份的产品销售资料测算，该公司产品营业费用和其他费用占营业收入的 2. 5%，产品营业税金及附加占营业收入的比例为 1. 5%，所得税税率为 33%。则产成品（以推土机 TY220 为例）的评估值计算过程：

____

____

____

（七）待摊费用的评估程序和方法

秦岭工程机械有限公司在评估基准日的待摊费用共 675 295. 25 元，其中财产保险费 217 281. 25 元，设备修理费用 458 014. 00 元。

经核实，该公司在 1999 年 12 月预付 2000 年全年财产保险费 869 125 元，在评估基准日已摊销 9 个月，评估值计算如下：

____

____

____

设备修理费的价值已在固定资产评估值中考虑。待摊费用的评估值为________元。

流动资产评估结果见表 5 -9。

表 5 -9　流动资产清查评估汇总

评估基准日：2000 年 9 月 30 日

资产占有单位：秦岭工程机械有限公司

科目名称	账面价值（元）	调整后账面价值（元）	评估价值（元）	增值额（元）	增值率（%）
货币资金	1 232 275. 65	1 232 275. 65	1 232 275. 65	0. 00	0. 00
短期投资	307 000. 00	307 000. 00	341 300. 00	34 300. 00	11. 17
应收账款	45 059 915. 28	45 059 915. 28	40 672 667. 90	-4 387 247. 38	-9. 47
预付账款	923 157. 46	923 157. 46	837 206. 96	-85 950. 50	-9. 31
其他应收款	3 253 758. 59	3 253 758. 59	3 064 071. 59	-189 687. 00	-5. 83
存货	16 915 925. 93	16 915 925. 93	19 013 365. 28	20 997 439. 35	12. 40
待摊费用	675 295. 25	675 295. 25	217 281. 25	-458 014. 00	-67. 82
流动资产合计	68 367 328. 16	68 367 328. 16	65 378 168. 63	15 910 840. 47	-68. 86

案例分析要求：

1. 完成本案例中的评估计算过程。
2. 写出银行存款和应收账款的评估程序。

第六章

无形资产评估

第一节　无形资产评估概述

一、无形资产及其分类

（一）无形资产的定义

无形资产虽已有近百年的历史，然而迄今尚未有一个确定而一致的定义。人们通常站在不同的角度定义无形资产。《企业会计准则第6号——无形资产》中对无形资产的定义为：无形资产是指企业拥有或者控制的没有实物形态的可辨认非货币性资产。随后又对定义中的可辨认性的判断给出了标准：①能够从企业中分离或者划分出来，并能单独或者与相关合同、资产或负债一起，用于出售、转移、授予许可、租赁或者交换；②源自合同性权利或其他法定权利，无论这些权利是否可以从企业或其他权利和义务中转移或者分离。符合以上条件之一的资产即符合可辨认性标准。现行资产评估准则所指无形资产，是指由特定主体所拥有或者控制的，对生产经营能持续发挥作用的不具有实物形态的一切经济资源，是与有形资产相对应的概念。

会计准则强调了无形资产的会计属性，如非货币性、可辨认性、非实物形态。而资产评估准则强调无形资产的“排他性”和“权益性”，它更注重反映无形资产的本质。无形资产作为资产的一种细分，具有资产的本质特征，即是可以为企业带来未来经济利益的一种资源，这就反映了无形资产的权益性。无形资产的另一本质属性是独占性。无形资产实质上是企业耗费的回报，因此企业对其拥有独占权，这种权利受到法律的保护，企业能够独自享有无形资产带来的各种利益。这种权利或者优势的垄断性越高，企业的获利能力就越强。关于无形资产的定义，尽管两个学科的表述有所不同，但对无形资产的实质认识已经趋于一致。

（二）无形资产的功能特性

无形资产是有形资产的对称，是指特定主体控制的不具有独立实体，对生产经营与服务能持续发挥作用并能带来经济利益的一切经济资源。由于它是无形的特殊资产，因此它的价值也有其自身的特点。

1. 无形资产价值的弱对应性。

无形资产的价值不同于有形资产的价值，具有特殊性、例外性。尽管有些无形资产的形成是可以进行成本核算的，如新技术的研制开发和新产品的研制往往要做成本记录，但无形资产的生产成本在会计账目上往往是不完整的。而且无形资产属创造性劳动成果，成果的出现带有较大的随机性、偶然性和关联性，常常是在一系列努力与失败和投入与浪费后才取得的一些成果，而失败的损失代价很难预计和确切量化，从而使无形资产的开发费用缺乏明确的对应性。

2. 无形资产价值的虚拟性。

由于无形资产价值具有弱对应性的特点，因此其评估值的准确性普遍低于有形资产的评估值，特别是一些无形资产的内涵已经远远超出了它的外在形式的含义，这时无形资产的成本只具有象征意义。例如商标成本核算的是商标设计费、登记注册费、广告费等，而商标的内涵是指商品内在质量信誉，它包括了该商品使用的特种技术、配方和多年的经验积累，此时商标形式本身所费的成本只具有象征性或称虚拟性。

3. 无形资产具有增值性与贬值性。

无形资产评估值的增值性，不仅表现为其交换价值货币具有时间价值效应，即随货币贬值、物价上涨其评估值会相应增加，更为重要的是其增值性源于收益能力和有效期。无形资产收益能力强，有效使用期和保持期长，对使用者的效益贡献大，转让价格会提高，评估值也会更大；同时，无形资产的增值性还在于它具有共享性、共益性、可交换性。无形资产可以同时多头、多次转让。经济和技术是发展的，随着技术进步和经营管理现代化，技术经济含量更高、功效更强大的无形资产的产生，会逐步或迅速地取代原有的可替代的无形资产，从而造成原有无形资产的贬值乃至被淘汰。从技术进步角度讲，一般无形资产都有其生命周期的限制，从成熟期转向衰退期甚至淘汰期就会有功能性贬值。

4. 无形资产的价值构成不同于一般商品。

无形资产是由复杂的脑力劳动创造的，由于凝结在无形资产内部的劳动量较大，再加上无形资产不能批量生产，而是个别的一次性生产，具有较大的探索性和风险性，常常是在经过一系列的失败以后才取得的。因此，无形资产的价值不像有形资产那样由凝结在其中的社会必要劳动时间来决定，而是由个别生产者在个别生产中所消耗的实际劳动时间来计量。

（三）无形资产的分类

对无形资产的具体范围，目前并没有明确的界定，各个国家只是在不同的领域做些不同的规范。美国评估公司认为企业的无形资产范围包括促销型资产、制造型资产、金融型资产，见表 6－1。

表 6－1　美国评估公司认定的无形资产的范围

促销型资产（marketing assets）	
	商标（tradenames/trademarks）
	顾客名单（customer lists）
	包装（packaging）
	订单（backlog）
	广告资料（advertising material）
	特许权（franchises）
	货架空位（shelf space）
	许可证（licenses）
	经销网（distribution network）

续表

制造型资产（manufacture assets） 专利（patents） 配方（formulas） 经营秘密（trade secrets） 专有技术（know-how） 非专利技术（unpatented technology） 图纸（drawings） 供应合同（supply contracts） 新产品开发（new product development）
金融型资产（financial assets） 优惠融资（favorable financing） 配套员工（assembled workforce） 软件（software） 版权（copyrights） 核心存款（core deposits） 不竞争契约条件（covenants-not-to-compete） 租赁权（leasehold interests） 雇佣合同（employment contract） 数据库（data base） 超额年金计划（overfunded pension plans） 解雇率（unemployment ratings） 商誉（goodwill）

在我国，无形资产种类很多，可以按不同标准进行分类。

1. 按企业取得无形资产的方式，可分为企业自创的无形资产和外购的无形资产。前者是由企业自己研制创造获得的及由于客观原因形成的，如自创专利、非专利技术、商标权、商誉等；后者则是企业以一定代价从其他单位购入的，如外购专利术、商标权、商誉等。

2. 按有无专门法律保护分类，可以分为有专门法律保护的无形资产和无专门法律保护的无形资产。专利权、商标权等均受到国家专门法律保护，无专门法律保护的无形资产有非专利技术等。

3. 按能否独立存在，可以分为可确指无形资产和不可辨认无形资产。凡是那些具有专门名称，可单独取得、转让或出售的无形资产，被称为可确指的无形资产，如专利权、商标权等；那些不可辨认、不可单独取得，离开企业整体就不复存在的无形资产，被称为不可确指的无形资产，如商誉。

4. 按性质和内容构成，无形资产可分为知识型、权利型、关系型和不可辨认的无形资产四大类。知识型无形资产是指主要由高度密集的知识、智力、技术和技巧构成，可能带来高效益，如专利技术、专有技术、计算机软件和集成电路布置设计等工业版权。权利型无形资产主要是特许权利，包括物权、他物权、准物权和行为权利。行为权利是国家特许或当事人约定可作某种经营行为以获得利益的权利，如烟草专卖等专营权、进出口许可证、生产许可证、购销合同等。关系型无形资产是指可获赢利条件的关系，包括雇员关系、顾客关系、代理销售关系、原材料零部件供应关系等。不可辨认的无形资产是指企业的商誉、企业继续经营价值、顾客的惠顾、超额收益、盈余收益等。

5. 按是否具有一定的法定期限，无形资产可分为有法定期限的无形资产和无法定期限的无形资产。前者如专利权、商标权、著作权等，后者如专有技术、商誉等。

6. 按技术含量的多少，无形资产可分为技术型和非技术型的无形资产。专利技术、专有技术、计算机软件等是技术型的无形资产；商誉、服务标记、许可权等则是非技术型的无形资产。

二、无形资产评估的特点及影响因素

（一）无形资产评估的特点

有了对无形资产及其特点的这一正确全面的认识，那么我们就可以对无形资产的评估的特点有一个正确认识。无形资产评估不同于其他资产的评估，它有其自身的特点和要求。无形资产评估的主要特点是：

1. 独立性。

独立性是指无形资产评估的对象是单一的，不是成批的；无形资产评估是因不同的评估对象而异，这样才能正确地反映特定的评估对象的价值。

2. 复杂性。

无形资产评估的复杂性，是说其评估工作复杂。这是因为：一是无形资产项目多、种类多，而且同类无形资产的可比性较低；二是预测无形资产的预期收益难，由于各种无形资产对象不同、功能不同，因而预期有效使用年限测定难度大，且收益预测甚为艰难复杂；三是客观经济环境与无形资产的作用的发挥有密切关系，因而也给无形资产评估增加了难度；四是多数无形资产更替时间较快，而具体测定某一技术更替时间很难，这也增加了无形资产评估工作的复杂性。

3. 效益性。

无形资产评估，绝大多数要认真测算该项无形资产在未来有效时间内能够获取的经济效益，并以此为主要依据评估无形资产的价值，这是因为其他形态的资产评估所少见的。所以，以效益为基础来评估无形资产价值，是无形资产评估中一个十分明显的特点。

4. 动态性。

动态性是指无形资产评估是从动态的角度去考察评估对象和评价无形资产的价值。这是因为：一方面，技术无形资产是处在发展过程中的，任何一项技术成果终会被另一种新的技术成果所替代；另一方面，有些无形资产自身也有发展变化的可能，比如商誉、商标，或因某种原因而更完善、更出名；也会因某种原因向相反的方向变化。同时，货币时间价值变化在无形资产评估中也显得特别突出。因而，从动态的角度评估无形资产价值是无形资产评估的一个基本要求。

（二）影响无形资产评估价值的因素

进行无形资产评估，首先要明确影响无形资产评估价值的因素。一般来说，影响无形资产评估价值主要有以下因素：

1. 无形资产的取得成本。

无形资产与有形资产一样，其取得也有成本。只是相对有形资产而言，其成本确定不是十分明晰和易于计量。

2. 机会成本。

机会成本是指该项无形资产转让、投资、出售后失去市场而损失收益的大小。

3. 效益因素。

成本是从对无形资产补偿角度考虑的，但无形资产更重要的特征是能创造效益。一项无形资产在环境、制度允许的条件下，获利能力越强，其评估价值越高；获利能力越弱，评估价值越低。

4. 使用期限。

每一项无形资产，一般都有一定的使用期限。无形资产的使用期限，除了应考虑法律保护期限外，更主要的是考虑其具有实际超额收益的期限。

5. 技术成熟程度。

一般科技成果都有一个发展—成熟—衰退的过程，这是竞争规律作用的结果。科技成果的成熟程度如何，直接影响到评估价值的高低。

6. 转让内容因素。

从转让内容看，无形资产转让分为完全产权转让和部分产权转让。在转让过程中有关条款的规定会直接影响其评估价值。

7. 国内外该种无形资产的发展趋势、更新换代情况和速度。

无形资产的更新换代越快，无形损耗越大，其评估价值越低。

8. 市场供需状况。

市场供需状况一般反映在两个方面：一是无形资产的市场需求情况；二是无形资产的适用程度。

9. 行业同类无形资产的价格水平。

无形资产评估价值的高低，还取决于无形资产交易、转让时价款的支付方式、各种支付方式的提成基数、提成比例等，在评估无形资产时，应综合考虑。

三、无形资产评估的前提

（一）无形资产评估一般应以产权变动为前提

当出现无形资产转让和投资、企业整体或部分资产收购处置及类似经济活动时，注册资产评估人员可以接受委托，执行无形资产评估业务。这里强调无形资产评估业务发生的两种常态：一是指无形资产的拥有者或控制者以无形资产的完全产权或部分产权进行转让交易或对外投资，需要对无形资产进行评估，这种情况一般表现为单项无形资产的评估；二是指在企业整体或部分发生变动时，如企业股份制改造、合作、兼并等，对企业资产中包括的无形资产进行评估，这种情况可能复杂一些。

（二）无形资产评估是对其获利能力的评估

无形资产的价值从本质上来说，是能为特定持有主体带来经济利益，也即无形资产的获利能力。无形资产只有能给购买者带来新增收益，才能根据带来的新增收益确定其价值。需要说明的是，无形资产能够带来超额收益，是一种理论抽象，即指在其他条件保持社会平均水平的情况下，能够获得高于社会平均水平的收益。而在实际生活中，由于评估参照对象并不一定保持着社会平均经营水平，因而超额收益也就不一定表现为高于社会平均水平的利润，往往表现为带来的追加利润。在实践中常有这种情形，获得和运用某种无形资产是该企业正常运行必不可少的条件，特别是使企业起死回生时更为典型。在这类情形下应根据无形资产对利润增长的影响来评估无形资产的价值。还有一种情形就是能够带来垄断利润，这是指购买方由于购入和运用无形资产形成对市场的垄断，通过垄断价格实现垄断利润。在这种情况下，就可以根据市场垄断的不同条件，通过利润的测算，评估无形资产的价值。

四、无形资产评估的程序

无形资产评估的程序是评估无形资产的操作规程。评估程序既是评估工作规律的体现，也是提高评估工作效率、确保评估结果科学有效的保证。无形资产评估一般按下列程序进行。

（一）明确评估目的

无形资产评估的目的主要是产权变动时对无形资产价值的估定。通常表现为：①无形资产的拥有者或控制者以无形资产的完全产权或部分产权进行转让交易或对外投资，需要对无形资产进行评估。这种情况一般表现为单项无形资产的评估。②在企业整体或部分发生变动时，如企业股份制改造和企业合资、合作、重组及兼并等，对企业资产中包括的无形资产进行评估。这种情况可能复杂一些。此外，还有银行质押贷款、法律诉讼等其他目的。因其评估目的不同，其评估的价值类型和选择的方法也不一样，评估结果也会不同。

（二）鉴定无形资产

对无形资产进行评估时，评估人员首先应对被评估的无形资产进行鉴定。这是进行无形资产评估的基础工作，直接影响到评估范围和评估价值的科学性。通过无形资产的鉴定，可以解决以下问题：①确认无形资产的存在，主要是验证无形资产来源是否合法，产权是否明确，经济行为是否合法、有效。②鉴别无形资产的种类，主要是确定无形资产的种类、具体名称、存在形式。有些无形资产是由若干项无形资产综合构成，应加以确认和分离，避免重复评估和遗漏评估。③确定其有效期限。

（三）收集相关资料

按照影响无形资产价值的因素，收集无形资产的相关资料。一般来说，这些资料的内容包括以下几方面：无形资产的法律文件或其他证明材料；成本；效益，即使用无形资产给受益主体带来的经济效益；期限；技术成熟程度；权属转让内容与条件；市场供需情况；行业盈利水平及风险，等等。

（四）确定评估方法

应根据评估无形资产的具体类型、特点、评估目的及外部市场环境等具体情况，选用合适的评估方法。无形资产的评估方法同样包括市场法、收益法和成本法，要根据具体情况选择适用的方法。

（五）整理并撰写报告，做出评估结论

无形资产评估报告书，是无形资产评估过程的总结，也是评估者承担法律责任的依据。评估报告书要简洁、明确，避免误导。应当强调的是，无形资产评估报告中要注重评估推理过程的陈述，明确阐释评估结论产生的前提、假设及限定条件，各种参数的选用依据，评估方法使用的理由及逻辑推理方式。

第二节 无形资产评估的一般方法

无形资产虽然没有实体性，但是其价值主要体现在能够为企业带来长期的经济利益，具

体表现在能够给企业带来超额收益或者垄断利润。从理论上讲，无形资产评估方法有收益法、成本法和市场法。但在评估实践中，运用最广泛的方法是收益法。

一、收益法在无形资产评估中的应用

（一）收益法评估无形资产的公式

根据无形资产转让计价方式中提成支付计价法和混合支付计价法的不同，按照是否考虑成本及提成率（分成率）的不同，收益法在应用上有诸多不同的模式。

1. 直接提成模式。

按照提成支付法，转让方直接以无形资产受让方的销售额或利润额或产品数量为基础，按照一定的提成比例进行提成。

可以表示为：

$$评估价 = \sum_{t=1}^{n} \frac{提成率 \times 第\, t\, 年受让方的净收益}{(1+i)^t}$$

式中：i——运用无形资产的折现率；

n——无形资产的剩余使用经济年限。

2. 成本效益模式。

按照混合支付计价法，评估时先考虑转让方的成本付出。因此，要求受让方支付一定的成本摊销和有关成本费用，即要求受让方先承担一个基本成本费用；然后，再按照一定的提成比例享有受让方的部分净收益。

计算公式为：

$$评估值 = 受让方承担的成本费用 + \sum_{t=1}^{n} \frac{提成率 \times 第\, t\, 年受让方的净收益}{(1+i)^t}$$

受让方承担的成本费用 = 受让方应承担的成本分摊额 + 无形资产转让方的机会成本

= 重置成本净值 × 转让成本分摊率 + 无形资产转让的机会成本

重置成本净值是购买方使用无形资产，就应由购买方补偿成本费用。当购买方与转让方共同使用该项无形资产时，则由双方按运用规模、受益范围等来分摊。由于无形资产的转让可能会因停业而使由该无形资产支撑的营业收益减少，也可能会因为自己制造了竞争对手而减少利润或是增加开发支出。这些构成无形资产转让的机会成本应由无形资产购买方来补偿。

【例 6-1】 某企业转让某套生产技术，经收集和初步测算得到如下资料：该企业与购买企业共同享用该生产技术，双方设计能力分别为 6 000 万和 2 000 万标箱；该套技术账面价格为 2 000 万元，已使用 2 年，尚可使用 8 年，两年通货膨胀率累计为 8%；该项技术转出对该企业生产经营有较大影响，由于市场竞争加剧，产品价格下降，在以后 8 年减少销售收入按折现值计算为 450 万元，增加开发费用以提高质量、保住市场的追加成本按现值计算为 150 元。试评估该项无形资产转让的最低收费额。

评估过程如下：

①先计算重置成本。两年来通货膨胀率为 8%，对外购无形资产的重置成本可按物价指数法调整，并根据成新率确定净值，可得某套生产技术的重置成本净值为：

$$2\,000 \times (1+8\%) \times 8 \div (2+8) = 1\,728 \text{（万元）}$$

②因转让双方共同使用该无形资产，设计能力分别为6 000万和2 000万标箱，评估重置成本净值分摊率为：

$$2\ 000/(6\ 000+2\ 000)\times 100\%=25\%$$

③考虑机会成本，由于无形资产转让后加剧了市场竞争，在该无形资产的寿命期间，销售收入减少和费用增加的折现值是转让无形资产的机会成本，为：

$$450+150=600\text{（万元）}$$

故该无形资产转让的最低收费额评估值为：

$$1\ 728\times 25\%+600=1\ 032\text{（万元）}$$

3. 经验模式。

即认为无形资产转让价格等于基础价与商谈价之和，即：

$$P=H+W$$
$$H=(A+B+C)+D$$

式中：H——基础价；

W——商谈价；

A——人工费；

B——管理费；

C——税金；

D——原材料、加工费等价格因素。

其中：

$$W=N\cdot I\cdot Y+S$$

式中：N——合同年数；

I——年利润；

Y——比例系数；

S——技术转让给需方后，卖方仍需发生的费用。

在评估实践中，可以根据具体情况选择最适合的方法，一般来说，前面两种方法使用较为普遍。

（二）收益法应用中各项参数的确定

无形资产的收益法评估分析包括无形资产的预期经济收益、收益期限、资本化率3个基本参数。

1. 无形资产收益额的确定。

无形资产收益额的测算是采用收益法评估无形资产的关键步骤。如前所述，无形资产收益额是由无形资产带来的超额收益。同时，无形资产附着于有形资产发挥作用并产生共同收益。因此，关键问题是如何从这些收益中分离出无形资产带来的收益额。下面介绍一些常用的方法。

（1）直接估算法。

直接估算法是通过无形资产使用前后的收益情况进行对比分析，确定无形资产带来的收益额。在许多情况下，按无形资产为特定持有主体带来的经济利益的方式分类可分为两种：收入增长型无形资产和费用节约型无形资产。

①收入增长型无形资产是指无形资产的运用最终导致企业销售收入的增长。无形资产运

用导致销售收入增长的原因主要有以下两种：售价提高和销量扩大。售价提高是指无形资产的运用最终通过产品售价的提高导致企业销售收入的增长。销量扩大是指无形资产的运用虽然并不提高产品的售价，但可以较大幅度地增加产品的销量，从而增加企业的销售收入，获得超额收益。

对于售价提高，其超额收益可以用下式计算：

$$R=(P_2-P_1)\cdot Q\cdot(1-T)$$

式中：R——超额收益；

P_2——使用无形资产后单位产品的价格；

P_1——未使用无形资产前单位产品的价格；

Q——产品销售量（此处假定销售量不变）；

T——所得税税率。

对于销量扩大，其超额收益可以用下列公式计算：

$$R=(Q_2-Q_1)\cdot(P-C)\cdot(1-T)$$

式中：R——超额收益；

Q_2——使用无形资产产品的销售量；

Q_1——未使用无形资产前产品的销售量；

P——单位产品价格（此处假定价格不变）；

C——产品的单位成本；

T——所得税税率。

注意：对于销量扩大，在测算其超额收益时，因为销售量增加不仅可以增加销售收入，而且还会引起成本的增加。因此，估算销售量增加形成收入增加，从而形成超额收益时，必须扣减由于销售量增加而增加的成本。可将成本分为变动成本和固定成本，将由此增加的变动成本予以扣除。

同时应该注意的是，销售收入增加可以引起收益的增加，它们是同方向的，由于存在经营杠杆和财务杠杆效应，销售收入和收益一般不是同比例变动，这在计算中应予以考虑。

②费用节约型无形资产是指无形资产的运用最终导致企业成本费用降低，从而形成超额收益。其超额收益可以用下列公式计算：

$$R=(C_1-C_2)\cdot Q\cdot(1-T)$$

式中：R——超额收益；

C_1——未使用无形资产前的产品单位成本；

C_2——使用无形资产后产品的单位成本；

Q——产品销售量（此处假定销售量不变）；

T——所得税税率。

通常，无形资产应用后，其超额收益是收入变动和成本变动共同形成的结果。评估者应根据上述特殊情况，加以综合运用和测算，以科学地测算超额收益。

（2）差额法。

差额法是指将采用无形资产进行生产经营产生的综合收益与同行业平均水平进行比较，以确定无形资产超额收益的方法。当无法将使用无形资产和没有使用无形资产的收益情况进行对比时，可以选择差额法确定无形资产的超额收益。其假设前提是，企业运用无形资产进行生产经营之后，其获得能力应当比同行业平均盈利水平高。假定企业原本是以行业平均盈利水平进行生产经营，按行业平均利润率可以得到相应的平均收益。运用无形资产之后，其盈利水平必然有所提高，企业运用无形资产实际经营收益扣除按行业平均资金利润率水平计算的收益之后，其差额就应当是无形资产带来的超额收益。其基本公式是：

无形资产带来的超额收益 = 经营利润 - 资产总额 × 行业平均资金利润率

无形资产带来的超额收益 = 销售收入 × 销售利润率 - 销售收入 ×
每元销售收入平均占用资金 × 行业平均资金利润率

注意：这样计算出来的超额收益容易产生较大的误差，因为计算出的超额收益有时不完全由被评估的无形资产带来，往往是若干无形资产共同带来的超额收益，应当进行分析处理，结合其他因素进行分析和必要的修正。

(3) 分成率法。

运用分成率法确认无形资产带来的超额收益，是目前国际和国内技术交易中常用的一种实用方法，也称为利润分成法，即：

年超额收益 = 运用无形资产后的销售收入（或新增销售收入）× 销售收入分成率

年超额收益 = 运用无形资产后的销售利润（或新增销售利润）× 销售利润分成率

2. 无形资产折现率的确定。

无形资产评估中的折现率主要反映了无形资产投资活动中获利的风险性。在无形资产使用过程中主要有 3 类风险：市场风险、机会风险、技术使用风险。因此，在无形资产价值评估中，折现率为无风险利率、风险报酬率、通货膨胀率之和。无风险利率通常采用银行利率或是国库券利率。一般来说，无形资产投资收益高、风险大，其风险报酬率高于有形资产投资的风险报酬率。因此，无形资产评估中折现率往往要高于有形资产评估的折现率。

$$i = R_f + \beta(R_m - R_f) = \text{无风险利率} + \text{风险利率} = \text{纯利率} + \text{通胀率} + \text{风险利率}$$

式中：i——折现率；

R_f——无风险报酬率；

R_m——市场平均收益率；

β——被评估企业的风险相对于市场平均风险的比值。

3. 无形资产收益期限的确定。

无形资产收益期限是指无形资产发挥作用，并具有超额获利能力的时间，是剩余使用经济寿命。预计和确定无形资产的剩余使用经济寿命，要充分考虑该无形资产估价时点后的法律寿命、合同寿命、技术寿命等。法律寿命是通过法律、条例、法令或行政规章来确定的；合同寿命是通过合同、协议、许可证或特许经营证确定的；技术寿命受到技术进步和变化的影响。一般来说，当出现新的完全可替代的无形资产，或者拥有这种无形资产的企业不再具有获取超额收益的能力时，无形资产经济寿命到期。无形资产收益期限的确定一般有以下方法：

(1) 法定年限法。

无形资产的相当一部分是因为受法律的特定保护，才形成为企业控制的资产。法定保护年限的确定，可以根据法定寿命的剩余年限来推测剩余经济年限。但是由于受人们偏好的转变、经济形势的变化、科学技术的进步等多种因素的影响，无形资产的更新周期加快，其有效期限要比它们的法定保护期限短得多。特别是在科学技术发达的今天，无形资产更新周期加快，使得其经济寿命缩短。评估人员在评估时，对这种情况都应给予足够的重视。收益期限的具体确定原则为：在各种寿命因素中选择最短的寿命作为收益期限。例如，一项专利技术还有 15 年的法律寿命、12 年的合同寿命、10 年的技术寿命，则将预期收益期限确定为 10 年是恰当的。

（2）更新周期法。

根据无形资产的更新周期评估剩余经济年限，对部分专利权是比较合适的方法。专利技术型无形资产的更新周期有两大参照系，一是产品更新周期，二是技术更新周期。在一些高技术和新兴产业，科学技术进步往往很快转化为产品的更新换代。

（3）专家预测法。

专家预测法即邀请相关专家包括有关技术专家、行业主管和经验丰富的市场营销专家，根据无形资产的市场竞争状况、可替代性、技术进步和更新趋势做出综合性预测。评估人员可根据专家分别做出的判断结果，最后得出综合性结论。

二、成本法在无形资产评估中的应用

（一）无形资产成本的构成及特性

1. 无形资产成本构成。

无形资产成本包括研制或取得、持有期间的全部物化劳动和活劳动的费用支出。

2. 无形资产成本的特性。

（1）不完整性。

①与购建无形资产相对应的各项费用是否计入无形资产的成本，是以费用支出资本化为条件的。

②我国现行财务制度一般把科研费用和当期生产经营费用分开核算，单独列支，企业账簿上反映的无形资产成本就是不完整的，大量的账外无形资产的存在是不可忽视的事实。

③即使是按国家规定进行费用支出资本化的无形资产的成本核算一般也是不完整的。

由于知识资产的创立具有特殊性，有大量的前期费用，如培训、基础开发或相关试验等费用往往不计入该知识资产的成本，而是通过其他途径进行补偿。

（2）弱对应性。

知识资产的创建经历基础研究、应用研究和工艺生产开发等漫长过程，成果的出现带有较大的随机性、偶然性和关联性。有时有这类情形发生：在一系列的研究失败之后偶尔出现一些成果，由其承担所有的研究费用显然不够合理。而在大量的先行研究（无论是成功，还是失败）成果的积累之上，往往可能产生一系列的知识资产，然而，继起的这些研究成果是否应该以及如何承担先行研究的费用也很难明断。因而，开发无形资产的费用一一对应估算是比较困难的。

（3）虚拟性。

无形资产的成本具有不完整性、弱对应性的特点，因而无形资产的成本往往是相对的。特别是一些无形资产的内涵已经远远超出了它的外在形式的含义，这种无形资产的成本只具有象征意义。例如商标，其成本核算的是商标设计费、登记注册费、广告费等。而商标的内涵是标示商品内在质量信誉。这种无形资产实际上包括了该商品使用的特种技术、配方和多年的经验积累，而商标形式本身所用的成本只具有象征性，或称虚拟性。

（二）无形资产评估中成本法的应用

1. 公式。

采用成本法评估无形资产，其基本公式为：

$$无形资产评估值 = 无形资产重置成本 \times (1 - 贬值率)$$

2. 无形资产重置成本（或称重置完全成本）估算。

（1）自创无形资产重置成本的估算。

其方法主要有两种：

①核算法。

核算法的基本计算公式为：

$$无形资产重置成本 = 成本 + 期间费用 + 合理利润$$

其中，期间费用是指创建无形资产过程中分摊到该项无形资产的费用。

$$期间费用 = 管理费用 + 销售费用 + 财务费用$$

②倍加系数法。

对于投入智力较多的技术型无形资产，考虑到科研劳动的复杂性和风险，可以估算无形资产重置成本：

$$无形资产重置成本 = \frac{(c + \alpha v)(1 + \beta)}{1 - x}(1 + R)$$

式中：c——物化劳动消耗；

v——科研试制直接投入劳动量；

α——创造性劳动的倍加系数；

β——科研劳动倍加系数；

R——该技术投入使用后增加的利润率；

x——科研试制风险率。

【例6－2】 某企业转让自制专利技术。据调查，该专利技术研制开发了3年，消耗材料费、设备费等账面成本共计12万元，人员工资及各类津贴账面成本共计10万元，当时的物价指数是120%，评估时的物价指数是150%。经分析确定，该技术含有较高科技含量，因此，活劳动的倍加系数为2.2，该类技术研制的平均风险率为30%，平均投资报酬率为300%。计算该无形资产的重置成本。

第一，先将账面成本调整成现行价格：

材料、设备成本调整为：

$$12 \times \frac{150\%}{120\%} = 15（万元）$$

人员工资成本调整为：

$$10 \times \frac{150\%}{120\%} = 12.5（万元）$$

第二，考虑倍加系数和风险因素：

$$无形资产重置成本 = \frac{15 + 2.2 \times 12.5}{1 - 30\%} \times (1 + 300\%) = 242.86（万元）$$

（2）外购无形资产重置成本的估算。

外购无形资产的重置成本包括购买价和购置费用两部分。一般可以采用以下两种方法。

①市价类比法。

在无形资产交易市场选择类似的参照物，再根据功能和技术先进性、适用性对其进行调整，从而确定其现行购买价格。购置费用可根据现行标准和实际情况核定。

②物价指数法。

它是以无形资产的账面历史成本为依据，用物价指数进行调整，进而估算其重置成本。其计算公式表示为：

$$\frac{\text{无形资产}}{\text{重置成本}}=\frac{\text{无形资产}}{\text{账面成本}}\times\frac{\text{评估时物价指数}}{\text{购置时物价指数}}$$

从无形资产价值构成来看，主要有两类费用，一类是物资消耗费用，一类是人工消耗费用，前者与生产资料物价指数相关度较高，后者与生活资料物价指数相关度较高，可按两类费用的大致比例按结构分别适用生产资料物价指数与生活资料物价指数估算。

【例6-3】 某企业2004年外购一项无形资产，账面价值为80万元，2006年进行评估，试按物价指数法估算其重置完全成本。

分析：经鉴定，该无形资产系运用现代先进的实验仪器经反复试验研制而成，物化劳动耗费的比重较大，可适用生产资料物价指数。根据资料，此项无形资产购置时物价指数和评估时物价指数分别为120%和150%，故该项无形资产的重置完全成本为：$80\times150\%/120\%=100$（万元）。

3. 无形资产成新率的估算。

无形资产的贬损主要表现为功能性损耗和经济性损耗。前者是由于科学技术的进步，或者该无形资产的普遍使用等，使得该无形资产获取超额利润的能力下降，造成价值降低；后者是由于外部市场环境的变化，导致需求的减少或价值的降低，最终造成价值的减少。综合成新率的确定应该综合考虑这两方面的因素。

无形资产综合成新率的确定通常可以采用专家鉴定法和剩余经济寿命预测法进行。

（1）专家鉴定法是指邀请相关技术领域的专家，对被评估无形资产的先进性、适用性作出判断，分析外部环境变化，从而确定其综合成新率。

（2）剩余经济寿命预测法是由评估人员通过对无形资产剩余经济寿命的预测和判断，从而确定其成新率。其计算公式为：

$$\text{无形资产成新率}=\text{已使用年限}+\text{剩余经济使用年限}$$

剩余使用年限应由评估人员根据无形资产的特征、市场发展趋势、替代技术的发展等，综合分析判断获得。

三、市场法在无形资产评估中的应用

市场法在资产评估中因其评估结果客观性较强，较易为交易双方所接受，因此是使用率较高的评估方法。但是在无形资产评估中，由于无形资产的特征（如个别性、垄断性、保密性等）决定了无形资产的交易市场具有较强的垄断性，与有形资产交易市场相比，透明度比较低；同时，由于我国无形资产市场不发达，交易不频繁，这就使得通过市场途径及采用相应的方法来评估无形资产尚存在着诸多困难。因此从我国目前的实际情况出发，运用现行市价法评估无形资产的情况并不普遍。

如果需要使用市场法评估无形资产，评估人员应注意以下事项：

（一）寻找具有合理比较基础的类似无形资产

是否能寻找到合理比较基础的类似无形资产的交易案例，是运用市场法评估无形资产的关键。作为参照物的无形资产与被评估无形资产至少要满足形式相似、功能相似、载体相似及交易条件相似的要求。所谓形式相似，是指参照物与被评估资产按照无形资产分类原则，可以归并为同一类。所谓功能相似，是指尽管参照物与被评估资产的设计和结构不可避免地存在差异，但它们的功能和效用应该相同或近似。所谓载体相似，是指参照物与被评估资产所依附的产品或服务应满足同质性要求，所依附的企业则应满足同行业与同规模的要求。所谓交易条件相似，是指参照物的成交条件与被评估资产模拟的成交条件在宏观、中观和微观层面上都应大体接近。关于上述要求，国际资产评估准则委员会颁布的《无形资产评估指南》指出："使用市场法必须具备合理的比较依据和可进行比较的类似的无形资产。参照物与被评估无形资产必须处于同一行业，或处于对相同经济变量有类似反应的行业。这种比较必须具有意义，并且不能引起误解。"

（二）收集类似的无形资产交易的市场信息和被评估无形资产历史的交易信息

收集类似无形资产的市场交易信息是为了进行横向比较，而收集被评估无形资产的历史的交易信息是为了进行纵向比较。关于横向比较，评估人员在参照物与被评估无形资产在形式、功能和载体方面满足可比性的基础上，应尽量收集致使交易达成的市场信息，即要涉及供求关系、产业政策、市场结构、企业行为和市场绩效的内容。其中对市场结构的分析尤为重要，即需要分析卖方之间、买方之间、买卖双方、市场内已有的买方和卖方与正在进入或可能进入市场的买方和卖方之间的关系。评估人员应熟悉经济学市场结构做出的完全竞争、完全垄断、垄断竞争和寡头垄断的分类。对于纵向比较，评估人员既要看到无形资产具有依法实施多元和多次授权经营的特征，使得过去交易的案例成为未来交易的参照依据。同时也应看到，时间、地点、交易主体和条件的变化也会影响被评估无形资产的未来交易价格。

（三）价格信息应满足相关、合理、可靠和有效的要求

相关是指所收集的价格信息与需要做出判断的被评估无形资产的价值有较强的关联性；合理是指所收集的价格信息能反映被评估无形资产载体结构和市场结构特征，不能简单地用行业或社会平均的价格信息推理具有明显结构异质特征的被评估无形资产的价值；可靠是指所收集的价格信息经过对信息来源和收集过程的质量控制，具有较高的置信度；有效是指所收集的价格信息能够有效地反映评估基准日的被评估资产在模拟条件下可能的价格水平。

（四）注意对被评估无形资产和参照物的差异做出调整

无论是横向比较，还是纵向比较，参照物与被评估资产之间总会存在一些差异，评估人员应对此做出合理的调整，以反映这些差异对被评估资产价值的影响。

第三节　专利和非专利技术评估

一、专利的概念、特点和转让形式

（一）专利的概念

专利，是国家通过有关主管机关授予发明人的一项权利。通常，"专利"可以在多种意义上使用。专利可以指受国家专利法保护的发明、实用新型和外观设计。人们常说的"我有一项专利”就是这个意思。专利还可以指记载专利发明创造内容的专利说明书，比如说“查专利”，实际上是查阅专利的说明书。专利也可以指专利权，指的是受专利法保护的权利。专利权是国家有关主管机关根据申请人的申请，经过审查，认为有关发明创造符合法律规定的条件而授予申请人的一种专有权。专利权是发明人对其发明的所有权，是一种专有的、排他的权利。专利权也是一种财产权。专利权不能由自己或者随便什么人宣布拥有而取得。专利权的确立，必须由申请人提出专利申请，然后由代表国家的主管机关（例如国家专利局）依照专利法，进行严格审查之后，对符合专利条件的发明依法授予专利权。我国代表国家依法授予专利权的机关是中华人民共和国专利局。

（二）专利权的特点

1. 无形性。

专利权是一种无形的财产权。土地、房屋、机器设备、原材料等均占有一定的空间，是有形财产。发明创造、新技术、商标等是智力成果，同样是人类劳动的凝结，同样可以创造价值，因此是无形的财产。智力成果虽然不一定具有固定的物质形态，但同样必须通过一定的物质形式表现出来。不这样，人们就不可能了解它、掌握它、利用它。智力成果的表现可以有多种形式。例如，技术创造可以表现为文字说明、设计图表；外观设计和商标可以表现为特定的形状、文字、图案、色彩、味道、气味，等等。这里应特别指出，智力成果属于无形的财产，它虽然需要物质载体得以表现，但物质载体本身并不是智力成果。

2. 特定的条件和程序。

由于专利权的无形性，使其得到承认和保护比有形财产复杂得多。有形财产的保护一般无须经过特别程序，专利权的保护则要有法律上的直接规定。专利权得到承认和保护的条件以及程序，与工业产权的另一个组成部分——商标也不相同。要成为专利，一般必须具备三个条件：新颖性、创造性和实用性，通常称为“三性”。而商标则主要要求能够识别。专利权获得的程序是：申请人申请、专利局审查批准并予以公布，商标权的获得是要经过注册的。

3. 专有性。

专有性指的是只有权利人才能够享有专利权，可以利用或准许他人对自己拥有的专利加以利用，因此，专有性即垄断性、独占性。任何其他单位和个人，未经专利权人的许可不得以生产和销售目的而制造、使用其专利，否则即构成侵权行为，必须承担相应的法律责任。

专有性的另一个含义：同样的发明创造在一个国家的领土范围内，只能授予一次专利权。在我国，如果同样的发明创造由不同的单位或个人于不同的时间内完成，则最早提出专利申请的单位和个人可以获得专利权。其他单位和个人即使发明的时间更早，也不能取得专利权。其他国家的情况则不相同。例如美国，专利权授予最早的发明人。

4. 时间性。

时间性指的是专利权人对其专利所拥有的法律授予的独占权只在规定的时间内有效。专利的有效期一般是自提出申请或被批准之日起的 5 ~ 20 年内。专利期满之后，专利权人对其发明创造就不再享有独占权，该项发明创造就成为社会的公共财富，谁都可以加以利用。这一点与商标专用权有很大的不同。商标法虽然同样规定了一定的商标专用权期限，但按照商标法的规定，商标专用权可以续展。因此，从理论上说，商标专用权可以一次一次地无限期续展。

5. 地域性。

地域性指的是一国根据本国专利法授予的专利权，仅在该国法律管辖的范围内有效，在其他国家并不发生法律效力，其他国家对其专利权没有保护的义务。如果该项发明创造想要在其他国家受到法律保护，必须按照该国有关专利法的规定进行申请，经审查批准后在该国得到保护。

（三）专利权转让形式

专利权有多种转让形式，不同情形下的评估结果不同。专利权转让一般有两种情形：一种是刚刚研究开发的新专利技术，专利权人尚未投入使用就直接转让给接受方；另一种情形是转让的专利已经过长期的或一段时间的生产，是行之有效的成熟技术，而且转让方仍在继续使用。

专利权转让形式很多，但总的来说，可以分为全权转让和使用权转让。使用权转让往往通过技术许可贸易形式进行，这种使用权的权限、时间期限、地域范围和处理纠纷的仲裁程序都是在许可证合同中加以确认的。

1. 使用权限。

按技术使用权限的大小，可分为以下几种。

（1）独家使用权。

在许可证合同所规定的时间和地域范围内卖方只把技术转让给某一特定买主，卖方不得卖给第二家买主。同时卖主自己也不得在合同规定范围内使用该技术和销售该技术生产的产品。显然，这种转让卖方索价会比较高。

（2）排他使用权。

卖方在合同规定的时间和地域范围内只把技术授予买方使用，同时卖方自己保留使用权和产品销售权，但不再将该技术转让给第三者。

（3）普通使用权。

卖方在合同规定的时间和地域范围内可以向多家买主转让技术，同时卖方自己也保留技术使用权和产品销售权。

（4）回馈转让权。

卖方要求买方在使用过程中对转让技术的改进和发展反馈给卖方的权利。

2. 地域范围。

技术许可证大多数都规定明确的地域范围，如某个国家或地区，买方的使用权不得超过这个地域范围。

3. 时间期限。

技术许可证合同一般都规定有效期限，时间的长短因技术而异。一项专利技术的许可期限一般要和该专利的法律保护期相适应。

4. 法律和仲裁。

技术许可证合同是法律文件，是依照参与双方所在国的法律来制定的，因此受法律保护。当一方违约时，另一方可依循法律程序追回损失的权益。

二、专利权的评估

（一）收益法

收益法应用于专利权评估，其计算技巧已在前面的有关章节中做了详细介绍，根本的问题还是如何寻找、判断、选择和测算评估中的各项技术指标和参数，即专利权的收益额、折现率和获利期限。

专利权的收益额是指直接由专利权带来的预期收益，对于收益额的测算，通常可以通过直接测算超额收益和通过利润分成率测算获得。

专利权之所以有价值，关键在于它能够获得超额收益。如果一项专利权的应用根本无法产生超额收益，那么它很可能就不能形成无形资产，或者说无法采用收益法估算其价值。我们可以通过分析将专利权划分为收入增长型专利和费用节约型专利来测算超额收益，也可以用分成率方法测算超额收益。

采用利润分成率测算专利技术收益额，即以专利技术投资产生的收益为基础，按一定比例（利润分成率）分成确定专利技术的收益。利润分成率反映专利技术对整个利润额的贡献程度。利润分成率确定为多少合适，据联合国工业发展组织对印度等发展中国家引进技术价格的分析，认为利润分成率在16% ~27%之间是合理的。1972 年在挪威召开的许可贸易执行协会上，多数代表提出利润分成率为25%左右较为合理。美国一般认为10% ~33%之间较合适。我国理论工作者和评估人员通常认为利润分成率在25%是较合理的。这些基本分析在实际评估业务过程中具有参考价值，但更重要的是对被评估专利技术进行切合实际的分析，确定合理的、准确的利润分成率。

【例6－4】 某科技发展公司6年前自行开发了一项浮法玻璃及其处理技术，并获得发明专利证书，专利保护期20年。现在，该公司准备将该专利技术出售给另一企业，现需要对该项专利技术进行评估。

分析过程如下：

①评估对象和评估目的。由于某科技发展公司系出售该项专利，因此转让的是专利技术的所有权。

②专利技术鉴定。该项技术已申请专利，该技术所具备的基本功能可以从专利说明书及有关专家鉴定书中得到。此外，该项技术已使用了6年，产品已进入市场，并深受消费者欢迎，市场潜力较大。

③评估方法选择。该项专利技术具有较强的获利能力，而且同类型技术在市场上被授权使用情况较多，分成率可以比较后获得，从而为测算收益额提供了保证。因此，决定采用收益法评估。

④评估过程。尽管专利有效期还有14年，但是根据对该类专利技术的更新周期及市场上产品更新周期的分析，确定该专利技术的剩余使用期限为4年。根据对该类技术的交易实例的分析，以及该技术对产品生产的贡献性分析，采用的销售收入的分成率为3%。

根据过去经营绩效及对未来市场需求的分析，评估人员对未来4年的销售收入进行预测，结果如表6－2所示。

表6－2 预期销售收入测算结果 单位：万元

年份	销售收入
2007	1 200
2008	1 500
2009	1 800
2010	1 800

根据当期的市场投资收益率，确定该专利技术评估中采用的折现率为15%。

⑤计算评估值。得出结论见表6-3。

表6-3　评估值计算　　单位：万元

年份	销售收入 ①	分成额 ②=①×3%	税后净额 ③=②×(1-33%)	收益总额 (r=15%)
2007	1 200	36	24.12	20.97
2008	1 500	45	30.15	22.80
2009	1 800	54	36.18	23.79
2010	1 800	54	36.18	20.69
合计				88.25

因此，该专利技术的评估值为88.25万元。

专利权评估主要采用收益法，一些特殊情况下也可以采用成本法。

（二）成本法

成本法应用于专利技术的评估，重点在于分析计算其重置完全成本构成、数额及相应的成新率。专利分为外购和自创两种，外购专利技术的重置成本确定比较容易。自创专利技术的成本（如图6-1）一般由下列因素组成。

1. 研制成本。

①直接成本，包括材料费、工资费、专用设备、资料费、咨询鉴定费、培训费、协作费、差旅费及其他。

②间接成本，包括管理费、非专用设备折旧费、应分摊的公共费用及能源费用等。

2. 交易成本。

含义：发生在交易过程中的费用支出。

包括：技术服务费、交易过程中的差旅费及管理费、手续费、税金等。

3. 专利费。

含义：为申请和维护专利权所发生的费用。

包括：专利代理费、申请费；实质性审查请求费；维护费、证书费、年费等。

- 自创专利技术成本
  - 研制成本
    - 直接成本
      - 材料费用：完成技术研制所耗费的各种材料费用
      - 工资及各种福利费用：参与研制技术的科研人员和相关人员的费用
      - 专用设备费：研制开发技术所购置或专用设备的推销
      - 资料费：研制开发技术所需要的图书、资料、文献、印刷等费用
      - 咨询鉴定费：完成该项目发生的技术咨询、技术鉴定费用
      - 协作费：研制开发过程中某些零部件的外加工费及使用外单位资源的费用
      - 培训费：为完成本项目而委派有关人员接受技术培训的各种费用
      - 差旅费：为完成本项目发生的差旅费
      - 其他费用
    - 间接成本
      - 管理费：管理、组织本项目开发所负担的管理费用
      - 非专业设备折旧费：采用通用设备、其他设备所负担的折旧费
      - 应当分摊的公共费用及能源费
  - 交易成本
    - 技术服务费：为受让方提供的专家指导、技术培训、仪器安装调试及市场开拓费
    - 交易过程中的差旅费及管理费
    - 公证费、审查注册费、法律咨询费等手续费
    - 税金

图6-1　自创专利技术成本

需要注意，由于评估的目的不同，其成本构成内涵也不一样，评估时应该视不同情况考虑以上成本的全部或者一部分。

【例 6 –5】 某实业有限公司因为管理不善，经济效益不佳，亏损严重，将要被同行的利达有限公司兼并。现在需要对这个实业有限公司的资产进行评估，这个公司有一项专利是属于实用新型，两年前自行研制并获得专利证书，要求对这个要兼并的企业专利进行鉴定。

分析过程如下：

（1）确定评估对象。

这个专利确实是公司自己研制的，有专利证书。

（2）技术功能鉴定。

这个专利证所代表的专利技术不错，该专利技术还未应用于生产当中，技术有待完善；该产品的售价成本参数难以得到，从技术的试验结果看，将会为未来带来好的效果。

（3）评估法的选择。

鉴于该专利技术新做的鉴定结论，应用成本法能反映该项专利资产的价值，因为收益法、市场法都不能使用，所以选用成本法。

（4）各项评估参数的估算。

具体资料见表 6 –4：

表 6 –4　评估参数估算　　单位：元

项目	费用
材料费	45 000
工资费	10 000
专用设备费	6 000
资料费	1 000
咨询鉴定费	5 000
培训费	2 500
差旅费	3 100
管理费分摊	2 000
非专用设备折旧费分摊	9 600
专利费用及其他	3 600
合计	87 800

根据专利技术开发的过程分析，各类消耗仍按过去实际发生定额计算，对其价格可按现行价格计处。根据考察、分析和测算，近两年生产资料价格上涨指数分别为 5% 和 8%。因生活资料物价指数资料难以获得，该专利技术开发中工资费用所占份额很少，因此，可以将全部成本按生产资料价格指数调整，即可估算出重置完全成本：

$$重置完全成本 = 87\ 800 \times (1 + 5\%) \times (1 + 8\%) = 99\ 565.2\ （元）$$

其次，确定该项专利技术的贬值率。该项实用新型的专利技术，法律保护期限为 10 年，尽管还有 8 年保护期限，但根据专家鉴定分析和预测，该项专利技术的剩余使用期限仅为 6 年，由此可以计算贬值率为：

$$贬值率=(8-6)/8\times100\%=25\%$$

（5）计算评估值，做出结论。

$$评估值=99\ 565.2\times(1-25\%)=74\ 673.9\ （元）$$

最后，确定该项专利技术的评估值为74 673.9元。

三、非专利技术概述

非专利技术，又称专有技术、技术秘密，是指未经公开、未申请专利的知识和技巧，主要包括设计资料、技术规范、工艺流程、材料配方、经营诀窍和图纸、数据等技术资料。一般分为3类，即发明、外观设计和实用新型。

非专利技术与专利权不同，从法律角度讲，它不是一种法定的权利，而仅仅是一种自然的权利，是一项收益性无形资产。从这一角度来说，进行非专利技术的评估，首先应该鉴定非专利技术，分析、判断其存在的客观性。这一判断要比专利权的判断略显复杂些。

一般来说，企业中的某些设计资料、技术规范、工艺流程、配方等之所以能作为非专利技术存在，具有以下特性：

1. 保密性。

保密性是非专利技术的最主要特性。如前所述，非专利技术不是一种法定的权利，其自我保护是通过保密性进行的。而专利技术则是在专利法规定的范围内公开的。

2. 新颖性。

非专利技术所要求的新颖性与专利技术的新颖性不同，非专利技术并非要具备独一无二的特性，但它也绝不能是任何人都可以随意得到的东西。

3. 获利性。

非专利技术必须有价值，表现在它能为企业带来超额利润。价值是非专利技术能够转让的基础。

4. 实用性。

非专利技术是否存在价值取决于其能否在生产实践过程中操作，不能应用的技术不能称为非专利技术。

5. 无保护期限。

非专利技术没有法律保护期限，而专利技术有明确的法律保护期限。对非专利技术实施保护的法律主要有《中华人民共和国合同法》《中华人民共和国反不正当竞争法》等。而专利技术的保护通常按《专利法》条文进行。

四、非专利技术的评估方法

非专利技术的评估方法与专利权评估方法基本相同。

（一）收益法

【例6-6】 某评估公司对万佳公司准备投入黄河企业的一项非专利技术进行评估。根据双方协议，确定该非专利技术收益期限为5年，试根据有关资料确定该非专利技术的评估值。

评估过程如下：

首先，预测、计算未来5年的收益（假定评估基准日为2005年12月31日）。预测结果见表6-5。

表 6－5　未来 5 年非专利技术收益预测

项　　目	2006	2007	2008	2009	2010	合计
销售量（件）	35	45	45	45	45	215
销售单位（万元）	2.2	2.2	2.2	2.2	2.2	
销售收入（万元）	77	99	99	99	99	473
减：成本、费用（万元）	21.84	27.935	27.935	27.935	27.935	133.58
利润总额（万元）	55.16	71.065	71.065	71.065	71.065	339.42
减：所得税（万元）	0	0	0	12.442 5	12.442 5	24.885
税后利润（万元）	55.16	71.065	71.065	58.622 4	58.622	314.535
非专利技术分成率（%）	35	35	35	35	35	
非专利技术收益（万元）	19.306	24.873	24.873	20.518	20.518	125.814

其次，通过分析确定非专利技术的分成率为 35%。根据银行利率确定安全利率为 5%，根据技术所属行业及市场情况确定风险率为 10%，由此确定折现率为 15%。

计算确定评估值：

$$\begin{aligned}\text{非专利技术评估值} &= \sum_{n=1}^{5} \text{预测的各年非专利技术收益}/(1+15\%)^n \\ &= 19.306\times0.870+24.873\times0.756+24.873\times0.658+ \\ &\quad 20.518\times0.572+20.518\times0.497 \\ &= 73.90\ (\text{万元})\end{aligned}$$

（二）成本法

【例 6－7】　某机械加工企业有 5 000 张机械零部件工艺设计图纸，已经使用 5 年。经专家从工艺设计图纸的设计先进性和保密性等方面鉴定认为，有 4 500 张图纸仍然可以作为有效的非专利技术资产，预计剩余经济使用年限为 4 年。根据该类图纸的设计、制作耗费估算，当前每张图纸的重置成本为 250 元。该批图纸的价值估算过程如下：

第一步：该批图纸的重置成本为：4 500 ×250 = 1 125 000（元）

第二步：该批图纸的成新率为：4/(4 +5) =44.44%

第三步：该批图纸的价值为：1 125 000 ×44.44% =499 950（元）

第四节　商标权的评估

一、商标权的概述

（一）商标的定义及其分类

商标是商品的生产者或经营者在其生产、制造、加工、拣选或者经销的商品上或者服务的提供者在其提供的服务上采用的，用于区别商品或者服务来源的，由文字、图形、字母、数字、三维标志、颜色组合，或者上述要素组合，具有显著特征的标志，是现代经济的产物。

从经济学角度，商标的这些作用最终能为企业带来超额收益。从法律角度来说，保护商标也就是保护企业获取超额收益的权利。

商标可以按以下不同标准进行分类：

第一，按照使用对象划分，商标可以分为商品商标和服务商标。所谓商品商标，即商品上使用的标记。它包括产业商标和商业商标。产业商标也称制造商标，是商品生产者使用的商标，用以标明该种商品由谁生产；商业商标也称销售商标，指经销者推销商品使用的商标，主要用来标明该经销者所出售的商品都是经过精心选择的。所谓服务商标，即服务行业所使用的标志。

第二，按照是否注册划分，商标可以分为注册商标和非注册商标。注册商标受到法律的保护，而非注册商标则在法律保护范围之外。

第三，按照状态划分，商标可分为视觉商标、听觉商标和味觉商标。见图6－2。

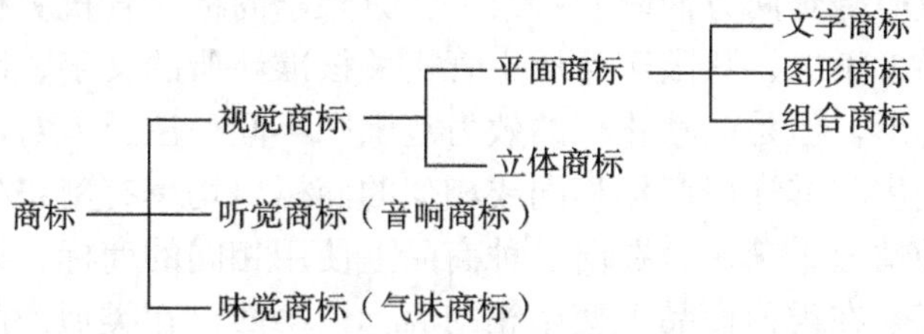

图6－2 商标状态分类

所谓立体商标，是指以产品外形或其包装容器外形构成的商标。少数国家允许酒瓶、香水瓶、饮料瓶以及与商标本身联系紧密的包装注册为立体商标。所谓听觉商标，是指以独创乐曲、拟声等通过演奏效果区别他人的标志。例如，我国小霸王游戏机在开机后有一段特殊的音响，虽然其在我国目前无法注册，但却是实际使用中的音响商标。所谓气味商标，是指以独特的气味区别于其他经营者产品或服务的标志。气味商标在国外也有所应用。

根据《中华人民共和国商标法》第七条的规定：商标是由文字、图形或者其组合而成。这就是说，我国目前仅注册视觉商标，其他商标不予注册和保护。

第四，按照信誉划分，商标可分为普通商标和驰名商标。驰名商标又可进一步分为世界驰名商标、全国驰名商标和地方驰名商标。

第五，按使用动机划分，商标可分为联合商标、证明商标和集体商标。联合商标是指同一商标所有人在同一种或者同类商品或服务上注册的若干近似商标中，首先注册或者主要使用的商标为正商标，其余则为正商标的联合商标。证明商标是指用来证明商品的原产地、特殊质量、原料、制造工艺、精密度或其他特征的商标，如纯羊毛标志、绿色食品标志等。集体商标是指社团、协会等组织所拥有的商标，该商标可由其成员使用于商品或服务项目上，以便与非成员所提供的商标或服务相区别。

（二）商标权的内容

商标权人的权利主要有注册商标的专有使用权、禁止权、转让权等内容。

1. 专有使用权。

专有使用权是商标权最重要的内容，是商标权中最基本的核心权利。它的法律特征为，商标权人可在核定的商品上独占性地使用核准的商标，并通过使用获得其他合法权益。

专有使用权具有相对性，只能在法律规定的范围内使用。《商标法》第51条规定：“注册商标的专用权，以核准注册的商标和核定使用的商品为限。”即注册商标只能在注册时所核定的商品或者服务项目上使用，而不及于类似的商品或者服务项目；商标权人也不得擅自改变构成注册商标的标志，也不能使用与注册商标类似的商标。

2. 禁止权。

禁止权是指注册商标所有人有权禁止他人未经其许可，在同一种或者类似商品或服务项目上使用与其注册商标相同或相似的商标。商标权具有与财产所有权相同的属性，即不受他人干涉的排他性，其具体表现为禁止他人非法使用、印制注册商标及其他侵权行为。由此可见，专有使用权和禁止权是商标权的两个方面。

使用权和禁止权的区别在于两者之间有着不同的效力范围。使用权涉及的是注册人使用注册商标的问题，禁止权涉及的是对抗他人未经其许可擅自使用注册商标的问题。根据《商标法》的规定，注册人的专有使用权以核准的注册商标和核定使用的商品为限。这就是说，注册人行使使用权时受到两方面限制：第一，只限于商标主管机关核定使用的商品，而不能用于其他类的商品；第二，只限于商标主管机关核准注册的文字、图形，而不能超出核准范围使用的文字、图形。但是，禁止权的效力范围则不同，注册人对他人未经许可在同一种商品或类似商品上使用与其注册商标相同或相似的商标，均享有禁止权。也就是说，禁止权的效力涉及以下四种情形：第一，在同一种商品上使用相同的商标；第二，在同一种商品上使用相似商标；第三，在类似商品上使用相同商标；第四，在类似商品上使用相似商标。

3. 许可权。

许可权是指注册商标所有人通过签订许可使用合同，许可他人使用其注册商标的权利。许可使用是商标权人行使其权利的一种方式。许可人是注册商标所有人，被许可人根据合同约定，支付商标使用费后在合同约定的范围和时间内有权使用该注册商标。实质上，上述许可制度对于企业发展横向联合，发挥优势，扩大名牌商品生产，活跃流通，满足消费者需要，提高社会经济效益，具有积极的意义。

4. 转让权。

转让是指注册商标所有人按照一定的条件，依法将其商标权转让给他人所有的行为。转让商标权是商标所有人行使其权利的一种方式。商标权转让后，受让人取得注册商标所有权，原来的商标权人丧失商标专用权，即商标权从一主体转移到另一主体。转让注册商标，应由双方当事人签订合同，并应共同向商标局提出申请，经商标局核准公告后方为有效。

二、商标评估的特点及其分类

简言之，商标评估就是评估人员采用科学的评估方法，依照法定的评估程序，对商标专用权的现时价值进行评定估算的过程。

（一）商标评估的特点

1. 商标的价值内容具有综合性。

商标的价值是由多种因素构成的，因此评估时要多方面分析其构成因素，防止片面性。一般而言，商标价值构成的内容是商标创立时的初始成本（包括商标设计费、登记注册费等）、商标知名度提高过程中的发展成本（包括广告宣传费等）及商标应用中的获利能力等。

2. 商标的获利能力具有质的规定性。

商标的获利能力是由商标自身质的规定性确定的，这种质的规定性主要表现为商品的质量精良、商品的物美价廉、商品的安全可靠、商品的包装精美等，因此评估商标的价值就要充分考虑商标所代表的产品质量。

3. 商标与商誉的紧密联系性。

商标与商誉具有密切的关系，特别是当企业的名称与商标的名称合一且企业的产品比较单一时，两者的关联性就更大。因此，在评估商标的价值时，一般要把两者有效剥离，既不能把商誉的价值包括在商标的价值中，也不能把商标的价值包括在商誉的价值中。

（二）商标评估的分类

根据商标的分类方法，商标价值的评估也可以划分为不同的类别。

1. 按商标的来源划分，可分为自创商标价值的评估和外购商标价值的评估。两者的评估方法显然存在差别，前者必须充分考虑创立商标时投入的成本大小以及在市场上拓展商标的知名度时投入的广告等各种费用；后者则应该更多地考虑商标的购买价格的大小。当然，两者相同的地方是都需要充分考虑商标带来的超额收益。

2. 按商标转让的内容划分，可分为商标价值的评估和商标使用价值的评估。当转让方完全放弃商标的所有权，同时受让方完全得到商标的所有权时，商标的评估就是商标价值的评估；而当转让方转让商标后依然拥有该商标的使用权甚至还可以向第三方继续转让时，受让方实际得到的是商标的使用权，这意味着双方甚至第三方都可以同时使用该商标。这种转让形式也叫商标的特许使用。此时的商标评估实际上是指商标使用权价值的评估。商标价值评估一般采用收益现值法、成本收益法、相对值计价法、有效使用期超额利润法等评估方法。在商标交易过程中，商标使用价值评估采用什么样的评估方法，应根据评估的目的和交易双方的特定要求而定。

（三）商标转让和特许使用

商标转让是指转让方放弃商标权，商标转归受让方所有，是指所有权的转让。而商标特许使用是指转让方在不放弃所有权的前提下，准允他人按合同规定的条款使用商标。商标的转让和特许使用都要实行有偿原则，签订书面合同。

由于商标的经济价值主要来源于企业所拥有的专利、秘诀和其他资产的适用组合，因此，商标只有作为特定质量、性能、特点、服务等效用的标志时才有具体意义。可见，商标的转让并不是任意的，而必须伴随着其他要素如专利、秘诀、产品技术、性能、服务甚至管理等的转移。一般而言，商标转让和特许使用的基本特点是，商标用到哪里，形成商标内涵的各种要素，尤其是技术、技能和管理就必须跟到哪里，以保证所使用商标的商品的质量、性能、服务等效用指标不变，否则就变成单纯的“卖牌子”，直接损害转让方、受让方和消费者的经济利益。商标转让后，由于转让方不再享有商标权，故应由受让方保证使用商标的商品质量，制售商标使用许可证时，由许可人监督被许可人保证使用商标的商品质量。购买商标或商标许可证，通常要同时购买相应的专利、秘诀等的许可证。但是，购买专利、秘诀等的许可证，并不一定要同时购买商标或商标许可证。在商品质量得到充分保证的前提下，购买商标许可证的主要作用在于，利用著名商标的声誉，缩短进入市场的时间，降低市场风险，提高市场占有份额。

（四）商标权的收益法评估

企业发生整体产权变动时，作为企业整体资产一部分的商标使用权的评估；商标使用权单独对外转让或许可时，对单项商标使用权进行的评估。商标的评估一般应采用超额收益法或提成收益法来进行。这两种方法的具体选用有赖于资料的可取程度及对企业商标战略的分析。

1. 预期收益的确定。

商标预期收益是指预计由商标带来的未来收益。其主要体现在产品价格优势、增大销售量及降低销售成本3个方面。

（1）价格优势。价格优势就是标有某一类商标的产品或服务（以下简称商标产品或服务）的定价比同类产品或服务的价格高。这是一般名牌产品所采取的价格策略，也是这些名牌精品获利的主要原因。

（2）增大销售量。一般具有一定商标信誉的产品或服务均为销产品，大多数是供不应求的。这些产品或服务在市场上都会有不小的市场份额，这种在销售量上的优势也是生产经营者获利的源泉。

（3）降低销售成本。当产品和服务成为“名牌”后，企业就不必像推出新产品或服务那样投放巨额资金于广告及促销上；另外，对于名牌，经销商大都很愿意甚至争相销售。因此，企业可以节省大量的销售费用。此外，当产品和服务销售量较大并形成规模经济时，单位产品或服务的成本必然下降，从而使生产经营者享受低成本的好处。

2. 收益年限的确定。

商标收益年限的确定应当考虑法律保护的年限和商标的经济寿命两个因素的影响。对商标的所有者来讲，商标收益的年限一般会受到注册商标法律保护的影响。根据法律，注册商标的保护年限是10年，但是到期可以续展，每次续展期也是10年。但是，更重要的影响因素应该是商标的经济寿命，即商标为市场所接受，并可以为投资人创造超额收益的寿命。这一寿命的判断需要联系企业发展状况、商标的发展潜力等方面进行综合分析。对于商标的许可使用权的评估，其商标收益的年限则主要需要考虑许可合同的年限、许可商标的收益前景及商标再许可的可能性。

3. 折现率的确定。

折现率可以从两个方面来考虑：一是同行企业经营的一般风险水平，这与进行企业评估时的考虑方法是一致的；二是商标对企业的经营风险的影响。企业家一般认为，拥有驰名商标会降低企业的投资风险；反之，使用新商标可能会经历较高的风险。这种商标使用对企业经营风险的影响应该在折现率上有相应的反映。

【例6-8】 某饮料厂将其已经使用了25年的金浪啤酒注册商标转让。根据历史资料，该企业近5年使用这一商标的啤酒比市场上同类啤酒售价每吨高出500元，该企业目前每年生产5 000吨，市场供求基本平衡。预计该品牌能够获取超额利润的时间是10年，前4年基本可以维持当前水平，由于其他品牌的竞争力提高，后6年其每吨高出其他品牌的幅度会下降为300元，不过产量可能会扩大到5 400万吨。该商标的转让价值评估过程如下。

①预期前4年的年超额利润为：$500 \times 0.5 = 250$（万元）。

②预期后6年的年超额利润为：$300 \times 0.54 = 162$（万元）。

③根据该企业的资金成本率及相应的风险率，确定其折现率为10%。

④估算该商标权的转让价值为：

$$250 \times 10\% (1+10\%)^4 + 162 \times 10\% (1+10\%)^6$$
$$= (792.47 + 481.90) \times 67\% = 853.83 \text{（万元）}$$

【例6-9】 某农用运输车生产企业所生产的“巨力”（已经注册商标）牌三轮车，在同类产品中享有较好的声誉，平均每辆三轮车的超额售价为80元。现有一集团公司拟介入农用三轮车的生产经营领域，为了降低其经营风险，该集团公司与农用运输车生产企业协商有关使用“巨力”商标的事宜。经双方协商，集团公司近5年内每年可在15 001 600辆三轮车上使用“巨力”商标，但需要标明其真实生产厂家，且每年按照其使用“巨力”商标的车辆销售收入的4%缴给该农用运输车生产企业，作为使用“巨力”商标的许可使用费，企业所得税税率为33%。现评估该许可使用费的现值。估算过程如下：

①预计集团公司使用“巨力”商标的三轮车平均售价为2 500元/辆，5年内可生产销售的三轮车数量分别为1 450辆、1 500辆、1 550辆、1 600辆、1 600辆。

因而，5年内的销售收入预计分别为：

第1年：$1\,450 \times 2\,500 = 3\,625\,000$（元）

第2年：$1\,500 \times 2\,500 = 3\,750\,000$（元）

第3年：$1\,550 \times 2\,500 = 3\,875\,000$（元）

第4年：$1\,600 \times 2\,500 = 4\,000\,000$（元）

第5年：$1\,600 \times 2\,500 = 4\,000\,000$（元）

②确定分成率为4%，确定折现率为10%。

③许可使用费的现值为：

$$4\% \times (3\,625\,000/1.1 + 3\,750\,000/1.1 + 3\,875\,000/1.13 + 4\,000\,000/1.14 + 4\,000\,000/1.15) \times (1 - 33\%) = 458\,836.95\text{（元）}$$

第五节　其他无形资产的评估

一、著作权的评估

（一）著作权的概念

著作权（版权）是指著作人依法对自己著述和创作的文学、艺术及科学技术作品所享有的专有权利。中华人民共和国著作权法中规定，著作权包括人身权和财产权这两种不同的民事权利，这是著作权的主要特点。其中，人身权利包括发表权、署名权、修改权、保护作品完整权。财产权是通过使用权和获得报酬权来体现的，具体划分为：发表权，即决定作品是否公之于众的权利；署名权，即表明作者身份，在作品上署名的权利；修改权，即修改或者授权他人修改作品的权利；保护作品完整权，即保护作品不受歪曲、篡改的权利；使用权和获得报酬权，即以复制、表演、播放、展览、发行、摄制电影电视和录像，或者改编、翻译、注释、编辑等方式使用作品的权利，以及许可他人以上述方式使用作品，并由此获得报酬的权利。署名权、修改权、保护作品完整权的保护期不受法律限制。公民作品的发表权、使用权和获得报酬权的保护期为作者终身及其死亡后50年。其他作品的发表权、使用权和获得报酬权的保护期为首次发表后50年，但作品在创作完成后50年内未发表的，著作权不再受到保护。著作人身权不能继承和转让，但是著作财产权可以。此外，著作权必须通过一定的物质载体来体现，如书籍、照片、录像带、录音带、光盘等。

（二）著作权的特点

著作权作为一项知识产权，应受到法律保护。著作权具有地域性和时间性。除此之外，相对其他的知识产权类型来讲，著作权保护形式的局限性和保护内容的独立性是比较特殊的。

1. 受法律保护。

受法律保护是指各种不同类型的著作权在其使用及其转让等方面与法律是紧密联系的。著作权的各项权利属于著作权的所有人，著作权的精神权利一般不会转让，使用权等经济权利的转让在得到作者许可的情况下可以使用或转让，并且应支付给著作权人相应的费用。上述这些权利，如果没有法律的保护，任何一种权利都无法实现。对著作权实施保护的法律主要是指各国内适用的《中华人民共和国著作权法》、国际上的《伯尔尼公约》等。

2. 地域性。

地域性是指由于各国对著作权进行保护的法律不尽相同，可能在一个国家或地区具有的某种保护项目，在另一个地区并不具备。

3. 时间性。

时间性是指著作权中的部分权利受法律保护的时间是有限度的，而另一部分权利则没有这种限制。一般来讲，著作权的发表权、使用权和获得报酬权受法律保护的年限是有限制的。比如，《伯尔尼公约》规定，一般作品的保护期不少于作者有生之年加死后 50 年；摄影作品和实用艺术作品不少于作品完成后 25 年；电影作品不少于同观众见面起 50 年，等等。一旦有关的经济权利超过法律保护的年限，其权利就自动失效了。但是，著作权的精神权利，如署名权、修改权、保护作品完整权等往往不受保护期的限制。

4. 保护形式的局限性。

保护形式的局限性是指著作权的保护范围仅限于思想的物质表现形式，而不是思想性本身。比如，一项新技术的发明人，如果他只将该技术的内容通过论文的形式发表出来，但未申请专利的话，则著作权仅仅保护该论文不被复制、发行，而并不限制他人利用该技术进行生产。

5. 保护内容的独立性。

保护内容的独立性是指著作权对保护的内容强调创作的独立性，即使创作思想是相同的，只要由不同人分别独立地完成了作品，则都可以享有著作权。

（三）著作权的使用方式

著作权的使用方式包括转让和许可使用两种方式。

1. 著作权转让。

所谓著作权转让，是指作者将其对作品的部分或者是全部专有权利转让给他人并以此获得报酬的使用方式。其中，作者将全部专有技术转让给他人相当于卖绝著作权，这种情况很少发生，而且在某些国家是不允许的；部分转让著作权的行为在实践中比较多见。

2. 许可使用。

所谓著作权的许可使用，是指作者允许他人使用其部分著作权，并同时取得相应报酬的使用方式。著作权的许可使用不等于著作权的转让，因为著作权通过合同许可他人使用后，著作权的所有权并没有发生改变。著作权的许可转让是最常见的著作权使用方式。

著作权的许可转让方式，可以分为专有许可和非专有许可。专有许可使用权是指依据合同获得使用权的使用方，拥有该作品著作权的独家使用权，著作权拥有者不能再将其著作权的使用权许可给他人使用；而非专有许可使用权是指著作权拥有者将著作权的使用权许可给一方使用后，还可以同时将其拥有的著作权许可给其他人使用，各个著作权的使用者之间在法律上是不互相排斥的。

（四）著作权的评估

著作权评估的目的是著作权的转让。著作财产权的转让是指著作权人将其著作财产权全部或部分地有偿转让。因此，著作权评估也包括著作财产权使用费价格的评估问题。

著作权评估一般采用收益法，在采用提成收益法对著作权进行评估时，需要确定的是著作权的经济收入、提成率和折现率。经济收益和提成率的测算，可以直接借鉴人们在现实操作中的实际做法。这就需要评估人员对国内外著作权交易的一般做法有所了解。图书出版的报酬支付方式有 3 种：①基本稿酬加印数稿酬的方式；②一次性支付方式；③版税的支付方式。版税在这里是指著作权使用人应向著作权人支付的报酬。这种报酬是以提成的方式支付的，其中的提成率在这里被称为版税率。版税的计算公式如下：

$$版税 = 图书定价 \times 版税率 \times 印数$$

根据上述分析，除第 2 种支付方式在交易量较大时可以作为采用市场法对著作权进行评估的参考以外，第 1 种基本稿酬加印数稿酬的方式和第 3 种版税的支付方式都是在采用提成收益法时可以借鉴的。此外，英美出版公司计算报酬的方式，即总收入扣除成本后提成的方法也是可以参考的。

【例 6 - 10】 预计某图书定价为 24 元/册，在著作使用权合同 10 年期内的总发行量估计能够达到 50 000 册，前 5 年的年销售量为 7 000 册，后 5 年的年销售量为 3 000 册，版税率（即收入提成率）为 10%，稿酬的所得税率为 20%，折现率为 10%。

该著作使用权的价值评估过程如下：

①前 5 年与后 5 年的年版税收入分别为：

$$7\ 000 \times 24 \times 10\% = 16\ 800（元）$$

$$3\ 000 \times 24 \times 10\% = 7\ 200（元）$$

②前 5 年与后 5 年的年所得税后著作权收入为：

$$16\ 800 - 16\ 800 \times (1 - 20\%) \times 20\% \times (1 - 30\%) = 16\ 800 - 1881.60 = 14\ 918.40（元）$$

$$7\ 200 - 7\ 200 \times (1 - 20\%) \times 20\% \times (1 - 30\%) = 7\ 200 - 806.40 = 6\ 393.60（元）$$

③该著作使用权价值为：

$$14\ 918.40 \times (1 - 1/1.1^5)/0.1 + 6\ 394.60 \times (1 - 1/1.1^5)/0.1 \times 1.15 = 71\ 495（元）$$

二、特许权的评估

（一）特许权的概念

特许权（Concessions）也是一种无形的资产，它是特许人授予受许人的某种权利。在该权利之下，受许人可以在约定的条件下使用特许人的某种工业产权或知识产权，它可以是单一的业务元素，如商标、专利等；也可以是若干业务元素的组合。特许权的具体组成和特许经营的模式有关，不同的特许经营模式对应着不同的特许权。遵照特许权由简单到复杂的顺序，按单一元素到综合模式级别可以把特许经营分为以下六种基本类型：商标特许经营、产品特许经营、生产特许经营、品牌特许经营、专利及商业秘密特许经营和经营模式特许经营。

（二）特许权的评估

特许权的施行一般能使特许权的拥有者获得较高的经济效益。阿斯瓦斯 · 达摩达兰认为产生超额利润的因素有：商标名称的价值（如授权使用某种商标名称）、专利保护（授权生产某种产品）、合法垄断（授权提供垄断性服务）。因而，特许权的评估是以被许可方在生产经营中使用特许权所带来的超额收益为基础的。

【例6－11】 经国家批准，某进出口公司获得了5年内每年进口20 000辆某世界名牌轿车的许可证，市场分析表明每辆车可获得净利润5 000元，资金利润率为20%，国内一般汽车销售企业的利润率平均为10%。国家规定该进出口公司一次性缴纳一定的许可费，现需要评估该许可费的数额。该许可费评估过程如下：

①估算该进出口公司所获得的许可证每年所带来的超额收益。

$$(20\,000 \times 5\,000 - 10\% \times 20\,000 \times 5\,000/0.2) \div 10\,000 = 5\,000 \text{（万元）}$$

②估算适合于该经营活动的折现率为12%。

③许可费。

$$5\,000 \times (1 - 1/1.12^5)/0.12 = 5\,000 \times 3.604\,8 = 18\,024 \text{（万元）}$$

【例6－12】 某市拟发出租车牌照3 000个（假定10年内控制在此数），可使用10年期。所有出租车的票价由市出租车管理委员会统一规定，并保留对不遵守规章制度的牌照所有者处罚的权利。目前购买一辆出租车的成本是8万元，预期经济寿命为10年（残值为零）。一辆出租车一般每年正常运营330天，一天可赚毛收入200元。汽油和保养等成本费用为收入的30%，汽车保险费每年1 000元，每辆出租车向出租车管理委员会缴纳的年费是500元，出租车司机的日时间机会成本为50元（全年365天均计入），所得税税率为33%，年折现率为14%。现估算该市应对所发的每个出租车牌照收取的费用。

①出租车运营的年毛收入为：330×200＝66 000（元）。

②年经营费用：

司机的时间机会成本（工资）	365×50＝18 250（元）
汽油及保养等成本	66 000×30%＝19 800（元）
保险费	1 000（元）
年费	500（元）
合计	39 550（元）

③年折旧费为：80 000/10＝8 000（元）。

④所得税为：(66 000－39 550－8 000)×33%＝6 088.5（元）。

⑤年纯收入为：66 000－39 550－6 088.5＝20 361.5（元）。

⑥未来10年纯收入的现值为：$20\,361.5 \times (1 - 1/1.14^{10})/0.14 = 106\,207.94$（元）。

⑦每个出租车牌照价值为：106 207.94－80 000＝26 207.94（元）。

三、租赁权的评估

（一）租赁概述

租赁是指出租人以收取租金为条件，授予承租人在约定期限内占有和使用租赁财产权利的一种使用形式。在租赁关系中，承租方的权利体现在对租入资产的占有和使用上，其义务为按合同支付租金，并视租赁形式可能对租入资产负维修、保养之责。在租赁期内，承租方占有和使用租赁资产所获得的收益现值高于租金现值，这种额外经济利益是由租赁权带来的，从而使租赁权构成无形资产。

租赁一般分为经营性租赁和融资性租赁。经营性租赁是指由出租方将财产交给承租方使用并收取租金，在租赁关系终止时收回财产。融资性租赁是指由出租方按照承租方所提出的租赁财产的规格要求及所同意的条款购买资产，而后将该资产出租给承租方使用并收取租金，在租赁合同到期时收回、续租或出售资产。对承租方来讲，这是一种以“融物”方式达到融资目的的交易方式。

（二）租赁权的评估

租赁权的评估对象是由租赁合同所界定的在合同期内的额外经济利益，由租赁权使用所带来的收益与支付合同租金的差额来决定。与此相适应，租赁权评估的基本思路是：先计算各期的租赁资产可实现的收益，并扣除合同租金，计算各期的超额收益，最后把合同期内各期超额收益折现汇总，即得到租赁权的收益现值。

【例 6－13】 某企业向租赁公司租赁了一套设备，每年租金 130 万元，剩余租期为 5 年。预计该设备未来每年生产的产品销售收入为 2 300 万元，生产及销售总成本为 2 000 万元（包括租金支付），企业未来 5 年的资本成本预期为 8%。现评估该设备租赁权的价值。

①租赁权年净超额收益为：

$$(2\,300-2\,000)\times(1-33\%)-2\,000\times8\%=41\text{（万元）}$$

②设备租赁权价值为：

$$41\times(1-1/1.08^5)/0.08=163.48\text{（万元）}$$

本章练习题

一、单项选择题

1. 在下列无形资产中，不可确指的无形资产是（　　）。

A. 商标权　　B. 土地使用权　　C. 专营权　　D. 商誉

2. 下列选项中，（　　）不属于无形资产。

A. 非注册商标　　B. 专利权　　C. 计算机软件　　D. 非专利技术

3. 对占有单位外购无形资产，可以根据（　　）以及该项资产具有的获利能力评定重估价值。

A. 生产成本　　B. 形成时所需实际成本

C. 预计价格　　D. 折余价值

4. 确定无形资产转让的最低收费额，不需要考虑的因素是（　　）。

A. 转让成本分摊率　　B. 重置成本净值

C. 成新率　　D. 转让的机会成本

5. 采用收益法评估无形资产时采用的折现率应包括（　　）。

A. 资金利润率、行业平均利润率　　B. 银行贴现率

C. 超额收益率、通货膨胀率　　D. 无风险利率、风险报酬率和通货膨胀率

6. 下列公式能够成立的是（　　）。

A. 销售收入分成率＝销售利润分成率/销售利润率

B. 销售利润分成率＝销售收入分成率/销售利润率

C. 销售利润分成率＝销售收入分成率×销售利润率

D. 销售收入分成率 = 1 - 销售利润分成率

7. 某发明专利已经使用 4 年，尚可使用 2 年，目前该无形资产的贬值率为（　　）%。

A. 25　　B. 66.7　　C. 33.3　　D. 50

8. 企业存在不可确指的无形资产，分别按照单项评估加总的方法和整体评估的方法所得到的评估结果会有一个差额，这个差额通常被称为（　　）。

A. 商标　　B. 专利权　　C. 专营权　　D. 商誉

9. 无形资产包括自创和外购无形资产，这种分类是按照（　　）标准进行的。

A. 可辨识程度　　B. 有无法律保护　　C. 取得方式　　D. 内容构成

10. 某企业的预期年收益额为 15 万元，该企业的各单项资产的重估价值之和为 60 万元，企业所在行业的平均收益率为 20%，以此作为适用本金化率计算出来的商誉的价值为（　　）万元。

A. 75　　B. 12　　C. 15　　D. 45

11. 无形损耗对无形资产的（　　）产生影响。

A. 剩余使用价值　　B. 已使用价值

C. 实体　　D. 已使用年限

12. 我国现行财务制度一般把科研费用在当期生产经营费用中列支，因此，账簿上反映的无形资产成本是（　　）。

A. 不完整的　　B. 全面的　　C. 定额的　　D. 较完整的

13. 由于无形资产转让后加剧了市场竞争，在该无形资产的寿命期间，转让无形资产的机会成本通常变现为（　　）。

A. 销售收入的增加折现值

B. 销售费用的减少折现值

C. 销售收入减少和费用增加的折现值

D. 无形资产转出的净减少收益与无形资产再开发净增加额

14. 因转让双方共同使用该无形资产，评估重置成本净值分摊率应当以双方利用无形资产的（　　）为标准。

A. 尚可使用年限　　B. 设计能力

C. 账面价值　　D. 最低收费额

15. 对无形资产进行评估时，（　　）。

A. 收益法是唯一的方法

B. 收益法、市场法、成本法都可用

C. 只能采用收益法和市场法

D. 只能采用收益法和成本法

16. 某公司的预期年收益额为 32 万元，该企业的各单项资产的重估价值为 120 万元，企业所在行业的平均收益率为 20%，以此作为本金化率计算出的商誉的价值为（　　）万元。

A. 40　　B. 80　　C. 100　　D. 160

17. 无形资产的最低收费额 = 重置成本净值 × 转让成本分摊率 + 无形资产转让的机会成本。假定买卖双方利用无形资产（设计）生产能力为 1 000 万件，购买方运用无形资产的设计能力为500万件，则无形资产转让成本分摊率为（　　）。

A. 1　　B. 2　　C. 0.5　　D. 1.5

18.（　　）是评估无形资产使用频率最高的方法。

A. 成本法　　B. 市场法　　C. 收益法　　D. 市场法和成本法

19. 从资产评估的角度，驰名商标权一般能为企业带来（　　）。

A. 正常利润　　B. 超额利润

C. 垄断利润　　D. 超额加垄断利润

20. 从本质上讲，商标权的价值主要取决于（　　）。

A. 取得成本　　B. 设计和宣传费用

C. 商标所能带来的收益　　D. 新颖性和创造性

二、多项选择题

1. 非专利技术的特点是（　　）。

A. 新颖性　　B. 实用性　　C. 获利性　　D. 保密性

2. 无形资产能存在于其载体的前提是（　　）。

A. 能带来正常的利润　　B. 能带来超额利润

C. 能带来垄断利润　　D. 能带来潜在利润

3. 通过无形资产评估前的鉴定，可以解决的问题是（　　）。

A. 证明无形资产的存在　　B. 确定无形资产的种类

C. 确定无形资产的获利能力　　D. 确定无形资产的有效期限

4. 无形资产评估的目的有以下类型（　　）。

A. 无形资产的转让　　B. 无形资产投资

C. 无形资产摊销　　D. 无形资产纳税

5. 适用于无形资产评估的方法有（　　）。

A. 市场法　　B. 成本法　　C. 收益法　　D. 路线价法

6. 商誉的特点包括（　　）。

A. 形成商誉的特别因素不能单独计价

B. 商誉是企业整体价值扣除全部有形资产以后的差额

C. 商誉不能与企业可确指的资产分开出售

D. 商誉是企业长期积累起来的一项价值

7. 无形资产更新周期主要根据（　　）来判断。

A. 产品更新周期　　B. 经济周期

C. 技术更新周期　　D. 政府政策

8. 当无形资产（　　）等情况出现时会造成无形资产的贬值。

A. 再生产费用降低

B. 传播面积逐渐扩大，社会普遍接受和掌握

C. 新的、更先进的替代型无形资产

D. 生产的产品成本下降

9. 无形资产转让时的最低费用额的决定因素包括（　　）。

A. 重置成本　　B. 历史成本　　C. 机会成本　　D. 生产产品的成本

10. 无形资产的财务成本特征表现在（　　）。

A. 弱对应性　　B. 共益性　　C. 积累性　　D. 虚拟性

三、简答题

1. 影响无形资产评估价值的因素有哪些？
2. 如何采用收益法评估无形资产？
3. 如何采用成本法评估无形资产？
4. 用市场法评估无形资产应当注意哪些问题？
5. 说明专利权的评估程序。
6. 商誉的含义是什么？评估商誉的方法有哪些？

四、计算题

1. 某企业的预期年收益额为 25 万元，该企业的各单项资产的重估价值之和为 90 万元，企业所在的行业的平均收益率为 20%，并以行业的平均收益率为适用的资产收益率。请确定该商誉的评估值。

2. 某企业拟转让其拥有的某产品的商标使用权，该商标产品的单位市场售价为 1 000 元/台，比普通的商标同类产品的价格高出 100 元/台，拟购买商标企业的年生产能力为 100 000 台，双方商定商标使用许可期为 3 年，被许可方按照使用该商标的产品的年销售利润的 30% 作为商标特许权使用费，每年支付一次，3 年支付完价款。被许可方的正常销售利润率为 10%，收益率按照 10% 计算。

要求：根据上述条件计算该商标使用权价格。

3. 有一项新产品设计及工艺技术，已经使用 3 年，证明该技术可靠，产品比同类产品性能优越。经过了解，同类产品平均价格为 150 元/件。目前该产品年销售量为 2 万件。经过分析，产品寿命可以维持 8 年，但是竞争者将会介入。由于该企业已经较为稳固地占领了市场，竞争者估计将会采取扩大市场范围的市场策略，预计该企业将来会维持目前的市场占有，但是价格将会呈下降趋势。产品价格预计为：今后 1～3 年维持现行价格；4～5 年降低为 170 元/件；6～8 年降低为 160 元/件。估计成本变化不大，故而不考虑其变化（折现率为 12%，所得税税率为 15%）。请根据上述条件计算该项技术的评估值。

4. 某企业转让制药生产全套技术，经过收集和初步测算得到下列资料：（1）该企业与购买方共同享受该制药生产技术，双方设计能力分别为 700 万箱和 300 万箱；（2）该制药生产技术是从国外引进，账面价格为 400 万元，已经使用 3 年，尚可使用 9 年，3 年来的通货膨胀率为 10%；（3）该项技术转让对于该企业生产经营有较大影响，由于市场竞争加剧，产品价格下降，在以后的 9 年中减少的销售收入按折现值计算为 80 万元，增加开发费以保住市场的追加成本按照现值计算为 20 万元。

请计算：该制药生产全套技术的重置成本净值；该无形资产转让的最低收费额评估值。

5. 甲企业将一项专利使用权转让给乙公司，拟采用对利润分成的方法。该专利系三年前从外部购入，账面成本为 80 万元，3 年间物价累计上涨 25%，该专利法律保护期为 10 年，已经过去了 4 年，尚可保护 6 年。经过专业人员的测算，该专利成本利润率为 400%，以企业的资产重置成本为 4 000 万元，成本利润率为 12.5%。通过对该专利的技术论证和发展趋势分析，技术人员认为该专利剩余使用寿命为 5 年。另外，通过对市场供求状况以及有关会计资料分析得知，乙企业实际生产能力为年产某型号产品 20 万台，成本费用每台 400

元，未来 5 年产量与成本费用变化不大，该产品由于采用了专利技术，性能有了较大的提高，未来第一、第二年每台销售价格达到 500 元，为了维持市场占有率，第三、第四年售价将降低到 450 元/台，第五年将降低到 430 元/台，折现率为 10%。请你根据上述资料确定该专利的评估值（不考虑流转税因素）。

6. 某企业进行股份制改造，根据企业过去经营情况和未来市场形势，预测其未来 5 年的收益额分别是 13 万元、14 万元、11 万元、12 万元和 15 万元，并假设从第 6 年开始，以后各年的收益额均为 14 万元。根据银行利率以及企业经营风险情况确定的折现率和资本化率均为 10%，并且采用单项资产评估方法评估确定该企业各单项资产评估之和为 90 万元。试确定该企业的商誉的评估值。

无形资产评估案例一

——××实业公司软件评估

一、委托单位

××市××实业公司。

二、评估对象

评估对象为××实业公司开发研制的《企业经营管理技能技巧评测系统》软件。该软件能在国内标准配置的386微机及其以上各档次主流机型上正常运行（包括便携机）。该软件使用Clipper5.0编程，仿Windows界面，源程序量为2 666条，其主要功能是为企业家、经营管理者提供有关经营管理等9个方面、50余项的测试及综合评定。为企业经营策划、市场营销、经济管理、行政管理等方面提供科学有序的依据。

三、评估目的

此次评估的目的是对××实业公司开发研制的《企业经营管理技能技巧评测系统》软件的市场价值进行评定估算。

四、评估基准日

2004年7月1日。

五、评估机构

××事务所。

六、评估对象范围及简要说明

该软件已上报中国软件登记中心，评测种类较为齐全，其可扩充性、程序牢固性、意外操作或掉电时数据保护能力、容错能力、系统安全性等较好，系统不易崩溃，有在线提示和帮助功能，用户使用较方便，基本不用操作命令，操作方法较为简便，程序结构合理，兼容性高，可运行于国内流行的各种汉字系统中。该软件在功能设置上，经用户试用表明，基本能够满足用户的常用需求。

七、评估的原则

1. 资产评估工作中，遵循被评估资产持续经营，资产价格具有替代性和公开市场性的操作原则。

2. 资产评估机构遵循独立性、客观性、科学性的工作原则，在掌握翔实可靠资料的基础上，根据评估的目的，采用符合实际的标准和方法、科学的评估程序，确定被评估资产在基准日的公允价值。

八、评估依据

1. ××市××实业公司开发研制的《企业家经营管理技能技巧评测系统》软件实物及

使用说明书；

2. ××市××实业公司产品规划书；

3. ××实业公司2002年及2003年成本费用汇总表；

4. 国家有关政策法规。

九、评估标准和方法说明

根据此次评估的目的，评估中按该软件开发研制中实际发生的成本费用计，按重置成本标准，参照物价变动指数和预计销售利润等对该软件的市场价值进行评定估算。因该软件刚刚面市，成新率为100%。

十、评估过程和说明

经评估工作人员对委托方提供的账目单据等进行核查验定，研制开发期间，工资及福利费用为74 224.11元，原材料耗费445 463.18元，低值易耗品耗用1 725元，办公及管理费64 695.86元，差旅费19 389.5元，累计折旧98 470.42元，装修费分摊共37 790.68元，房租85 000元，财务费用277 062.2元，其他费用52 871.27元。

其研制开发成本 = 74 224.11 + 445 463.18 + 1 725 + 64 695.86 + 19 389.5 + 98 470.42 + 37 790.68 + 85 000 + 277 062.2 + 52 871.27
= 1 156 692.22（元）

以上的成本费用数据，其主要构成为人工及原材料等费用，考虑到2002—2004年评估基准日较开发研制日的物价指数上涨约20%，确定物价指数调整系数为1.2。据估价工作人员了解，软件市场利润率较高，但考虑该软件刚刚面市，其应用方面有一定的局限性，开拓销售市场有一定的难度，参考该公司提供的产品规则书中发售计划中，薄利多销、占领市场的宗旨，暂定其产品利润率为30%，利润调整系数为1.3，该软件市场总价值为：

1 156 692.22 × 1.2 × 1.3 = 1 804 439.86（元）

十一、评估结果

评估人员对××实业公司开发研制的软件进行了实际调查了解，核实查验账目、票据，综合考虑该软件的市场价值及其他各项因素，确认该软件的市场总价值为1 800 000元（壹佰捌拾万元整）。

十二、需要说明的事项

1. 该评估报告结果是基于评估基准日之上的，其他时段的变化不包括在内。

2. 该评估报告未经评估机构同意，不得向委托方和估价报告审查部门之外的单位和个人提供，报告的全部或部分内容不得在任何公开媒体上发表。

3. 该评估报告的评估过程中，估价人员对委托方出具的报表、单据及账目等进行了核实，评估时完全依据账面反映情况进行评估。

十三、评估报告出具日期

2004年8月26日。

十四、资产评估机构法定代表人（签名）

（略）。

无形资产评估案例二

——神州食品饮料公司商标评估

一、背景介绍

本例采用重置成本法，并参照物价指数和销售难度调整利润率，科学合理，容易被人们所接受。不足之处是本例中物价指数调整系数的确定和销售利润率的确定，没有详细的市场资料，说服力不强。另外，开发期间所发生的费用不做任何分析即作为开发成本，理由也不是很充足，如果不加合理分析，很可能形成虚高成本，造成虚高定价，影响价格决策。

神州食品饮料公司为中外合资企业，经营 10 年来，质量稳定，货真价实，在市场上神州牌食品饮料已树立了信誉，销量日增，有的产品还进入国际市场，深受国外用户的信赖。为了进一步扩大业务，占领国际市场，提高企业竞争能力与应变能力，神州公司于 2003 年年末进行了股权结构的重组，除原有五家股东增加投资并吸收某国新股东投资外，还将原属于神州公司的“神州”牌商标评估作价，作为原五家股东所有的无形资产，共同投入新公司作为各自入资的一部分。经我公司评估，该商标以评估值作价投入新公司已被新股东接受，现增资扩股工作已经完成，新的合资公司已正式营业，由于资金实力较前雄厚，新公司扩大了生产规模，增加了三条生产线，“神州”商标的知名度与美誉度也有所提高，吸引了更多投资者的关注与兴趣。

二、“神州”牌商标与产品概况

（一）“神州”牌商标注册情况与美誉度（略）

（二）产品概况

产品 A 是北京最早上市的该类型食品，至今畅销不衰。该产品的主要特点是品种多、口感好、消毒彻底、包装密封好、技术过关不变形、成本低、价格合理，因而深受消费者喜爱，历年多次获奖。产品 B 于 19××年开始生产，有四大类 15 种规格，年产××吨，逐年增加，预计可达××吨/年。该产品采用×国全套配方，选料精良，工艺严格，消毒彻底，包装科学，保存期可达 1 年。客户可在产品软硬度、糖度、添加剂、消毒方式以及包装规格上提出不同要求，神州公司均可做到使客户满意，因而可以适应各种不同用途的需要。近两年来该产品全部销往×国。由于质量稳定可靠，“神州”牌饮料与食品已在该国消费者中取得信赖与认可，在市场上享有较高声誉，销量稳步上升。

综上所述，可以看出“神州”牌饮料与食品之所以能持续畅销，不断发展，是其重视技术、严格管理，一贯把质量和信誉放在首位的结果，因此可以认为“神州”牌商标的价值是神州公司技术、经营、管理、信誉等所有无形资产的总的体现。

三、评估值的计算

1. 依据超额收益公式（包括 N 年后年金的本金化价格）。

$$P = \sum_{t=1}^{T} \frac{R_t}{(1+r)^r}$$

式中：T——预测期限；

R_t——年超额收益；

r——折现率；

P——评估现值。

现预测其将在今后 5 年内保持具有超额收益的经营态势。估计预期年超额收益保持在 100 万元的水平上，该企业所在行业的平均收益率为 10%，将以上预测结果代入求得：

$$P = 1\ 000\ 000 \times 0.909\ 1 + 1\ 000\ 000 \times 0.826\ 4 + 1\ 000\ 000 \times 0.751\ 3 + 1\ 000\ 000 \times 0.683\ 0 + 1\ 000\ 000 \times 0.620\ 9 = 3\ 790\ 700\ (\text{元})$$

2. 收益剩余法。

依据现金流量概念，编制神州公司国内投资现金流量表（表略），得出企业未来各年净现金流量，根据公式计算各年净现金流量：

$$\text{净现金流量} = \text{税后利润} + \text{折旧} + \text{资产回收}$$

将纯收益值按 30% 折现率折现，按下式得出剩余收益额即商标现值 P。

$$\begin{aligned} P &= \text{净现金流量现值} - \text{投资现值} \\ &= 5\ 500.48 - 3\ 798.31 \\ &= 1\ 702.17\ (\text{万元}) \end{aligned}$$

按基准日汇率 8.5 折算，折合美元为 200.26 万美元。

3. 评估值的确定。

经采用两种方法计算，所得结果十分接近，说明数据与方法正确，较为可信，据此得出“神州”牌商标的最终价值为：

$$(236.17 + 200.26)/2 = 218.22\ (\text{万美元})$$

第七章

长期资产评估

第一节　长期投资评估概述

一、长期投资的概念及分类

（一）长期投资的概念

长期投资是指不准备在一年内变现的投资，包括股票投资、债券投资和其他投资。长期投资分为广义的长期投资和狭义的长期投资两种。

广义的长期投资泛指企业投入财力、物力以期获得投资报酬的行为，包括向本企业和企业外部的投资。狭义的长期投资仅指企业的对外投资行为，即企业向那些并非直接为本企业使用的资产项目的投资。企业的对外投资行为是现代企业经营活动的重要组成部分。对外投资的目的：一是从企业生存和发展战略出发，通过对外投资优化资产配置，提高资产效率，增强抵御市场风险的能力；二是为了充分利用企业尚未使用的积累资金，以期通过长期积累，扩大企业规模。

作为企业资产评估对象的长期投资，是狭义的长期投资概念，即不准备随时变现、持有期一年以上的企业对外投资，或者是反映在企业“长期投资”账户上的那部分企业资产。

从资产评估的角度来看，长期投资是指企业持有时间超过一年，以获取投资权益和收入为目的，向那些并非直接为本企业使用的项目投入资产的行为。

（二）长期投资的方式及分类

长期投资的目的是多种多样的，因而长期投资的方式也不拘一格。较为普遍的长期投资方式有：购买有价证券，以现金、有形资产或无形资产直接投资到其他企业，企业联营、合资等。

1. 实物资产的长期投资。

实物资产的长期投资是指投资方以实物资产方式，包括厂房、机器设备、材料等作为资本投入或参与其他企业运营，或组成联营企业。

2. 无形资产的长期投资。

无形资产的长期投资是指投资方以自身拥有的无形资产，如专有技术、商标、土地使用权等作为资本投入其他企业，组成联合企业。

3. 证券资产的长期投资。

证券资产的长期投资是指通过证券市场购买其他企业的股票或债券（如国库券、企业债券和金融债券）等，以期达到投资于其他企业的目的。

另外，根据投资的性质，企业长期投资可以分为股权投资和债权投资。股权投资，也称权益投资，指投资企业对其他企业或其附属企业产权的投资。一般的做法是，被投资企业将其所有权按股份份额形式转让给投资方，投资方按其拥有的产权份额对受资企业的经营、管理享有参与乃至控制权，并可依法分享与产权有关的货币收益。但其投资收益是不固定的，需根据受资企业经营效益而定。债权投资是指企业通过证券市场购买各种中长期债券，如公债、企业债券等实现的投资。债券持有人与债券发行人之间是债权与债务关系，债券发行人有义务向债权人定期支付利息，到期归还本金。债权投资是有限期的长期投资。

二、长期投资的收益与风险

投资的目的在于取得收益。但由于企业的经营环境充满了不确定性，使得企业收益，乃至投资者收益都具有不确定性，即风险。每一项投资都要承担一定的风险，可以说投资就是牺牲眼前确定的利益，以得到未来的某种不确定的利益。

（一）投资收益

在进行投资时，投资者首先关心的是投资收益如何，这也是长期投资评估中的重要参数。投资收益的大小可以通过“单期收益率”这个指标来测量。所谓投资的单期收益率，是指投资者在投资期或持有期的总收益与初始总投资的比值。投资者从投资中得到的收益可以分成两类：

（1）资本利得，即从价格上升中得到的利益；

（2）股息或利息，即来自于股权投资的现金红利、股息及债券的利息支付。

（二）投资风险的主要来源

任何投资的收益都是有风险的，风险主要来源于以下几方面：

1. 利率风险。

利率风险是指由于市场利率变动引起收益变动的风险。一般来说，如果市场利率上升，则投资的价值或市场价格下降；反之上升。

2. 购买力风险。

购买力风险是由于通货膨胀的存在使投资者所要承受的收益变动风险。通货膨胀率一般通过消费物价指数的变化来表示。通常所说的收益率都是指名义收益率。实际收益率是剔除了通货膨胀率以后的收益率，可用以下公式计算：

$$实际收益率 = 名义收益率 - 通货膨胀率$$

3. 市场变动风险。

市场力量的作用会导致市场收益率发生变化。如果某种证券指数从某一低点持续上升，并持续一段时间，这种趋势称为牛市，而具有持续下降趋势的股市称熊市。在熊市绝大部分股票价格都会下跌，而牛市则相反，牛熊市交替的市场力量是投资风险的一种持久的来源。

4. 管理风险。

管理风险是指公司高级管理人员决策失误给投资者造成的收益变动风险。有研究表明，经理人员拥有较大投资权益的公司，管理风险较小。因为公司真正的所有者比雇员更尽心尽力于公司价值的最大化。

5. 违约风险。

违约风险是指投资者所投资的公司因信用变化所导致的投资者收益波动。

6. 流动性（变现）风险。

变现风险是指为了没有延误地出售资产，必须承担价格折扣和支付销售佣金而导致的资产收益变动。因为流动性差的资产难以在市场上立即变现，若想尽快变现，就必须给予一定的价格折扣或支付较多的销售佣金。

7. 政治风险。

政治风险产生于不同政治力量平衡的打破，包括国内与国际，并且国际政治风险是很重要的部分。

8. 行业风险。

一个行业是由一些在市场上以同类产品相互竞争的公司组成的。行业风险是由影响某个行业的产品及组成该行业的公司条件变动引起的。具体包括：行业生命周期的不同阶段、国际关税、行业产品限额、与行业或产品相关的税收、行业劳动工会问题、环境约束、原材料的供给等因素。这些因素若同时影响到该行业的所有公司，则这些相互竞争公司发行的证券价格可能同时上升或下降。

在资本市场上，证券的风险大体可分成以下 4 个档次。

（1）政府短期国库券。它被认为没有违约风险，并由于期限较短，价格也较稳定，投资者购买这种短期债券，到期收益几乎是确定的。但从理论上说，他们得到的仅是确定的名义收益率，因为仍存在有通货膨胀的不确定性。

（2）政府长期债券。它与短期国库券相比，风险稍大一些。投资者持有的政府长期债券的价格将随着利率的变化而波动，即市场利率上升时，债券价格下降；反之，债券价格上升。

（3）公司债券。它的风险更大，因为公司债券除上述政府长期债券的风险外，还有违约风险。

（4）投资者直接持有公司普通股股票。这种情况的风险一般是最大的，因为股票持有者将直接分担经营风险。

三、长期投资评估的特点

由于长期投资是投资企业以放弃对其自身资产的直接控制权为代价，换取从被投资者处获取投资收益和资本增值的权利的投资行为，因此对企业长期投资的评估就具有不同于评估其他资产的特点。

（一）长期投资评估是对资本的评估

长期投资性资产评估是对所投生产要素所代表的资本的评估，而不是对生产要素的评估。企业以其拥有的资产作为资本金对外投资，投资者在有效投资期间内实际上已经放弃了对投资资产的控制权或使用权，这部分资产已作为被投资企业的资本金，由被投资企业所控制使用，因而长期投资性资产的评估实际上是对资本的评估。

（二）长期投资评估是对被投资企业偿债能力和获利能力的评估

长期投资性资产的目的是获得收益，其价值高低主要取决于该投资所能带来的收益的大小，而长期投资性资产的获利能力此时与投资方的生产经营无关，而是取决于被投资企业的经营管理水平及其获利能力。从这个意义上讲，长期投资性资产评估实质上是对被投资企业的获利能力和偿债能力的评估。

四、长期投资评估程序

长期投资评估一般按以下程序进行。

1. 明确长期投资项目的有关详细内容，如投资种类、原始投资额、评估基准日余额、投资收益计算方法和历史收益额、长期投资占被投资企业实收资本的比例和所有者权益的比例，以及相关会计核算方法等。

2. 判断长期投资投入和收回金额计算的正确性和合理性，判断被投资企业资产负债表的准确性。

3. 根据长期投资的特点选择合适的评估方法。可上市交易的债券和股票一般采用现行市价法进行评估，按评估基准日的收盘价确定评估值；非上市交易及不能采用现行市价法评估的债券和股票一般采用收益现值法，根据综合因素选择适宜的折现率，确定评估值。

4. 评定测算长期投资，得出评估结论。

第二节　债券的评估

一、债券概述

债券是指政府、公司、金融机构等债务人为筹集资金，按照法定程序发行，并向债权人承诺在指定时间内支付利息和偿还本金的有价证券。从债券发行主体看，债券是筹资的手段。对债券购买者来说，债券是一种投资工具。作为一种投资工具，债券具有投资风险小、安全性强、收益稳定、流动性强等特点。

（一）债券要素

1. 到期日。

债券到期日一般指全部付清本利的日期。按照距到期日时间长于或短于一年，可将债券区分为长期债券与短期债券。

2. 偿债条款。

长期债券有时会采取每年（或每半年）固定的还本付息额来清偿，有时会附有宽限期，即在借款最初几年可以既不还本也不付息。对于市场上交易的债券，一般采用偿债基金方式。发行债券的公司每年拨出一笔现金作为偿债基金，用来购回一定量的债券。一般用抽签的方法决定应购回的债券号码。

3. 回赎与转换条款。

多数企业在公开发行债券时都附有回赎条款，即在某一预定条件下，由企业决定是否按预定的价格（一般比债券面值略高）提前从债券持有者手中购回债券。此外，许多债券附有可转换性质，这些债券称为可转换债券。可转换债券是指在到期日或到期日之前的某一期限内，可按预先确定的比例或价格将每一份债券转换为一定数量的股票。转换与否由债券持有人决定。

4. 求偿等级。

债券按求偿权利的排列次序而区分求偿等级。高级债券是指有优先求偿权的债券，而低级或次级债券是指求偿权排名于企业一般债主之后的债券。一旦企业破产，清算时先偿还高级债券，然后才偿还次级债券。显然，债券的求偿等级不同，所承担的违约风险，即发生清偿时遭受损失的可能性也不同。

5. 抵押。

企业发行债券常用企业的厂房、设备作抵押。没有抵押的长期债券称为信用债券。发生清偿时，抵押债券持有人对用以抵押的企业资产比信用债券持有人有优先求偿权，对未用以抵押的企业资产则两者求偿权相同。

6. 债券面值和利息。

债券面值一般指到期日付给债券持有人的本金额。利息支付一般在债券发行时就已规定，通常是每三个月、半年或一年付一次，按息票规定的利率支付。

例如，面值1 000元的债券，息票率为8%，每半年付一次，指每半年支付面值的（1÷2）×8%＝4%的利息，即1 000×4%＝40（元）。有些债券是不带息票的（如国库券），称为无息票债券，在债券到期日债券持有者一次性取得债券面值的现金额。到期一次性还本付息的债券本质上也是无息票债券。

7. 债券利率。

债券的利率一般都是固定的。但是20世纪70年代以后，通货膨胀引起了利率上升，导致长期债券价格下跌，对投资者的利益造成了很大损害。为防止未来利率变动可能造成的损害，投资者对长期固定利率债券的收益比短期债券要求增加一个较高的溢价，这就大大增加了长期债务的成本，而企业又不愿用短期债务当作长期资金使用，于是浮动利率债券应运而生。浮动利率是根据约定的期限（如3个月、6个月），在某一基础利率，如政府债券利率、银行优惠利率、LIBOR（伦敦银行同业拆借利率）等之上增加一个固定的溢价，例如1%进行浮动。此外，还有指数利率，即根据通货膨胀率定期调整债券利率。

（二）债券种类

根据债券的发行主体不同，可将债券分为政府债券、公司债券与金融债券。这三类债券的风险程度及与风险程度联系的利率都有所不同。

根据上述债券要素的不同组合，又可将发行主体不同的三大类债券各自进行进一步分类。例如政府债券根据有无息票，或不同的利息支付方式，可分为有息票债券与无息票债券；根据利率是否固定，可分为固定利率公债与保值公债。但其中最为复杂的还是公司债券。因为不同种类的公司债券往往求偿等级不同，从而所承担的违约风险也不同。

公司债券的风险大于政府债券，故其利率也应高于政府债券。金融债券的风险度很大程度上取决于发行主体的性质，若是由非国有银行或金融机构发行的，则与公司债券相似。公司债券根据有无抵押，可划分为无抵押（信用）债券和有抵押债券。

无抵押债券包括信用债券、次级信用债券和收入债券。信用债券持有人求偿权排名于有抵押债权持有人对抵押物的求偿权之后，对未抵押的企业资产有一般求偿权。发行这种债券的公司必须是有较好信誉的大公司。次级信用债券对企业未用以抵押的资产的求偿权排名于信用债券持有人之后，故其风险要比信用债券更高。收入债券（income bonds）只在企业有能力支付利息（由合同详细规定细则，而不是由企业任意确定）时才支付，未付利息要累积计算（常以3年为限）。这种债券类似于优先股，和优先股不同的是，利息支出可进入公司成本。收入债券持有人求偿权排名于优先股股东之前，与其他无抵押债券持有人的求偿权排序由合同规定。可转换债券一般是无抵押债券。

有抵押债券的特点是以某一或某些特定资产作为保证偿还债务的抵押物，在对企业进行清偿时，企业用于抵押的资产在未取得债权人许可的情况下，不得随意处置。这一特点维护了债权人的利益。有抵押债券由于较安全，故收益率较无抵押债券有所降低。有抵押债券包括抵押债券、担保信托债券、设备信托证。抵押债券是以真实资产（土地、房屋、设备等）作为保证偿还债务的担保，故较安全。担保信托债券是用有价证券即股票、债券之类的金融资产作为抵押，而不是用真实资产作为抵押。由于股票、债券本身就是有风险的资产，因此这类有抵押债券仍具有一定风险。设备信托证是信托投资公司为筹集设备款而发行的一种债券。信托公司购买设备后将设备租赁给使用设备的公司，使用设备的公司按规定每年支付一定数额的本息给设备信托证持有人。到规定期限时会还清全部本息，信托公司则将设备所有权转入使用设备的公司。

此外，公司债券还可以按照附属的某些重要性质，如是否有偿债基金，是否可转换、回赎，利率是否固定，以及利息支付方式等进行分类。

（三）债券的特点

1. 收益稳定性，到期还本付息。

债券一般都事先约定票面利率，不随市场利率变化而变动，具有一定的稳定性。债券发行人为了吸引投资者，通常把债券利率定得高于银行定期储蓄利率。

2. 投资风险小。

政府债券、金融债券和企业债券因其发行主体的信用度依次递减，它们的风险也依次递增。政府债券信誉度高、流动性强，基本上无风险；金融债券信誉比较高，其风险度低于企业债券；企业债券的风险一般要高于政府债券和金融债券，主要是由于企业资产质量及信誉度远不如政府和金融机构。

3. 具有较强的流动性。

发行的债券中相当部分是可流通债券，可随时在市场上交易，变现能力较强。

（四）债券风险评价

债券的价格主要是由预期债券的收益和适用的本金化率决定的。由于债券是确定请求权的有价证券，因此它的风险——作为确定本金化率的重要因素，就成为决定其收益现值的最具有弹性的因素。

在现代证券业中，债券的风险大多通过信用评级制度来反映。债券的信用评级是指由债券评信机构根据发行者提供的信息资料，并通过调查、预测、比较等手段，运用科学的分析方法，对拟发行债券的质量、信用、风险进行公正、客观的评价定级。目前世界上较权威的债券评级标准是美国的穆迪投资者服务公司和标准普尔公司制定的信用等级标准，见表7－1。

对于风险评级在评估债券中的应用较普遍的做法是，按债券评级确定相应的风险报酬率，与无风险利率合并作为债券约定收益的本金化率。

表 7-1 债券评级

项目	穆迪系列	标准普尔	风险特征
投资级	Aaa Aa A Baa	AAA AA A BBB	最佳投资级：信用级别最高，偿还能力最强，投资风险最小，或无风险； 高质量投资级：信用度很好，偿还能力强，安全度略低于AAA级，但差别很小； 良好质量投资级：中上等信用级别，偿还能力较强，但存在着一定风险； 中等投资级：偿还能力尚好，但从长远看客观因素变化的影响会产生一些不稳定的因素，有风险
投机级	Ba B Caa Ca C	BB B CCC CC C D	下等投资级：具有偿还能力，但无足够的保障因素，从长期看不稳定，有风险； 下等信用级：没有足够的偿还保障能力，有风险； 信用不好，存在危及偿还能力的因素，可能违约； 高度投机性证券，很可能违约，风险较大； 信用等级最低，不能作为真正的投资对象； 违约债券，还本付息被拖欠

二、债券评估的原则

债券属于确定请求权有价证券。在发行时已经明确地规定支付利息及偿还本金的期限和方式。债券分为可上市流通和不可上市流通两类。一般来说，可上市流通的债券可随时变现，而不可上市流通的债券只能按规定的期限还本付息。根据债券的这些特点，在评估时一般应遵循两大原则：收益折现原则和实际变现原则。

（一）收益折现原则

债券的价格最终是由其发行主体的盈利状况决定的，投资者所关心的是购买债券所能获得的收益。因而，评价或评估一种债券的价格，就需要把长期债券的预期收益折现。对发行主体的信誉、经营状况、财务状况和盈利能力等要进行综合分析，以便恰当地预测其收益。

（二）实际变现原则

长期债券的价格固然由收益现值决定，但是在证券市场比较发达的条件下，债券作为一种特殊的商品可以在市场上流通，其价格要受供求关系、投机等因素的影响。因此，对债券的评估还要随行就市，不能排除按实际变现的状况对债券估价的影响。

三、债券评估的方法

债券作为有价证券，从理论上讲，其市场价格应反映其收益现值。但是这需有一定的前提条件：一是债券具有高度流动性，可以在市场上自由买卖、贴现；二是市场交易情况正常，不存在垄断和过度投机行为。因此，债券的评估方法有两个：一是在具备上述条件的情况下采用现行市价法；二是在不具备上述条件的情况下采用收益现值法。

（一）现行市价法

如果债券可以在市场上流通，并且市场上有该债券的公平市价，那么对于持有该债券的投资者而言，尽管他并不准备在短期内将这些债券兑现，但是在市场交易正常的情况下，该债券的现行市价就可作为该债券的评估值。

采用现行市价法评估债券价格，一般以评估基准日的收盘价为准。需要强调说明的是，不论按什么方法评估可上市债券，其评估值一般不应高于证券交易所公布的同种债券的卖出价。评估人员需在评估报告中说明该债券的评估方法、评估依据及评估结果的时效性。

【例 7－1】 被评估企业持有 1999 年发行的 3 年期公债券 1 000 张，每张面值 100 元，年利率 9.8%。评估时，该公债券的市场交易价为 110 元，评估人员认定在评估基准日该企业持有 1999 年发行的公债券的评估值为 110 000 元。

$$评估值 = 110 \times 1\ 000 = 110\ 000\ (元)$$

（二）收益现值法

在债券不能进入市场流通，或虽能进入市场流通但市场投机严重、债券价格严重扭曲的情况下，收益现值法是评估债券价格的基本方法。

收益现值法是在考虑债券风险的前提下，按适当本金化率折现预期收益的方法。由于债券的利率、还本期限、利息支付方式等都是事先约定的，计算债券的预期收益并不困难。较为复杂的是如何确定适当的本金化率。债券的本金化率由无风险报酬率与风险报酬率两部分组成。无风险利率在市场经济较完善的国家一般以市场利率为准，而我国目前以官方利率，即银行存款利率或政府债券利率作为无风险报酬率。风险报酬率可根据债券发行企业的信用评级确定，级别越低，风险报酬率越高。若无信用评级，则需根据债券发行企业的经营、财务、信用、行业等多种状况判断。此外，风险报酬率的确定还需考虑通货膨胀率。

根据债券是否有息票，或还本付息方式不同，可以将债券分为每年（期）支付利息到期还本与到期一次还本付息两大类，其计算现值的具体方法有所区别。

1. 每年（期）支付利息，到期还本债券的评估。

该类债券的评估采用有限期收益现值法，其现值公式为：

$$P = \sum_{t=1}^{n} \frac{R_t}{(1+i)^t} + \frac{P_0}{(1+i)^n}$$

式中：P——债券评估值；

R_t——债券在 t 年的利息收益；

i——适当的折现率；

n——从评估时点至债券到期日所经历的期数。

如果一年内多次付息，上述现值公式还可演化为：

$$P = \sum_{t=1}^{n\cdot m} \frac{R_t \cdot \frac{1}{m}}{\left(1+\frac{i}{m}\right)^t} + \frac{P_0}{\left(1+\frac{i}{m}\right)^{n\cdot m}}$$

式中：m——每年支付利息的次数。

【例 7－2】 某企业拥有另一企业发行的债券 10 000 元，两年期，每年付息一次，到期还本，年利息率 17%；评估时债券购入时间已满一年，当时的国库券利率为 8%，发行债券企业的风险报酬率为 2%。

分析：已知债券面值和利率，便可得出债券到期的本利和，即终值。终值折成现值的关键是选择折现率。这里需考虑两个因素：一是无风险利率，可以用国库券利率；二是所持债券具有的风险。

$$\begin{aligned}折现率 &= 无风险利率 + 风险报酬率 \\ &= 8\% + 2\% = 10\% \\ 评估值 &= 1\ 700/(1+10\%) + 10\ 000/(1+10\%) \\ &= 1\ 700/1.1 + 10\ 000/1.1 \\ &= 10\ 636.36\ （元）\end{aligned}$$

2. 到期一次还本付息债券的评估。

其计算公式为：

$$P = F(1+i)^{-n}$$

式中：F——债券到期时本利和；

n——从评估时点至债券到期日所经历的期数。

另外，本利和 F 的计算中要根据债券利息是采用单利还是复利计算来确定。

①采用单利计算终值的公式为：

$$F = P_0(1 + m \cdot r)$$

式中：m——债券的计息期次数；

r——债券的利息率。

②采用复利计算终值的公式为：

$$F = P_0(1+r)^m$$

【例7-3】 被估企业拥有某企业发行的3年期一次性还本付息债券100 000元，年利率12%，按复利计算利息。评估时债券的购入时间已满2年，当时的国库券利率为10%。评估人员通过对发行企业的了解，认为该债券风险不大，并已接近到期日，故按1%作为风险报酬率，并以国债利率为无风险报酬率，折现率定为11%。该债券评估值为：

$$\begin{aligned}F &= 100\ 000 \times (1+12\%)^3 \\ &= 100\ 000 \times 1.405 \\ &= 140\ 500\ （元） \\ P &= F \times (1+11\%)^{-2} \\ &= 140\ 500/(1+11\%)^2 \\ &= 140\ 500/1.232 \\ &= 114\ 042\ （元）\end{aligned}$$

第三节 股票投资的评估

一、股票评估概述

（一）股票特征及其类型

股票是股份有限公司发给出资人的股份所有权的书面凭证，股票表明了公司与股东的约定关系，实质上是一种特殊的信用工具。股票投资是指企业通过购买等方式取得被投资企业的股票而实现的投资行为。

此外，由于股票投资不能要求股票发行公司还本，并且投资收益需根据股票发行公司的盈利水平和股市行情来确定，因此与债权投资相比，股票投资具有风险大、盈利高、价格波动性大的特点。

（二）股票的分类

股票的分类很多，按不同标准有以下分类：

（1）按票面是否记名，分为记名股票和无记名股票。

（2）按有无票面金额，分为面值股票和无面值股票。

（3）按股利分配和剩余财产分配顺序，分为普通股、优先股和后配股。

（4）按股票是否上市，分为上市股票和非上市股票。

（5）按投资主体不同，可分为国家股、法人股、个人股和外资股。

（三）股票的价格

股票不仅种类多，而且有多种价格，包括：

1. 票面价格。

票面价格是指股份公司在发行股票时所标明的每股股票的票面金额。

2. 发行价格。

发行价格是指股份公司在发行股票时的出售价格，主要有面额发行、溢价发行、折价发行。

3. 账面价格。

账面价格，又称股票的净值，是指股东持有的每一股票在公司财务账单上所表现出来的净值。

4. 清算价格。

清算价格是企业清算时，每股股票所代表的真实价格，是公司清算时，公司净资产与公司股票总数之比值。股票的清算价格取决于股票的账面价格、资产出售损益、清算费用高低等因素。

5. 内在价格。

内在价格是一种理论依据，是根据证券分析人员对未来收益的预测而折算出来的股票现实价格。股票内在价格的高低，主要取决于公司的发展前景、财务状况、管理水平以及获利风险等因素。

6. 市场价格。

市场价格是指证券市场上买卖股票的价格。在证券市场发育完善的条件下，股票市场价格是市场对公司股票的一种客观评价。在股市发育正常，股票交易比较正常的情况下，股票的市场价格就是市场对公司股票的一种客观评价，基本上可以作为评估股票的依据。

（四）股票评估的原则

股票属于不确定请求权有价证券。不确定请求权证券的收益不确定，通常是不还本的。股票的收益基本上取决于发行企业的经营效果。如果是上市股票，股市行情也会影响到股票收益。针对股票的基本特点，在股票评估时，应遵循以下基本原则：

1. 内在价值原则。

内在价值原则所强调的是，在股票的评估过程中要充分注意股票发行主体的经营绩效及预期收益。股票是典型的虚拟资本，股票的价格基础（内在价值）是股票发行主体的生产能力和获利能力。

2. 收益本金化原则。

股票作为一种虚拟资本，它的重估价格就是股票预期收益的本金化价格。

3. 实际变现原则。

实际变现原则是指对于可上市流通的股票的评估，可以其变现值作为评估的依据。完善、成熟的证券市场接近于理论上的完全竞争市场，股票作为在这个市场中交易的商品，其价值可根据股票的变现值来确定。

二、股票评估的方法

股票价值的评估，可按上市流通股票和非上市流通股票两类进行。

（一）上市股票的评估

上市流通股票是指企业公开发行的、可以在证券交易所自由交易的股票。对于上市股票的评估，在正常情况下一般可以采用现行市价法，按照评估基准日的市场价格确定评估值。所谓正常情况是指股市发育正常，股票自由交易，没有非法炒作现象。这样，市场价格可以代表评估时点的股票价值。如果证券市场发育不完善，则市场价格一般不能直接作为股票评估的依据。这时要与非流通股票一样，考虑股票的内在价值。另外，以控股为目的持有的上市公司股票，一般也采用收益现值法进行评估。

用现行市价法评估股票价格的公式为：

股票评估值 = 该股票评估基准日价格 × 持有股数

然而，这个简单公式在实际应用中，存在着评估基准日价格选择的问题。股票买卖的行情价格有开盘价、收盘价、最高价、最低价、成交价。在股市波动较大的情况下，这些价格之间的差异也较大，究竟应选用何种价格作为股票的评估值?

从公平合理的角度讲，应以被评估股票在评估基准日的加权平均成交价为准。其计算公式为：

$$P = \frac{\sum P_i \cdot W_i}{\sum W_i}$$

式中：P——每股平均成交价；

P_i——成交价格；

W_i——与 P_i 对应的成交股数。

但是，在股市波动较大的情况下，评估基准日的加权平均价有可能严重高于或低于评估基准日前后一段时期的价格，从而使评估基准日的加权平均价缺乏代表性。例如，若该股价看涨，就可能低估股票价值；反之则会高估股票价值。在这种情况下，需要对加权平均价进行进一步调整。

另外，在实践中，评估师大多采用评估基准日该股票的市场收盘价作为评估依据。

【例 7 -4】 某企业进行评估，其拥有一上市公司股票 10 000 股，评估基准日股票收盘价为 17 元。则：

股票评估值 = 10 000 × 17 = 170 000（元）

依据市场价格得出的评估值，应在评估报告书中说明所使用方法，并申明该评估结果应随市场价格变化而予以调整。

（二）非上市股票的评估

非上市交易的股票，一般采用收益现值法评估，即综合分析股票发行主体的经营状况及风险、历史利润水平和分红情况、行业收益等因素，合理预测股票投资的未来收益，并选择合理的折现率确定评估值。

非上市股票既包括普通股，也包括优先股。与优先股股东相比，普通股股东是公司的真正所有者，享有公司收益的剩余索取权。在正常经营时，企业利润首先支付债务利息，其次缴纳所得税，然后支付优先股股息，最后的剩余部分归普通股所有者。在企业破产清算时，普通股股东是经营风险的最终承担者，优先股的求偿权在债权人之后、普通股之前。由此可见，优先股在分派股息与清偿剩余资产方面较普通股具有优先权。此外，优先股的股利是固定的，一般情况下，都要按事先确定的股利率支付股利，这一点与债券很相似。与债券的区别是：债券的利息是在所得税前支付，而优先股的股利是在所得税后支付。而普通股没有固定的股利，完全取决于企业的经营状况、盈利水平和收益分配政策。所以，普通股的投资风险要大于优先股。正是因为普通股与优先股在所享有的权益与所承担风险方面具有差异，因此具体评估方法也有所不同。

1. 优先股的评估。

优先股评估主要考虑两大要素：一是评估优先股的风险；二是按优先股的性质和条款确定预期收益。由于优先股在发行时就已规定了股息率，所以对优先股风险的评估主要是判断股票发行主体是否有足够的税后利润用于优先股的股息分配。这种判断是建立在对股票发行企业全面了解与分析的基础之上的，包括股票发行企业生产经营情况、利润实现情况、股本构成中优先股所占比重及负债情况等。如果股票发行企业资本结构合理，实现利润较多，具有较强的支付能力，优先股就具备了“准企业债券”的性质；反之则具有一定的风险，在确定折现率时应予以考虑。

若持有者不打算转让优先股，则计算公式为：

$$P = \sum_{t=1}^{\infty} \frac{R_t}{(1+r)^t} = \frac{A}{r}$$

式中：P——优先股评估值；

r——折现率；

A——优先股的年等额股息收益。

如果非上市公司优先股有上市的可能，持有人又有转售的意向，这类优先股可参照下列公式评估：

$$P = \sum_{t=1}^{n} \frac{R_t}{(1+r)^t} + \frac{P_{n+1}}{(1+r)^{n+1}}$$

式中：P_{n+1}——预期优先股的变现价格；

n——优先股的持股年限。

【例 7-5】 A 企业持有 B 公司发行的优先股 500 股，每股面值 600 元，股息率为 15%。假设市场无风险利率为 8%，B 公司的风险报酬率为 2%。A 企业打算持有 3 年后将这些优先股出售，试评估该优先股的价值。

分析：此例的关键是确定优先股 3 年以后的出售价格。由于优先股是额定股息，在企业盈利相对稳定的情况下，假设该股息能够一直持续下去，因此可以采用永续年金折现的方法来评估优先股 3 年后的市场价格。即：

$$P = R/r$$

式中：P——资产现值；

R——资产每年等额的收益；

r——资产的本金化率。

该优先股票3年后的每股市价为：

$$P_{n+1}=\frac{600\times15\%}{8\%+2\%}=900\text{（元）}$$

则该优先股评估值为：

$$\begin{aligned}P&=\sum_{t=1}^{3}\frac{600\times500\times15\%}{(1+10\%)^{t}}+\frac{900\times500}{(1+10\%)^{4}}\\&=45\ 000\times2.486\ 9+450\ 000\times0.683\ 0\\&=111\ 910.5+307\ 350\\&=419\ 260.5\text{（元）}\end{aligned}$$

2. 普通股的评估。

普通股股东在股票持有期内的收益由两部分组成：一是持有期内的红利收入；二是若干年后按当时的市场价格出售股票获得的收益。与优先股不同，普通股的红利一般是不确定的，这取决于企业的经营状况和股利政策。当企业经营状况良好，又没有更好的投资机会时，可能大量分发红利；当企业经营状况不佳，或者虽然经营状况良好但存在着投资机会时，可能不发或少发红利。因此无论是预测未来股利，还是预测股票未来售价，都需要对股票发行企业进行全面的分析。主要考虑的因素有：该企业历史上的利润水平、收益分配政策、该企业所在行业的稳定性、该企业管理人员的素质和能力、该企业的经营风险与财务风险、该企业今后几年的利润发展趋势和投资趋势，以及国家的宏观经济政策与股市的发展趋势等。

对上述因素的评估分析相当于对企业的整体评估，具体方法参见企业价值评估第八章。本章假定上述分析已完成，仅探讨普通股的评估技巧。根据普通股收益变动的趋势，可以将普通股的评估分为3种类型：固定红利模型、红利增长模型和分段式模型。

（1）固定红利模型。

固定红利模型是针对经营一直比较稳定的企业的普通股的评估设计的。

用公式表示：

$$P=\frac{D_1}{r}$$

式中：P——股票的评估值；

D_1——被评估股票下一年（期）的红利额；

r——折现率或资本化率。

【例7-6】 大华纺织厂拥有吉庆水泥厂发行的非上市法人股100 000股，每股面值1元。在大华纺织厂持股期间，每年的股票收益率在16%的水平上。评估人员经调查分析，认为吉庆水泥厂生产经营比较稳定，在今后可预测的年份中，保持15%的股利分配水平是有把握的。评估人员考虑到该股票为非上市流通股票，加之此行业市场竞争比较激烈，在选用国库券利率10%的基础上，确定机器厂股票的风险报酬率为4%，折现率为14%，依据上述数据评估过程如下：

①每股股票价格：

$$P=\frac{D_1}{r}=\frac{0.15\times 1}{10\% + 4\%}=1.071\ 43$$

②大华纺织厂持有的股票价值：

$$P=1.071\ 43\times 100\ 000=107\ 143\ (元)$$

（2）红利增长模型。

红利增长模型适用于成长型企业的股票评估。计算公式如下：

$$P=\frac{D_1}{r-g}\qquad (r>g)$$

式中：P——股票评估值；

D_1——评估下一年该股票的股利额；

r——折现率；

g——股利增长比率。

在运用上述公式时，对 g 的估计要特别慎重。因为某一企业的当前红利增长率可能很高，但这绝不意味着该企业能持续维持这种增长率。股利增长比率 g 的测定方法主要有两种：一是历史数据分析法，即在对企业历年红利派发数据分析的基础上，利用统计方法计算出红利历年的平均增长速度，可用算术平均法也可用几何平均法；另一种是发展趋势分析法，即以企业剩余收益中用于再投资的比例与企业股本利润率的乘积确定股利增长率。

股利增长比率一般综合以下各因素来确定：企业发展前景及利润趋势、影响企业经营的内部因素和外部环境、企业负债和股本的比例、企业追加投入计划、企业领导者素质和管理水平，等等。

【例 7－7】 甲企业拥有乙公司面值共 500 000 元的非上市普通股股票。从已持有期看，每年红利派发相当于票面价格的 10% 左右，并且明年的红利仍维持这个水平。经评估人员调查了解到：乙公司今后打算在所实现的税后利润中拿出 20% 用于企业扩大再生产，其余部分用于红利派发。评估时，乙公司已创出一个名牌，经趋势分析，该公司今后随投资的增加，股本利润率将保持在 15% 的水平上。假定企业的风险报酬率为 2%，无风险报酬率取国债利率 10%。试评估该股票的价格。

分析：乙公司的股票适用于红利增长模型，但需先计算股利增长比率，依据所给条件可以用再投资比例与股本利润率乘积计算。

$$g=20\%\times 15\%=3\%$$

$$D_1=500\ 000\times 10\%=50\ 000\ (元)$$

$$P=50\ 000/(2\%+10\%-3\%)$$

$$=555\ 555.6\ (元)$$

【例 7－8】 大华纺织厂拥有京亚织衣公司面值共 50 万元的非上市普通股票。从持股期间来看，每年股利分派相当于票面价格的 10% 左右。评估人员经调查了解到：京亚织衣公司在所实现的税后利润中只拿出 80% 用于股利发放，另 20% 用于企业扩大再生产。评估时，京亚织衣公司已创出一个较为知名的商标。经趋势分析京亚织衣公司将保持 4% 左右的经济增长速度，股本利润率将保持在 15% 的水平上，风险报酬率为 2%，无风险报酬率以国库券利率 10% 为准，这样大华纺织厂拥有的京亚织衣公司的股票价值评估如下：

$$D_1 = 500\ 000 \times 10\% = 50\ 000 \text{（元）}$$
$$r = 10\% + 2\% = 12\%$$
$$g = 20\% \times 15\% = 3\%$$
$$P = 50\ 000/(12\% - 3\%) = 555\ 556 \text{（元）}$$

（3）分段式模型。

分段式模型是针对前两种模型过于极端化，很难运用于所有股票评估这一特点，有意将股票的预期收益分为两段，以针对被评估股票的具体情况灵活运用。

【例7－9】 大华纺织厂拥有长安酿酒公司发行的10万股非上市股票，每股面值1元。该股票发行时就宣布该股票5年后公开上市，大华纺织厂拥有该公司股票已2年，每年每股股票的收益率为15%。大华纺织厂不准备永久拥有该股票，拟在股票公开上市时售出。评估人员对长安酿酒公司生产经营管理等情况做了认真调查了解之后，认为在今后3～5年期间长安酿酒公司经营势头良好，每股股息保持在15%是有根据的。

按占目前股票市场上酒类生产企业的股票市盈率来看，3年后长安酿酒公司股票上市的市盈率达到10是客观的。针对长安酿酒公司的上述情况，确定其股票评估的折现率为12%。股票评估过程如下：

$$P = \sum_{i=1}^{n} [D_i(1+r)^{-i}] + C_n(1+r)^{-n}$$

式中：P——评估值；

D_i——第 i 年的股票收益值；

C_n——n 年后股票的变现价格；

r——折现率。

$$\begin{aligned} P &= 100\ 000 \times 15\% \times (\mathrm{P/A},\ 12\%,\ 3) + 10 \times 15\% \times 100\ 000 \times (1+12\%)^{-3} \\ &= 15\ 000 \times 2.401\ 8 + 150\ 000 \times 0.711\ 8 \\ &= 36\ 027 + 106\ 770 \\ &= 142\ 797 \text{（元）} \end{aligned}$$

第四节　股权投资的评估

一、一般股权投资的评估

股权投资主要是指企业以货币资产、有形资产或无形资产对被投资企业进行权益投资，主要是为了组建联营企业、合资企业、合作企业。这种权益投资一般是有限期的长期投资。投资双方的权利和义务，特别是投资方投资收益的分配形式和投资本金的处理办法都是由投资协议明确规定的。

投资收益的分配形式一般有：①按投资方投资额（非货币投资经过评估折算成货币）占被投资企业实收资本的比例参与被投资企业净收益的分配；②按销售收入的一定比例提成；③按投资方出资额的一定比例支付资本使用报酬等。

投资本金的处置方法首先取决于投资是否有期限，无期限的长期投资不存在本金处置的问题；协议中规定有期限的投资，在投资期限届满时，就需按协议中规定的办法处置。一般的处置方法有：①协议期满按投资时的作价金额以货币返还；②协议期满返还实投资产；

③协议期满，按协议期满时实投资产的变现价格或续用价格作价以现金返还等。

从上述直接投资的操作过程看，直接投资的评估分为两部分：一是对直接投资的收益部分评估；二是对本金部分的评估。对收益部分的评估主要采用收益现值法。其中，关键的是预测投资分成的标的物，如销售收入、利润等。预测的方法与整体资产评估相同。对于本金部分的评估，较复杂的是第三种处置方法。若投资资产变现，需评估其变现价格；若续用，需评估其续用价格，第一种方式只需将到期的额定资金折现即可。

【例7-10】 甲厂以机器设备作价100万元向乙厂投资，协议双方联营10年。甲方按投资比重分配乙厂的利润。双方协议投资期满时，乙厂按甲厂投入机器设备的折余价值返还甲厂，设备年折旧率定为5%，评估时双方已经联营5年，前5年甲厂每年从乙厂分得利润分别为：10万元、14万元、15万元、15万元、15万元。经评估人员调查分析，认为乙厂今后5年的生产经营情况基本稳定，甲厂每年从乙厂处分得15万元收益问题不大。投资期满，乙厂将返还甲厂机器折余价值50万元。根据评估时的银行利率、通货膨胀情况，以及乙厂的经营情况，将折现率定为12%。该项长期投资评估过程及结果如下：

$$P = \sum_{t=1}^{5} \frac{15}{(1+12\%)^t} + 50(1+12\%)^{-5}$$

$$=15 \times 3.6048 + 50 \times 0.5674$$

$$=82.442\ (\text{万元})$$

【例7-11】 甲厂以专利技术向乙厂投资，协议联营10年，甲厂每年按乙厂使用其专利技术生产的产品的销售收入的5%收取投资报酬。由于该项专利的法律保护期为10年，故协议期满，甲厂将放弃该项专利技术。评估时双方已联营5年，从前5年乙厂使用甲厂专利技术生产的产品的销售情况看，基本上每年销售收入为100万元，评估人员认为今后5年，销售收入有下降的趋势，但基本可维持在90万元的水平。评估人员设定该项长期投资的折现率为12%，则甲厂的专利技术投资的评估值为：

$$P = \sum_{t=1}^{5} \frac{90 \times 5\%}{(1+12\%)^t}$$

$$=90 \times 5\% \times 3.6048 = 16.2216\ (\text{万元})$$

二、股权投资评估的特殊思路

股权投资的评估，在评估的思路和评估方法等方面与非上市股票的评估基本一样，都是按照收益现值法进行的。除此之外，股权投资的评估还有一些其他的思路。这些评估思路和评估方法也可以作为评估非上市股票参考。

1. 零星股权的评估。

零星股权通常是指投资方的股权投资低于被投资企业全部股权投资的25%，即不能影响被投资企业的经营决策。上面已经提到，即使是对零星股权的评估，原则上也要采取收益现值法进行评估。除此之外，对于出资比例不到25%的股权投资，如果被投资企业生产经营正常，收益水平接近社会或行业平均收益水平，可以考虑按股权投资的账面价值作为评估值。因为当企业收益水平与社会平均收益水平大体接近时，收益还原与资本出资额出入不大。另外，这样做也能与会计核算保持相同口径。

2. 控股股权的评估。

控股股权通常是指投资企业的股权投资数额超过被投资企业全部资本投资的50%，或者事实上达到能够影响甚至决定被投资企业的生产经营的出资。所以，控股股权的评估，原则上要对被评估企业进行整体评估，按整体评估后的企业价值和投资企业股权投资比例计算控股股权的价值。关于整体评估方法详见后面有关章节。

3. 一般股权的评估。

本节中一般股权特指介于零星股权和控股股权之间的股权，通常情况下是指股权投资占被投资企业全部资本投资的25%～50%。对于一般股权的评估，除了可以按收益现值法进行评估外，可考虑按评估基准日的资产负债表或调整资产负债表中的所有者权益及投资方的股权比例，计算一般股权的价值。

第五节　递延资产的评估

递延资产是会计核算中的一个科目，该科目核算企业当年发生的，但不能全部计入当年损益，应在以后年度内分期摊销的各项费用，包括开办费、固定资产修理支出、经营性租入固定资产的改良支出及摊销期限在一年以上的其他待摊费用（主要指数额较大的债券、股票发行费用）。国际上通行的做法是，将开办费、经营性租入固定资产的改良支出及摊销期限在一年以上的待摊费用，作为递延资产，设立“递延资产”账户进行核算。这说明递延资产本质上不属于资产，而是一种预付费用。因此它不能单独对外交易和转让，只有当它赖以依存的企业发生产权变动时，才可能涉及对它的评估。之所以将递延资产的评估放在“长期投资评估”这一章讨论，主要是出于其摊销期限在一年以上。

一、作为资产评估对象的递延资产的界定

企业账面上的递延资产实质上是一种预付费用，它是否能成为资产评估的对象，并不取决于它在评估基准日之前已经支付了多少，而是取决于其所对应的资产在评估基准日之后能否为新的产权主体带来经济利益。也就是说，只有当企业账面上的递延资产这种预付费用能为未来服务，为新的产权主体带来经济利益的时候，它才能被作为评估对象。此外，需注意与递延资产所付预付费用有关的资产，如经过大修、改良的固定资产，其所增加的价值是否在固定资产评估中得到体现。如已得到体现，那么固定资产大修、改良的预付费用所形成的递延资产就不应再进行评估。否则，将会出现重复评估。

二、递延资产的评估思路

评估递延资产就是评估递延资产未来所能产生的效益。因此评估中所需考虑的因素有：递延资产未来可产生效益的时间，单位时间（年或月）可产生的效益或者节约的支出，以及货币的时间价值等。

递延资产未来可产生效益的时间是递延资产评估的首要依据。评估人员应注意递延资产的效益在评估基准日以后是否还存在。如果仅仅因为发生数额过大才采用分期摊销法，那么这种递延资产不属于评估的范围。

递延资产在未来单位时间可产生的效益，取决于递延资产发生时预付费用的数额，预付费用取得某种服务权利持续的时间，以及评估基准日后该种服务权利的剩余时间。

递延资产在评估基准日后所能产生的效益是否需考虑其货币时间价值，取决于新的产权

主体在未来受益时间的长短。一年以内一般不考虑，超过一年时间，需根据递延资产的具体内容，以及市场行情的变化趋势酌情处理。

【例7-12】 某企业因产权变动涉及递延资产评估。截至评估基准日，企业账面递延资产科目借方余额为76万元，其中：办公楼装修费50万元；预付销售门市部租房房租30万元，承租时间为2年，始租时间为一年前，已摊销租金10万元，账面余额20万元；经营性租入固定资产的改良费支出30万元，该固定资产租赁期为5年，始租时间为4年前，已摊销24万元。试评估该企业的递延资产价值。

分析：根据评估基准日后能否产生经济效益为标准，评估人员认定企业账面递延资产余额76万元可以作为评估对象进行评估。

①由于办公楼装修费在办公楼的固定资产评估值中已包含，故办公楼装修费用50万元不能重复评估。

②销售门市部房租租金，按租约合同规定的租期和总租金计算，每年应分摊15万元（30万元/2年），该租赁的房屋尚有一年使用权。

③租入固定资产改良费支出30万元，按5年租赁期平均，每年应分摊6万元，尚有一年使用权。则该企业递延资产的评估值 $=15\times1+6\times1=21$（万元）。

本章练习题

一、单项选择题

1. 上市交易的债券最适合运用（　　）进行评估。

   A. 成本法　　B. 市场法　　C. 收益法　　D. 价格指数法

2. 对于距离评估基准日一年内到期的非上市债券，采用（　　）方法进行评估较为合适。

   A. 本利和折现　　B. 市场询价　　C. 账面价值　　D. 本金加持有到期利息

3. 从理论上讲，无风险报酬率是受到（　　）影响的。

   A. 资金的使用成本　　B. 资金的投资成本

   C. 资金的时间成本　　D. 资金的机会成本

4. 被评估债券为2000年发行，面值100元，年利率为10%，3年期。2002年评估时，债券市场上同种同类债券，面值100元的交易价格为110元，该债券的评估值最接近于（　　）元。

   A. 120　　B. 98　　C. 100　　D. 110

5. 站在资产评估的角度，在股市发育不完全、交易不规范的情况下，作为长期投资中的股票投资评估应当以股票的（　　）为基本依据。

   A. 市场价格　　B. 发行价格　　C. 内在价值　　D. 票面价格

6. 股票的内在价值属于股票的（　　）。

   A. 账面价值　　B. 理论价格　　C. 无面值价值　　D. 发行价格

7. 股票的内在价值是由（　　）决定的。

   A. 股票的净资产额　　B. 股票的总资产额

   C. 股票未来收益折现值　　D. 股票的利润总额

8. 固定红利模型是评估人员对被评估股票（　　）。

A. 预期收益的一种假定　　B. 预期收益的客观认定

C. 历史受益的一种客观认定　　D. 预期收益的一种估计

9. 到期后一次性还本付息债券的评估，其评估的标的是（　　）。

A. 债券本金　　B. 债券本金加利息

C. 债券利息　　D. 债券本金减利息

10. 被评估企业以无形资产向A企业进行长期投资，协议规定投资期为10年，A企业每年以运用无形资产生产的产品的销售收入的5%作为投资方的回报，10年后投资方放弃无形资产产权。评估时此项投资已经满5年，评估人员根据前5年A企业产品销售情况和未来5年市场预测，认为今后5年A企业产品销售收入保持在200万元水平，折现率为12%，该项无形资产的评估值最有可能是（　　）元。

A. 180 240　　B. 72 099 000　　C. 360 480　　D. 500 000

11. 非上市债券的风险报酬率主要取决于（　　）。

A. 发行主体的具体情况　　B. 债券市场情况

C. 债券购买方的具体情况　　D. 股票市场状况

12. 作为评估对象的长期待摊费用的确认标准是（　　）。

A. 是否已经摊销　　B. 摊销方式

C. 能否带来预期收益　　D. 能否变现

13. 在企业整体评估中，（　　）一般不应当再作为评估对象。

A. 预付费用

B. 固定资产大修理费用、摊余价值

C. 房屋租金摊余价值

D. 书报费摊余价值

14. 对长期待摊费用等其他资产的评估通常发生在（　　）。

A. 资产转让时　　B. 企业财务检查时

C. 企业整体产权变动时　　D. 企业纳税时

15. 下列融资工具，按照风险由小到大排列，正确的排列顺序是（　　）。

A. 股票、国家债券、金融债券、企业债券

B. 国家债券、金融债券、企业债券、股票

C. 企业债券、股票、国家债券、金融债券

D. 股票、企业债券、金融债券、国家债券

二、多项选择题

1. 非上市债券作为一种投资工具和股票投资相比，具有（　　）的特点。

A. 风险较小　　B. 投资报酬率高

C. 较强的流动性　　D. 收益相对稳定

2. 债券评估的折现率包含的内容是（　　）。

A. 无风险报酬率　　B. 企业收益率

C. 风险报酬率　　D. 债券利息

3. 非上市债券的评估类型可分为（　　）。

A. 固定红利模型　　B. 红利增长模型
C. 每年支付利息、到期还本型　　D. 到期后一次还本付息型

4. 按照股票的持有人享有的股利和承担的责任的角度，股票可以分为（　　）。
A. 无面额股票　B. 面额股票　C. 优先股　D. 普通股

5. 非上市普通股票评估的基本类型有（　　）。
A. 到期一次还本型　　B. 红利增长型
C. 固定红利型　　D. 分段型
E. 逐期分红、到期还本型

6. 股票评估通常与股票的（　　）估测有关。
A. 内在价值　B. 账面价值　C. 市场价格　D. 清算价格　E. 票面价格

7. 股票的内在价值主要取决于（　　）。
A. 公司的财务状况　　B、公司的获利能力
C. 公司的技术开发能力　　D. 公司面临的各种风险
E. 公司发展潜力

8. 在确定风险报酬率时，需要考虑被评估企业的（　　）。
A. 经营风险　B. 财务风险　C. 倒闭风险　D. 行业风险　E. 突发事件

9. 长期投资评估是对被投资方的（　　）。
A. 投资品的评估　　B. 偿债能力的评估
C. 获利能力的评估　　D. 变现能力的评估

10. 在红利增长模型中股票增长率 g 的计算方法主要是（　　）。
A. 重置核算法　　B. 市场法
C. 统计分析法　　D. 趋势分析法

三、简答题

1. 对普通股评估需要对发行企业了解的内容主要有哪些？
2. 控股股权与少数股权在评估上有哪些区别？
3. 股票的内在价值是什么？
4. 红利增长模型的假设前提是什么？
5. 简述分段模型的计算方法。
6. 简述上市股票及其评估方法。
7. 长期投资评估有哪些特点？

四、计算题

某评估公司受托对D企业进行资产评估，D企业拥有非上市公司的普通股股票20万股，每股面值1元，在持有股票期间，每年股票收益率在12%左右。股票发行企业每年以净利润的60%用于发放股利，其余40%用于追加投资。根据评估人员对企业经营状况的调查分析，认为该企业具有较强的发展潜力。经过分析认为，股票发行企业好可以保持3%的发展速度，净资产收益率将保持在16%的水平，无风险报酬率为4%，风险报酬率为4%。请你计算该股票的评估值。

长期投资评估案例

——长安电子集团长期投资评估

一、长安电子集团概况

长安电子集团是一家以偏转线圈为主导产业，集电子、机械、化工、纺织、商贸及第三产业为一体的跨地区、跨行业、跨所有制的现代企业集团。拥有18个下属企业。该集团主要产品有彩色显像管和彩色显示器用偏转线圈、彩色显示器、铝塑复合管、充电器、高频头、行输出变压器、磁性材料、金屑卤化灯、工程塑料、特种漆包线等。主导产品偏转线圈有两大类、8个品种、70多个规格，年产1 500万只，成为国内品种多、规模大、市场占有率高的偏转线圈基地。

二、评估目的

长安电子集团公司进行现代企业制度改制，需进行整体资产评估，涉及对该公司所拥有的长期投资的评估。

三、评估基准日

2000年3月31日。

四、长安电子集团公司长期投资概况

长安电子集团公司共有投资20项：其中有长期债权投资1项、长期股票投资1项和其他长期投资18项。其他长期投资包括控股企业8家、非控股企业10家。

（一）长安电子集团公司的长期债权投资

长安电子集团公司拥有1999年3月1日发行的5年期、年利率为3%的国库券5 000张，每张面值为100元，该债券到期一次还本付息。

试算：债券评估值。

（二）长安电子集团公司的长期股票投资

长安电子集团公司在评估基准日拥有长安旅游股份有限公司法人股股票100 000股，账面价值150 000元，持股比例为5%，该股份有限公司的股票已经上市，在评估基准日的收盘价为每股8.5元。按政策规定，法人股目前不能上市交易。经查阅有关资料了解到，长安旅游股份有限公司是1996年上市的公司，1996年、1997年、1998年、1999年的税后每股净利润分别为0.25元、0.28元、0.21元、0.26元。长安旅游股份有限公司所在的省份是一个旅游大省，该公司是由该省著名风景名胜区的经营管理公司和省内的大型旅行社共同发起组建的，随着人们收入水平的提高及休闲时间的增多，会对旅游产业产生更大的需求量。目前，无风险投资报酬率为2.8%（国库券利率），考虑到旅游企业的经营风险，在与旅游行业的专家探讨后，风险报酬率取1%，故折现率为3.8%。

试算：长安旅游股票每股评估值。

长安旅游股票评估值。

（三）长安电子集团公司的其他投资项目

1. 长安大明电子有限公司。

长安大明电子有限公司是长安电子集团公司与日本东明公司共同出资兴办的企业，主要生产彩色电视机用偏转线圈。该公司于 1992 年成立，协议经营期限为 30 年，长安电子集团公司共出资 9 343 052. 21 元，股权比例为 75%。长安资产评估公司对其在 2000 年 3 月 31 日评估基准日的资产与负债进行了核实和评估，具体结果见表 7－2。

表 7－2　长安大明电子有限公司资产评估结果汇总

资产项目	账面净值（元）	调整后账面净值（元）	评估价值（元）	增减值（元）	增减率（%）
流动资产	5 441 748. 60	5 441 748. 60	4 285 365. 00	－156 383. 60	－21. 25
长期投资	626 517. 92	626 517. 92	1 562 487. 00	935 969. 08	149. 39
固定资产	65 895 247. 58	65 895 247. 58	72 305 720. 00	6 410 472. 42	9. 73
其中：建筑物	41 658 254. 25	41 658 254. 25	49 658 362. 00	8 000 107. 75	19. 20
设备	24 236 993. 33	24 236 993. 33	22 647 358. 00	－1 589 635. 33	－6. 56
资产总计	71 963 514. 10	71 963 514. 10	78 153 572. 00	6 190 057. 90	8. 60
流动负债	7 800 000. 00	7 800 000. 00	7 800 000. 00	0. 00	0. 00
长期负债	20 000 000. 00	20 000 000. 00	20 000 000. 00	0. 00	0. 00
负债总计	27 800 000. 00	27 800 000. 00	27 800 000. 00	0. 00	0. 00
净资产	44 163 514. 10	44 163 514. 10	30 353 572. 00	6 190 057. 90	14. 02

试算：长安电子集团公司对长安大明电子有限公司长期投资的评估值。

长安大明电子有限公司整体资产评估说明如下（内容略）：

（1）流动资产评估说明。

（2）机器设备的评估说明。

（3）房屋建筑物的评估说明。

（4）长期投资的评估说明。长安大明电子有限公司长期投资账面金额为 626 517. 92 元，系长安大明电子有限公司拥有长安环宇电子技术开发有限公司的股权金额。长安环宇电子技术开发有限公司是由长安大明电子有限公司和长安发展投资有限公司合资成立的有限责任公司，长安大明电子有限公司拥有 60% 的股权，长安发展投资有限公司拥有 40% 的股权。该公司于 1999 年 3 月 31 日成立，营业期限 10 年，于 1999 年 4 月正式投产，其主要经营范围包括：开发、设计、制造、维修 CPT、CDT 用的 DY 软件技术和所需的各种模具、专用设备及其他新技术产品。长安资产评估有限责任公司对其在 2000 年 3 月 31 日评估基准日的资产与负债进行了核实和评估，评估后净资产为 2 604 145. 00 元。

试算：长安大明电子有限公司对长安环宇电子技术发展公司长期投资的评估值。

（5）负债的评估说明。

（6）评估结论。

2. 长安永新电子有限公司。

长安永新电子有限公司系长安电子集团公司与日本东明公司共同出资兴办的企业，主要生产偏转线圈用漆包线。该公司于1993年2月成立，长安电子集团公司出资8 060 472.00元，股权比例为45%。经查看1999年度长安大秦会计师事务所出具的审计报告，该公司1999年12月31日净资产为63 905 369.84元，该公司2000年3月31日的资产负债表和清产核资明细表中反映出2000年3月31日的净资产为63 797 857.01元。对该公司的清产核资明细表进行审核，了解到该公司有待核销的损失为357 518.67元，其中待核销产成品262 189.53元，系盘亏和送样认证无法收回；待核销坏账95 329.14元，其中日本大东公司27 217.44元，该应收款1995年发生、美国东亚电子公司68 111.70元，该应收款1996年发生，经向长安永新电子有限公司调查询问，这两项应收款项系货款的尾数，经多次催收不能收回，经评估师分析判断后，该公司待核销资产应予以核销。

试算：该公司核实后的净资产。

该项长期投资的评估值。

长安电子集团公司长期投资评估结果见表7－3。

表7－3 长期投资清查评估汇总

评估基准日：2003年3月31日

资产占有单位名称：长安电子集团公司

编号	科目名称	账面净值（元）	调整后账面净值（元）	评估价值（元）	增减值（元）	增减率（%）
4－1	长期股权投资	150 000.00	150 000.00	658 000.00	508 000.00	338.67
4－2	长期债权投资	516 250.00	516 250.00	516 250.00	0.00	0.00
4－3	其他长期投资	79 654 850.00	79 654 850.00	119 859 435.50	40 204 585.50	50.47
长期投资合计		80 321 100.00	80 321 100.00	121 033 685.50	40 712 585.50	50.69

第八章

企业价值与商誉评估

第一节　企业价值评估概述

一、企业价值评估的概念与意义

（一）企业

研究企业价值评估，首先应明确企业的概念。企业是社会生产力发展到一定阶段的产物。关于企业的起源、性质的学说和论点颇多，形成了不同的经济学流派。这些流派的观点对于我们理解和把握企业的概念有重要作用。从资产评估的角度来看，企业是以盈利为目的，由各种要素资产组成并具有持续经营能力的相对完整的系统整体。作为一类特殊的资产，企业有其自身的特点。

1. 盈利性。

企业作为一类特殊的资产，其经营目的就是盈利。为了达到盈利的目的，企业需要在既定的生产经营范围内，将若干要素资产有机组合并形成相应的生产经营结构和功能。

2. 整体性。

构成企业的各个要素资产虽然各具不同的性能，但它们在服从特定系统目标的前提下构成企业整体，企业的各个要素资产功能不会都很健全，但它们可以组合成具有良好整体功能的资产综合体；反之，即使构成企业的各个要素资产的个体功能良好，但如果它们之间的功能不匹配，由此组合而成的企业整体功能也未必很好。因此，整体性是企业不同于其他资产的一个重要特征。

3. 持续经营性。

企业要获取利润，必须进行经营，而且要在经营过程中努力降低成本和费用。为此，企业要对各种生产经营要素进行有效组合并保持最佳利用状态。影响生产经营要素最佳利用的因素很多，持续经营是保证正常盈利的一个重要方面。

（二）企业价值评估的意义

企业价值评估简称价值评估，是一种经济评估方法，目的是分析和衡量企业（或者企业内部的一个经营单位、分支机构）的公平市场价值并提供有关信息，以帮助投资人和管理当局改善决策。

正确理解价值评估的含义，需要注意以下几点：

1. 价值评估使用的方法。

价值评估是一种经济“评估”方法。“评估”一词不同于“计算”。评估是一种定量分析，但它并不是完全客观和科学的。一方面它使用许多定量分析模型，具有一定的科学性和客观性；另一方面它又使用许多主观估计的数据，带有一定的主观估计性质。评估的质量与评估人员的经验、责任心、投入的时间和精力等因素有关。评估不是随便找几个数据代入模型的计算工作。模型只是一种工具，并非模型越复杂评估结果越好。

价值评估既然带有主观估计的成分，其结论必然会存在一定的误差，不可能绝对正确。在进行评估时，由于认识能力和成本的限制，人们不可能获得完全的信息，总要对未来做出某些假设，从而导致结论的不确定。因此，即使评估进行得非常认真，合理的误差也是不可避免的。

价值评估是一种“分析”方法，要通过符合逻辑的分析来完成。好的分析来源于好的理解，好的理解建立在正确的概念框架基础之上。企业价值评估涉及大量的信息，有了合理的概念框架，可以指导评估人员正确选择模型和有效地利用信息。因此，必须正确理解企业价值的有关概念。如果不能比较全面地理解价值评估原理，在一知半解的情况下随意套用模型很有可能出错。

2. 价值评估提供的信息。

企业价值评估提供的信息不仅仅是企业价值的一个数字，还包括评估过程产生的大量信息。例如，企业价值是由哪些因素驱动的，销售净利率对企业价值的影响有多大，提高投资资本报酬率对企业价值的影响有多大等。即使企业价值的最终评估值不很准确，这些中间信息也是很有意义的。因此，不要过分关注最终结果而忽视评估过程产生的其他信息。

价值评估提供的是有关“公平市场价值”的信息。价值评估不否认市场的有效性，但是也不承认市场的完善性。在完善的市场中，企业只能取得投资者要求的风险调整后收益，市场价值与内在价值相等，价值评估没有什么实际意义。在这种情况下，企业无法为股东创造价值。股东价值的增加，只能利用市场的不完善才能实现。价值评估认为市场只在一定程度上有效，即并非完全有效。价值评估正是利用市场的缺陷寻找被低估的资产。当评估价值与市场价格相差悬殊时必须十分慎重，评估人员必须令人信服地说明评估值比市场价格更好的原因。

企业价值受企业状况和市场状况的影响，随时都会变化。价值评估依赖的企业信息和市场信息也在不断流动，新信息的出现随时可能改变评估的结论。因此，企业价值评估提供的结论有很强的时效性。

3. 价值评估的目的。

价值评估的目的是帮助投资人和管理当局改善决策。它的主要用途表现在以下三个方面：

（1）价值评估可以用于投资分析。

价值评估是基础分析的核心内容。投资人信奉不同的投资理念，有的人相信技术分析，有的人相信基础分析。相信基础分析的人认为企业价值与财务数据之间存在函数关系，这种关系在一定时间内是稳定的，证券价格与价值的偏离经过一段时间的调整会向价值回归。他们据此原理寻找并且购进被市场低估的证券或企业，以期获得高于市场平均报酬率的收益。

（2）价值评估可以用于战略分析。

战略是指一整套的决策和行动方式，包括刻意安排的有计划的战略和非计划的突发应变战略。战略管理是指涉及企业目标和方向、带有长期性、关系企业全局的重大决策和管理。战略管理可以分为战略分析、战略选择和战略实施。战略分析是指使用定价模型清晰地说明经营设想和发现这些设想可能创造的价值，目的是评价企业目前和今后增加股东财富的关键因素是什么。价值评估在战略分析中起核心作用。例如，收购属于战略决策，收购企业要估计目标企业的合理价格，在决定收购价格时要对合并前后的价值变动进行评估，以判断收购能否增加股东财富，以及依靠什么来增加股东财富。

（3）价值评估可以用于以价值为基础的管理。

如果把企业的目标设定为增加股东财富，而股东财富就是企业的价值，那么，企业决策正确性的根本标志是能否增加企业价值。不了解一项决策对企业价值的影响，就无法对决策进行评价。在这种意义上说，价值评估是改进企业一切重大决策的手段。为了搞清楚财务决策对企业价值的影响，需要清晰描述财务决策、企业战略和企业价值之间的关系。在此基础上实行以价值为基础的管理，依据价值最大化原则制订和执行经营计划，通过度量价值增加来监控经营业绩并确定相应报酬。

二、企业价值评估与整体资产评估的区别

企业并购、公司上市、股权变更、企业清算等经济事项的发生都会涉及企业价值评估或企业整体资产评估。但是企业价值评估和企业整体资产评估是两个不同的概念。正确理解二者的区别，对于完善资产评估理论和顺利开展资产评估工作等有重要意义。

（一）企业价值评估与企业整体资产评估的区别

1. 两者的基本含义不同。

（1）企业价值的基本含义。

首先，我们应了解什么是企业价值。目前，学术界对企业价值的含义有不同的表述。笔者认为，企业价值的含义应是，企业在特定时间、地点和约束条件下所具有的持续获利能力，从而可以称之为“内在价值”。企业的“内在价值”与企业具体拥有的资产量以及企业现时负债等因素有一定关系，但无必然联系。这个“内在价值”仅仅反映了企业未来获利能力的大小。关于企业价值评估的定义，中国资产评估协会在2004年12月30日颁布的《企业价值评估指导意见（试行）》中指出：本指导意见所称的企业价值评估，是指注册资产评估师对评估基准日特定目的下企业整体价值、股东全部权益价值或部分权益价值进行分析、估算并发表专业意见的行为和过程。

（2）企业整体资产评估的基本含义。

它是指企业的全部资产所进行的价值评估。当人们需要了解被评估企业所拥有的全部资产的评估价值、全部负债的评估价值，从而取得其评估后的净资产价值等明细资料时，就需要对被评估企业的整体资产进行价值评估。在进行企业整体资产评估时，评估人员主要考虑的是企业在评估基准日所拥有的资产量和负债量，而对其他因素（尤其是企业发展战略、企业文化等定性因素）考虑得不多或基本不予考虑。由于进行企业整体资产评估时考虑的因素主要是被评估企业拥有的资产，而一个企业并不是拥有的资产越多则其内在发展潜力越

大，也就是说，这些资产并不能完全等同于企业的未来获利能力，因此，可将企业整体资产的评估价值称为企业的“外在价值”。“外在价值”在很大程度上是一个体现数量的概念，而不是一个体现企业内在发展潜力的概念。

2. 两者的评估假设不同。

在进行企业价值评估时，评估人员所做的评估假设只能是企业持续经营假设，因为只有在确定企业能够持续经营的前提下，才有可能对其未来的获利能力进行评估。在进行企业整体资产评估时，评估人员所做的评估假设既可以是企业持续经营假设，也可以是企业非持续经营假设（如企业破产清算等）。当采用企业持续经营假设时，对被评估资产（包括有形资产和无形资产）采用持续使用假设进行评估；当采用企业非持续经营假设时，对被评估资产采用清算假设进行评估。很显然，采用不同的评估假设所得出的评估结果将是完全不同的。提出评估假设问题，是要说明企业整体资产评估概念的不可取代性，企业价值评估代替不了企业整体资产评估。

3. 两者的评估方法不同。

企业价值评估是对企业的未来获利能力所进行的评估。从这个角度看，对企业价值的评估只能采用收益法，而不宜或不能采用其他评估方法。企业整体资产评估是对企业在评估基准日所拥有的全部资产和负债所进行的评估，因此对企业整体资产的评估就只能采用成本加和法，即分别评估出企业各项资产的评估值并累加求和，再扣减负债评估值，从而得出净资产评估值。

4. 两种评估结果不能相互验证。

企业价值评估与企业整体资产评估是两个不同的概念，需要采用不同的评估方法。因此，以企业价值概念所评估出的结果与以整体资产评估概念所评估出的结果之间是不具有可比性的。采用收益法评估的企业价值是通过对被评估企业的未来获利能力进行评估而得出的“内在价值”。评估的着眼点是企业的未来，评估结果主要说明了企业的未来获利能力，而不是企业现实拥有的资产价值，因此，这种评估结果较为抽象，评估结果的合理性要经过较长的时间才能得到验证。采用成本法评估的企业整体资产价值则是对被评估企业拥有的现实资产进行评估而得出的“外在价值”。评估的着眼点是企业的现在，评估结果主要说明了企业在评估基准日所拥有的资产、负债和净资产的现实价值。采用成本法评估得出的结果比较具体，评估结果的合理性可以在相对较短的时间内得到验证。由此，两种不同评估方法得出的结果是不能进行简单对比或相互验证的。

（二）正确认识两者区别的重要性

正确认识和理解两者区别的重要意义在于：

（1）有利于完善资产评估的理论体系和方法体系，尤其有利于完善企业价值评估的理论体系和方法体系。

（2）有利于制定相关的资产评估准则，如企业价值评估准则。

（3）有利于资产评估工作的顺利开展，如评估机构在签订资产评估业务约定书时，就应当根据不同的受托业务，分别表述为企业价值评估或企业整体资产评估。

（4）有利于预防评估人员的执业风险。如果将企业价值评估与企业整体资产评估相混淆，则会存在一定程度的评估风险。

（5）有利于资产评估报告的使用人正确理解和使用资产评估报告。

三、企业价值评估与单项资产评估的区别

企业价值评估是指将所评估的企业的所有单项资产作为一个有机整体进行的评估，与单项资产评估有着重要的差别，其评估价值不能简单地被看作所有单项资产评估价值的简单汇总。因而，企业价值评估是单项资产评估所无法取代的，它们之间有以下区别：

（一）两种评估所确定的评估价值的含义是不同的

利用单项资产评估价值汇总的途径获得的企业全部资产价值，是指这个企业在一定时期重新购建全部资产的价值，是一种静态的反映方法。而将企业整体作为评估对象确定其评估价值，则是指出售或购买这个企业的收益现值，即根据企业的获利能力、市场竞争条件等各因素计算确定的评估价值，是一种动态的反映方法。

（二）两种评估所确定的评估价值的价值量一般是不相等的

由于企业的地理位置、历史因素、产品品种结构、市场因素、管理水平等原因，同样的资产或资产组合，在不同的企业其获利能力是不相同的。比如某项机器设备，对于有的企业来说可能是多余的或用途不大、价值很低，但在某一个企业却具有较大的价值。相同的机器设备在同类型的企业中，其价值也是不同的，在经济效益高的企业，资产价值较大，这时的资产价值与企业整体是融合在一起的。各项单项资产价值可以通过汇总，确定一个企业或经营实体的资产价值总额。但是，当所有单项资产作为企业整体资产时，就会发生质的变化，企业整体资产的价值就不仅是将各单项资产价值简单相加之和了。用企业整体评估方式确定的评估价值与各单项资产评估值汇总确定的评估价值之间的差额，就是企业的商誉，它是一项不可确指的无形资产。美国价值评估理论专家科纳尔认为企业的价值不仅反映资产的重置成本，而且必须包括十分重要的组织成本，即：

$$企业的价值=资产重置成本+组织成本$$

企业的组织成本体现了公司中人的价值，同时，它还涵盖了客户关系的价值。这一组织成本类似于我们所说的商誉。

（三）两种评估所反映的评估目的是不同的

企业是资产的综合体，但是，由于评估的目的不同，所采用的评估方式（或途径）也是不同的。具体来说，当企业将其全部资产作为一般生产要素出售、变卖或投资时，则采用单项资产评估的方式；当企业把其所有资产与企业融于一体共同作为一个获利整体进行投资（股份制企业改造或上市）、转让、兼并、联营或参加企业集团时，则应采用企业整体价值评估方式制定。

上述通过企业作为整体评估与单项资产评估汇总获得评估值的区别说明了企业价值评估的特点。然而，企业整体评估与单项资产评估汇总确定企业资产评估价值的方法尽管有着明显的差异，但它们并不是没有联系；相反，它们的联系很密切。从单项资产评估汇总确定企业资产评估价值的角度来说，企业资产数量越多，质量越高，评估值越高。而资产的数量、质量则是决定企业获利能力的重要因素。当然，资产结构、管理水平、人员素质、科技贡献也是影响企业获利的因素。上述条件都是企业获得收益所必需的。在这种情况下，企业的资产收益率与社会（更多的是与行业）平均资产收益率相同，则单项资产评估汇总确定的企业资产评估值应与整体企业评估值趋于一致。如企业资产收益率低于平均资产收益率，单项资产评估汇总确定的企业资产评估价值就会比整体企业评估价值高；反之，如果企业资产收

益率高于社会（或行业）平均收益率，整体企业评估值则会高于单项资产评估汇总的价值，超过的部分则是企业商誉的价值。商誉价值是企业中人员素质、管理机制等超出一般企业水平的价值体现。

四、企业价值评估时应考虑的因素

由于单项资产评估与企业整体资产的价值评估在评估目的、评估对象及计价标准方面都存在着很大的差别，因此，在进行企业整体资产价值评估时需要考虑的因素与单项资产评估也很不一样。具体地说，应该考虑以下几个方面的因素：

（一）企业整体的技术情况

在两个企业各单项资产总价值量相同的情况下，技术较为先进或者机器设备的成新率较高的企业，整体评估值较高。这是因为技术进步有利于企业提高产品质量，提高生产效率，从而获得较多的竞争优势和利润。企业整体的技术情况主要体现在企业中的可移动长期资产方面，因为社会技术水平进步对不动产的影响相对较小。

（二）企业全部资产价值量的大小

一般而言，随着竞争的加剧，社会资产平均利润率逐渐平均化，在这种情况下，企业资产价值量与企业的获利能力成正相关变化，即企业资产价值量越大，企业的获利能力越强。企业全部资产价值量的大小既可以通过单项资产评估价值的汇总得到，也可以通过把账面净值利用物价指数调整的方法得到。

（三）企业资产的匹配状况，也就是企业的资源配置效率

它指的是企业各类资产通过一定的匹配方式能否最大限度地发挥出生产能力。只有企业各项资源实现了有效配置，才会最大限度地降低生产成本，提高生产效率，使得生产、财务、销售、管理等各部门运转流通，避免不必要的浪费，从而使企业具有较强的获利能力。资源配置效率是企业经营管理中一个非常重要的问题。企业资产匹配主要包括两方面的含义：一是企业中各类资产的匹配状况，如流动资产、固定资产、无形资产等的匹配状况；二是各类资产内部的匹配状况，如固定资产中机器设备和房屋建筑物资产的匹配状况，流动资产中库存和流动现金的匹配状况等。这两方面的匹配状况直接影响着企业资源配置效率的高低。

（四）企业经营者及员工的素质

它主要包括企业经营管理者的经营管理思想、策略、领导方式，以及员工的思想觉悟、文化修养和技术水平等。由于人是企业中最活跃的因素，也是最为重要的生产要素，所以他们的素质直接关系到企业的竞争能力和获利能力。因此，企业经营者及其员工的素质直接影响企业的竞争能力、应变能力、技术开发能力和扩大再生产能力。

（五）企业文化及企业信誉

企业文化指的是企业长期形成的一系列价值观念和行为规范。良好的企业文化能显著加强企业的凝聚力，极大地调动员工的工作积极性，为企业创造出更大的价值。企业信誉是企业生产经营或提供产品、劳务在客户心目中的形象，它是企业商誉的重要来源之一。企业信誉主要包括产品信誉和经营信誉两个方面。企业以优异的产品质量对客户提供周到的服务并恪守与供应商的合同、按时交货等，都会为企业带来更高的商业利润。

（六）其他因素

主要包括国家政策、企业所处地理环境、企业所处宏观经济形势等因素的影响。企业所

处的地理位置和交通条件直接影响着企业的运输成本和其他额外的成本，而产业政策则直接影响着企业未来的发展潜力和获利能力。

五、企业价值评估的重要性

企业价值评估是市场经济和现代企业制度相结合的产物，在西方发达国家经过长期发展，已经形成多种模式，并日趋成熟。我国目前处于经济转型期，企业价值评估在企业发展和改革中的作用越来越突出。

（一）企业价值评估是产权转让的基础工作

由于当前技术更新速度加快，企业间竞争异常激烈，企业需要以最快的速度发展自己，以便在激烈的竞争中立于不败之地。为了迅速发展，或者想要成功进入一个新市场，仅靠自身的积累往往是不够的，实践表明，并购是实现企业低成本高速度发展的一个有效途径，世界 500 强企业中没有一家企业未进行并购活动。对作为并购目标的企业价值进行评估，可以为被并购企业商讨价格提供一个重要参考，也可以为实施并购的企业决策提供依据，以降低并购业务的风险。

（二）在企业价值管理中发挥着重要作用

以企业价值管理为目的并以开发企业潜在价值为主要目的的价值管理正在成为当代企业管理的新潮流。管理人员的业绩越来越多地取决于他们在提高企业价值方面的贡献。企业价值管理强调对企业整体获利能力的分析和评估，通过制订和实施合适的发展战略及行动计划以保证企业的经营决策有利于增加企业股东的财富价值。企业价值管理要求企业管理人员的工作发生重大变化，使其不再满足于仅仅应用财务数据反映企业的历史，而应运用企业价值评估的信息展望企业的未来，并形成和提高利用企业当前资产在未来创造财富的能力。

（三）为风险投资提供服务

风险投资是推动高新技术产业发展的重要力量，处于创业阶段的高新技术企业，一旦离开风险投资资金的支持，想进一步发展壮大几乎是不可能的。而处于创业期的高新技术企业要想获得风险资本的支持，其投资价值必须得到风险投资家的认可。风险投资家对高新技术企业的价值判断，一个是依靠自身的职业判断，另一个就是借助于中介机构的力量，对拟投资的高新技术企业进行价值评估，以评估结论作为自己投资决策的参考，以利于正确引导风险投资。

第二节 企业价值评估的范围和评估程序

一、企业价值评估的范围

评估范围界定是任何一项资产评估必须做的工作。但就绝大部分有形可确指的单项资产评估，其评估范围的界定相对来说是比较容易的，即通过明确评估对象本身就能较为准确地界定评估范围。而对企业来讲，情况可能会复杂一些。

1. 从产权的角度界定，企业价值评估的一般范围应该是企业产权涉及的全部资产。

2. 企业价值评估的范围包括：

（1）企业产权主体自身拥有并投入经营的部分。

（2）企业产权主体自身拥有未投入经营的部分。

（3）企业实际拥有但尚未办理产权的资产等。

（4）虽不为企业产权主体自身占用及经营，但可以由企业产权主体控制的部分。如全资子公司、控股子公司，以及非控股公司中的投资部分；企业拥有的非法人资格的派出机构、分部及第三产业。

3. 在具体界定企业价值评估的一般范围时，应根据以下有关数据资料进行：

（1）企业价值评估申请报告及上级主管部门批复文件所规定的评估范围；

（2）企业有关产权转让或产权变动的协议、合同、章程中规定的企业资产变动的范围；

（3）企业相关资产产权证明、账簿、投资协议、财务报表；

（4）其他相关资料等。

二、企业价值评估的程序

企业价值评估是一项复杂的系统工程，制定和执行科学的评估程序，有利于评估效率的提高，有利于评估结果的真实和科学。

企业价值评估一般可按下列程序进行：

1. 明确评估的目的和评估基准日。

接受资产评估委托时，首先必须弄清和明确评估的特定目的。评估的特定目的不同，选择的价值内涵，即价值类型也不一样，评估结果也不相同。评估基准日则是反映评估价值的时点定位，一般应考虑选择某一个结算期的终止日。

2. 明确评估对象。

明确评估对象包括两方面内容：一是确定被评估资产的范围和数量；二是资产的权益。就被评估资产的范围和数量来说，要明确哪些资产要评估，哪些资产不属于评估范围。例如，股份制改组过程中，是以全部资产作价入股，是以企业净资产入股，还是以剥离企业办社会性资产后剩余的全部净资产或全部资产作价入股，或是以剥离非经营性资产和企业办社会性资产后剩余的全部资产等作价入股，直接影响到评估范围的确定。就资产权益来说，指的是企业资产的哪方面权益，是所有权还是使用权，这些都必须明确。

3. 制订比较详尽的评估工作计划。

这个工作计划包括如下几项：

（1）整个评估工作（项目）的人员组成及项目的分工负责。

（2）整个需要准备的资料，包括两部分：第一，企业提供资料（应对企业所提供资料进行验收）；第二，现场查勘资料。

有时会出现企业提供资料与现场查勘资料不一致，应进行协调，有关事宜也可在将来的评估报告中载明。例如，评估土地使用权时，如果未对该企业占用土地做实际丈量，而企业又提供了有关部门的具体资料，评估时如按企业提供资料评估，应在评估报告中说明。

（3）工作进程的安排。整个评估工作分成若干阶段进行，并分阶段汇总讨论，随时解决评估中的具体问题。

4. 对资料加以归纳、分析和整理，并加以补充和完善。

5. 根据资产的特点、评估目的选择合适的方法，评估估算资产价值。

6. 讨论和纠正评估值。

评估结果完成后，应召集各方面，包括委托者、各有关部门等进行讨论，对评估过程加以说明，对特殊内容做出解释，未尽事宜进一步协商。在讨论和纠正评估值的过程中，绝不能随意调整评估值，应防止不必要的行政干预。

7. 形成结论，整理和撰写企业价值资产评估报告。

第三节　企业价值评估的基本方法

一、企业价值评估的基本假设

企业价值评估最基本的假设就是继续使用假设和有机组合增值假设。

（一）继续使用假设

这一假设是指假定被评估的整体资产仍然按原来设计和建造的目的使用，包括保持整体资产当前所在的位置、保持其原有的经营方式和经营风格以及按原设计的用途使用等。具体来说，继续使用假设在企业价值评估中的含义是：企业继续经营，其所生产的产品或所提供的服务能够得到社会的认可，即能够满足和适应社会的需求，因而企业可以从中获取收益。如果一个企业的收益预计长期都将是负的，那么它就不能或不应该继续经营，即它不适用继续使用假设，因此也就不适宜用企业价值评估的方法进行评估。

（二）有机组合增值假设

这一假设是指企业中的各类单项资产经过合理的组合可以实现一定程度的增值，即组合后的整体资产的价值量会和原来单项资产价值量的汇总有一定出入。如果组合后的整体资产的价值量增加，则这种增值属于正向增值；如果组合后的整体资产的价值量减少，则这样的增值属于负向增值。显然，如果不存在有机组合增值假设，那么，企业价值评估的评估价值就将和单项资产评估价值的汇总相等，此时，也就没有必要区分整体评估和单项评估了。

二、企业价值评估的基本方法

企业价值评估方法主要有以下几种：

（一）收益法

收益法是指通过预测企业未来收益并将其折算成现值，据以确定企业整体资产价格的评估方法。具体包括年金本金化价格法和分段估算法。其基本公式为：

$$P = \sum_{i=1}^{n} \frac{R_i}{(1+r)^i}$$

式中：P——被评估企业价值；

R_i——企业第 i 个收益期的预期收益；

r——折现率。

收益法是企业价值评估最为直接的方法，也是首选的方法，因为企业价值评估的直接对象是企业的获利能力。而收益法正是以此为标的进行评估的。

由于收益法涉及企业预期收益和折现率等基本参数，因此用收益现值法受到了参数取得的难易度的限制。一般而言，运用收益法，应具备以下条件：

（1）被估企业的未来收益能够预测，并能以货币尺度来衡量；

（2）与企业获取未来收益相联系的风险也能预测。

用收益现值法评估企业整体资产的程序可分为：

（1）收集、验证与企业经营有关的各种信息，包括现在和过去的，这些信息如企业产品的市场需求、销售价格、生产成本及以前年度的生产经营业绩等；

（2）分析与收益形成相关的各项指标及其变化趋势，并据以预测企业未来收益；

（3）分析企业面临的风险，并据以确定合理的折现率；

（4）将预期收益折算为现值，并最终确定企业整体资产的价格。

（二）成本加和法

成本加和法的基本思路是将被评估企业视为一个生产要素的组合体，在对各项资产清查核实的基础上，逐一进行评估，最后加和。在我国，当前的企业资产评估较多采用这种方法。企业资产评估采用成本加和法的原因主要有以下几个方面：

1. 企业资产盘子大，非经营性资产占有相当比重。

长期以来，我国企业承担了大量的社会性事务，即企业办社会，企业中存在大量的非经营性资产，再加上体制性原因，企业中无效资产得不到及时处理。这些资产在企业中并不能带来收益，这与作为市场经济主体追求盈利目标不相适应。因此，采用收益法进行评估，即使日常人们认为比较好的企业，评估出的企业整体价值也会低于各项资产单项评估汇总的企业价值，不能客观反映出企业资产价值量。

2. 企业效益低下，采用收益法缺乏市场基础。

企业效益低是长时期困扰我国经济的一个难题。企业效益低既有管理问题，也有体制原因。如上所述，企业中的大量非经营性资产不创造价值，但非经营性资产的折旧直接抵减企业利润，造成企业资产收益率偏低。另外，缺乏市场竞争的优胜劣汰机制，使大量效益低、亏损的甚至是资不抵债的企业得以存在和发展，资产收益率甚至低于银行存款利率，这是人们不得不承认的事实。在此基础上，如采用收益法评估，折现率或资本化率的估算不只是一个棘手的问题，也可以说是一个解不开的难题。

3. 采用成本加和法评估企业价值，便于企业评估后的账务处理。

资产评估结果是企业账务处理的依据，而会计的账务处理是分别每一类、每一项资产进行的，因此，成本加和法是分别单项资产评估汇总的方法，有利于评估后的账务处理。但是，采用成本加和法评估企业价值具有一定的不合理性。

（1）采用成本加和法模糊了单项资产与整体资产的区别。凡整体性资产都具有综合获利能力，它由单项资产构成，却不是单项资产的简单汇总，而是经过企业有效配置后作为一项独立的获利能力而存在。用成本加和法来评估，只能根据单项资产汇总的价格而定，而不是评估它的获利能力。实际上，面对成本加和法中所列的各单项资产，也需投入大量的人力资产以组织正常的生产经营，成本加和法显然无法反映这种单项资产组织起来的无形资产，最终产生遗漏。可以说，采用成本加和法确定的企业评估值，只包含了有形资产和可确指无形资产价值，作为不可确指的无形资产——商誉，却无法体现和反映出来。

（2）成本加和法反映的是企业整体资产的个别价值，而决定企业整体资产价格的是社会价值。整体资产的社会价值，由社会绝大多数的、一般生产条件的劳动耗费所决定，具有相同创利的企业，不管其个别劳动投入和名义资产额如何，市场只承认它们具有相同的价值，只能按同一价格交易。因此，企业价值评估要以其创利能力为基础。

（3）采用成本加和法不能很好地体现资产评估的评价功能。评价功能是指资产评估可以通过对资产未来的经营情况、收益能力的预测来评价资产的价值。而成本加和法是从投入的角度，即从资产购建的角度，而没有考虑资产的实际效能和企业运行效率。在这种情况下，无论其效益好坏，同类企业中只要原始投资额相同，则其评估值趋向一致。而且，效益差的企业的评估值还会高于效益高的企业的评估值，因为效益差的企业的资产可能是不满负荷运转甚至是不使用，其损耗低、成新率高。因此，可能造成最终的评估值还会高于效益好的企业的评估值，从而难以对资产的经营效果进行评价。

虽然说，决定企业价值大小的基础是其未来获利能力的大小，而不是企业各单项资产价值之和的多少，但并非说二者之间没有联系，而且单项资产的评估值是企业价值评估值的一个构成部分。成本加和法正是利用企业要素资产价值与整体资产价值这种内在联系所设计的。

运用成本加和法对企业整体资产进行评估，首先必须要对企业所拥有的各项资产进行全面的清查核实，范围包括流动资产、固定资产、长期投资、递延资产、无形资产和其他资产。这个过程中应注意的问题有两个：一是对资产产权归属的核实，只有当资产的产权归被评估企业所有时，才能列入评估范围。二是对资产配置结构的有效性和合理性进行分析，只有那些在企业生产经营活动中必不可少，在其他资产的有机配合下对企业收益产生贡献，或者说，如果没有它们，企业的收益能力会受到影响的资产，即企业拥有的有用的资产，才有评估价值，否则，对企业经营没有作用的资产，不应评定为有价值。

（三）市场法

市场法是指利用产权市场上与被估企业相同或相似企业的交易及市场成交价作为参照，通过被估企业与参照企业之间的对比分析，进行必要的差异调整，修正市场交易价格，从而确定被估企业整体资产价值的一种评估方法，具体分为以下 3 种：

1. 整体交易参照法。

这种方法是在产权转让市场上收集与被评估企业相同或相类似的被转让企业的交易价格，分析被评估企业与被转让企业的差异，调整差异，确定被评估企业整体资产价格。

【例 8－1】 被评估企业是一个从事房地产开发的企业，净资产为 1 000 万元，经了解，在近期企业转让案例中，有一与被评估企业相似的房地产企业，经营范围与被评估企业相同，净资产为 1 500 万元，交易价格为 3 000 万元。据分析，此交易价格正常，由此可评定被评估企业整体资产价格为 3 000 × 1 000/1 500 = 2 000（万元）。

2. 市盈率参照法。

市盈率是上市公司每股股票价格与其税后收益之比。市盈率参照法的基本思路是，首先在股票市场上收集与被评估企业相同或相似的上市公司的市盈率指标，并以此作为参照，再根据被评估企业的年税后收益，确定被评估企业整体资产价值。其公式为：

$$企业整体资产价值 = 参照的上市公司市盈率 \times 被估企业年税后收益$$

公式中，被估企业年税后收益不是指某一特定年份的收益，而是指被评估企业在正常情况下可获取的年税后收益。

3. 市净率比较法。

这种方法假设股权价值是净资产的函数，类似企业有相同的市净率，净资产越大，则股权价值越大。因此，股权价值是净资产的一定倍数，目标企业的价值可以用每股净资产乘以平均市净率计算。

$$市净率=每股市价/每股净资产$$

$$企业价值=可比企业平均市净率\times目标企业净资产$$

市场法应用的主要困难是选择可比企业。一般来说，首先要分析影响选择指标的主要因素，然后根据这些因素进行比较，选择可比企业。以市盈率为例，一般来说，市盈率主要取决于增长潜力、股利支付率和股权资本成本。选择可比企业时，需要先估计被评估目标企业的这三个比率，然后按此条件选择可比企业。通常的做法是选择一组同业的上市企业，分别比较三个比率，根据相近程度的不同，可以对不同的上市企业给予不同的权重，然后对其各自的市盈率进行加权平均，该加权平均市盈率，则作为估计目标企业价值的乘数。

但是市场法应用的前提是企业比较相近，而这种情况是很少见的。市盈率、市净率比较法要求在活跃、成熟、规范的证券交易市场存在的前提下进行。我国当前证券交易市场发育程度比较低，不成熟、不规范，每股市值绝大多数仅仅反映流通股价格，所以市盈率和市净率等尚不能准确反映企业的收益、资产与其市场价值的比例关系，因此现阶段市场法的运用受到了一定的限制。

综上所述，在上面介绍的3种基本方法中，收益法是相对合理、科学的方法，它反映了资产评估的实质，因此，国际上通行的企业价值评估（整体资产评估）方法主要是收益法，也称现金流折现法（discounted cash flow，DCF）。一般由企业管理层准备财务预测表并签署承诺函，对有关预测的真实性负责。评估师的责任仅限于发现其重大不合理的假设或结果，并向管理层提出意见。总之，准备合理的财务预测是企业管理层的责任，评估师是基于该预测估算企业的整体价值。另外，选取适当的折现率应是评估师最能体现其评估经验、专业水准和艺术性的关键所在，往往每一个百分点的上下均有充分的依据和理由。对折现率的选取，国际上一般没有硬性的规定。但是目前，由于评估技术还不成熟、我国部分企业效益不佳甚至收益为负等多种原因，企业价值评估在我国采用比较多的还是成本加和法，又称成本法。具体应用中，以成本加和法（重置成本法）确定总资产、总负债和净资产的评估值，同时采用收益法（收益现值法）分析、验证重置成本法的评估结果。当然，随着我国资产评估业的发展、评估技术的逐渐成熟，收益法是大势所趋，将成为企业价值评估的主要方法。

另外，收益法也存在着预测难度较大、弹性空间较大、难以令人信服等不足，近年来，企业价值评估方法也不断出现了一些新的研究成果，如EVA法的应用、期权法的引进等。

第四节　企业价值的收益法评估

一、企业价值评估中收益法的应用形式

企业价值评估的假设前提是持续经营，一是假设企业仍按原先设计与兴建的目的使用，企业在生产经营过程中能自觉地保持资产的再生产；二是企业经营期限是无限长。在此基础上，收益法应用于企业整体评估的形式有两种。

（一）年金资本化法

其计算公式表示为：

$$P=\frac{A}{r}$$

式中：P——企业价值评估值；

A——企业年金收益；

r——资本化率。

这种方法主要用于企业每年收益额均相等的情况。但是，在实际工作中，每年收益额均相等的企业是没有的。因此，这种方法往往适用于企业生产经营活动比较稳定，并且市场变化不太大的企业评估。

年金资本化法的具体操作过程如下：

根据对企业前几年的生产状况、销售状况、成本和收益情况以及同期的企业外部环境全面分析的基础上，预测企业未来若干年的收益额。然后，计算企业未来若干年内收益额的现值，并进行年金化。最后，将年金化的预期收益进行资本处理，即可确定企业评估值，其计算公式为：

$$P = \sum_{i=1}^{n} \frac{R_i}{(1+r)^n} \div (P/A, r, n) \div A$$

（二）分段法

这种方法是在充分调查和了解被评估企业内部经营环境和外部环境的基础上，根据企业前几年的经营状况及产品的市场营销情况，预测企业未来 N 年收益，并假定从 $N+1$ 年开始，以后各年将保持固定收益。这样，可分别将两部分收益进行折现和资本化处理后折现，最后汇总计算出企业的评估价值。其计算公式为：

$$P = \sum_{i=1}^{N} \frac{R_i}{(1+r_1)^i} + \frac{R_{N+1}}{r_2} \times \frac{1}{(1+r_1)^N}$$

式中：P——企业评估值；

R_i——前 N 年内各年度预测收益额；

r_1——折现率；

r_2——资本化率。

有时，企业从 $N+1$ 年起预期收益按某一固定比率 g 稳定增长，这时分段法公式可写为：

$$P = \sum_{i=1}^{N} \frac{R_i}{(1+r_1)^i} + \frac{R_N(1+g)}{r_2 - g} \times \frac{1}{(1+r_1)^N}$$

式中：P——企业评估值；

R_i——前 N 年内各年度预测收益额；

R_N——企业从 $N+1$ 年起预期收益额；

r_1——折现率；

r_2——资本化率；

g——固定增长率。

二、企业价值评估中收益法的基本步骤

收益法的应用主要是在分析过去、现在资料的基础上，合理预测未来发展状况确定有关参数，并据之测算出评估价值。收益法的主要步骤可以用图 8－1 表示。

在分析历史和预测未来过程中的一般步骤为：

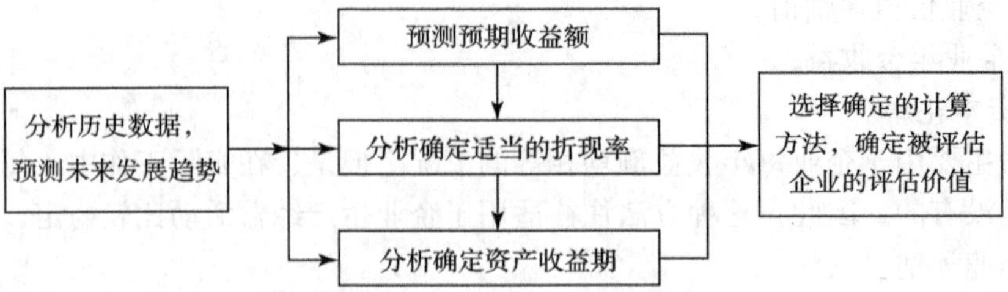

图 8-1　收益法的主要步骤

1. 企业概况分析，包括经营状况分析、产品生产及销售状况分析、企业经营计划和发展规划分析、企业所处行业分析、国家政策导向分析、企业生产规模分析；

2. 企业主要竞争对手分析、企业所处行业地位分析、产品市场占有率及发展趋势分析；

3. 企业前 3 年的财务资料；

4. 企业未来 5 年的发展计划；

5. 行业的各种可收集财务指标；

6. 分析整理企业财务资料，剔除各种不合理因素后的财务资料；

7. 对企业未来 5 年生产、经营的合理预测。

三、收益法中预期收益额的预测与确定

在企业价值评估中应用收益法，关键是主要参数的确定，如预期收益额。运用收益现值法对企业整体资产进行评估时，企业收益额是一个极为重要的参数，能否正确科学地预测，直接关系着评估结果的正确性。

（一）价值评估中收益额的特性

1. 未来收益。

即它必须是企业将来年份可以获取的收益，而不是以前或现在的收益。所以，必须对它进行科学、合理的预测。当然，过去或现在的收益尽管不能直接作为收益现值法评估中的一个指标，但为预测未来收益提供了一个可靠的基础和依据。

2. 正常收益。

即它应该是企业未来正常年份，在经营的内外部环境没有发生明显变化的情况下，可持续不断地获取的正常收益。评估中，在科学地预测企业未来收益的基础上，还应对企业经营的环境和条件进行分析，对于那些由特殊原因而造成的有利或不利影响应进行剥离。

3. 权益收益。

企业获取的纯收入中，有些不能归企业业主所有，如税收，不论是流转税还是所得税。这些不归业主所有的企业收入不能作为企业整体评估中企业收益额的一个组成部分，相反，凡是归企业业主所有的企业收支净额，不论是营业收支、资产收支，还是投资收支，均为企业收益。

企业收益的以上特点是从企业发生产权变动，为确定企业交易价格这一特定目的为出发点的，从潜在投资者参与产权交易后分享企业收益的角度，潜在投资者只能分享未来正常情况该企业所获取的净收入。

（二）企业收益额的计算指标

在现实经济生活中，反映或代表企业收益额的指标有 3 个：利润总额、净利润和净现金

流量。

1. 利润总额。

利润总额是指企业在未来经营期限内所获得的税前利润（扣除所得税前利润）将其作为测算企业整体资产收益额的一种形式。这样所测算出的企业整体资产的收益，既不能反映总资产的价值，因为税前利润中已扣除了由负债带来的利息支出，同时也不能反映企业的净资产价值，因为利润总额中尚有一部分所得税并不归资产所有者拥有。因此，用利润总额评估的结果不能反映企业净资产的价值。所以在通常情况下不能采用利润总额来测算企业整体资产的收益。

2. 净利润。

净利润是指企业在未来经营期内所获得的归资产所有者拥有和支配的净收益。

净利润 = 利润总额 – 所得税

　　　= 产品销售收入 – 产品销售成本 – 产品销售费用 – 产品销售税金

　　　　– 其他业务利润 – 管理费用 – 财务费用 ± 投资收益 ± 营业外收支 – 所得税

这种形式测算的优点在于能够比较客观地反映企业的实际经营业绩，缺点是由于企业折旧政策的不同会导致企业所实现的净利润缺乏可比性。其测算企业的整体资产的收益通常在一定条件下使用，那就是在企业无限经营并且企业资产折旧采用直线折旧法情况下采用。但如果企业在有限经营期内中止或企业采用加速折旧法时就不宜采用。

3. 净现金流量。

净现金流量是指企业未来经营过程中现金流入量与流出量的差额，它包括企业在未来的一切收支净额，无论是营业收支、投资收支还是筹资收支，只要形成净流量就要看作是收益。会计核算上的现金净流量包括 3 个部分：营业活动现金净流量、投资活动现金净流量和筹资活动现金净流量。资产评估中，筹资活动现金净流量一般不计入企业收益，因为筹资活动现金净流量不能计入企业经营成果。因此，企业价值评估中的收益额为营业活动现金净流量和投资活动现金净流量之和。

现金净流量 = 营业活动现金净流量 + 投资活动现金净流量

净现金流量也可由净利润调整得出。

净现金流量 = 净利润 + 非付现费用（折旧、无形资产摊销）– 资本性支出（固定资产和其他非流动资产追加投资）– 追加营运资本

净现金流量符合资产经营中不断追加投资和回收投资的动态过程，比较真实地模拟了企业在未来经营中收益的实现途径和过程。同时不会由于企业折旧政策的不同而导致其缺乏可比性。

利润总额、净利润和净现金流量都是反映企业盈利能力和盈利水平的财务指标，其预期值均可用于资产评估的收益法，这是三者的共同点。但对同一企业或同一资产，这三个指标不仅在数值上是不同的，而且在其财务含义、计算口径和计算公式上均有重大差异。利润总额和净利润均是静态指标，而净现金流量是动态指标。净现金流量不仅是数量的描述，而且与发生的时间形成密不可分的整体。利润总额中含有所得税，系税前指标；净利润和净现金流量是所得税后指标。三个指标既有重大的不同而又存在着内在的确定性的联系，如图 8 – 2 所示。

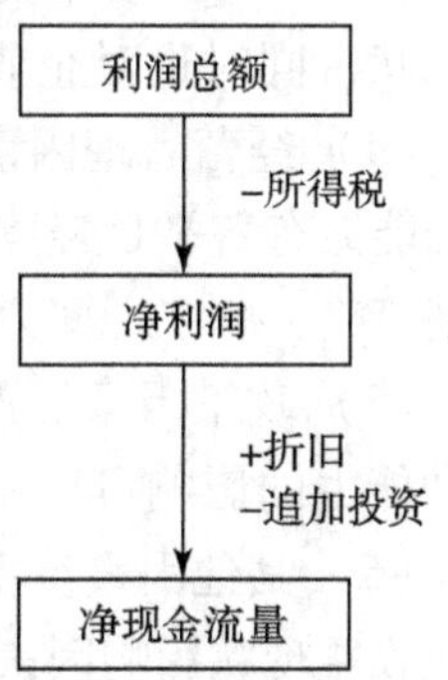

图 8 – 2　利润总额、净利润和净现金流量的关系

中外评估界一致认为应提倡以净现金流量作为预期收益额。因为它以收付实现制为原则，排除了人们主观认定的固定资产折旧费的干扰；同时，它不仅考虑了现金流量的数量而且考虑到收益的时间和货币的时间价值；它还是税后指标。因此净现金流量比利润总额和净利润更能客观地反映企业或技术资产的净收益。用净现金流量折现来评估企业价值的方法也称为现金流量贴现模型（discounted cash flow model，DCF model）。

（三）企业收益额的预测

企业的收益预测一般分为三部分：第一部分是对企业收益的历史及现状的分析与判断；第二部分是对未来可预测的企业若干年收益的预测；第三部分是对企业未来持续经营条件下的长期预期收益趋势的判断。

1. 分析和判断被评估企业收益的历史与现状，了解和把握企业正常的盈利能力。

要根据企业的具体情况确定分析的重点。对于发展历史不长的企业，要着重对其现状进行分析并主要在分析未来发展机会的基础上判断企业的盈利；对于已有较长经营历史且收益稳定的企业，应着重对其历史收益进行分析，并在历史收益平均趋势的基础上判断企业的盈利能力。同时，还要对财务数据并结合企业的实际生产经营情况加以综合分析。可以作为分析判断企业盈利能力参考依据的财务指标有：企业资金利润率、投资资本利润率、净资产利润率、成本利润率、销售收入利润率、企业资金收益率、投资资本收益率、净资产收益率、成本收益率、销售收入收益率等。

为了客观地判断企业的正常盈利能力，还必须结合影响企业盈利能力的内外部多方面因素进行分析，具体包括以下几方面：

（1）需求因素。需求因素对企业来说是个生死攸关的重要因素，可见其对企业获利能力及现状的巨大影响，影响最直观的表象是企业的开工率、设备利用率和产销率。可以从这么几个方面着手分析：企业产品的市场竞争状况和市场占有率；产品所处的寿命周期及替代品的竞争性；产品质量、价格、成本是否具有市场优势；产品的社会保有量、消耗周期及市场边界（国内市场或国际市场）。

（2）供给因素。主要指原材料、能源、动力、资金等因素的供应是否充分，以及生产、生活用水及运输条件等，都是影响企业收益不可忽视的因素。

（3）开发因素。这是指企业的产品开发、技术开发和市场开发能力不仅影响企业的收益现状，同时也对企业的未来开发获利能力产生深远的影响。

（4）经营管理因素。企业的经营管理水平在现代市场经济条件下，对企业的收益水平和获利能力有着举足轻重的影响。其中企业管理人员的素质和水平，企业内部的经营管理机制、营销策略、职工凝聚力和企业公共形象以及对外关系等更是影响企业收益现状的重要因素。

（5）政策因素。产业政策、行业规划、价格政策、税收政策等对于一个企业的发展及获利能力的影响可以是短期的，也可以是长期的，评估人员对此必须做出明确判断。

（6）其他因素。主要指企业存量资产的状况构成及匹配状况对企业收益的影响。通过对企业收益现状影响因素的分析，找到影响企业收益的主要因素，为预测未来收益提供线索。

2. 对企业的未来预期收益额进行预测。

在上述企业历史与现状的基础上，分析预测企业预期收益。预测一般可分为以下 3 个阶段：调整评估基准日企业收益，综合分析和判断企业预期收益的总体趋势，预测企业预期收益。

（1）调整评估基准日的企业收益，使之能反映企业的正常盈利能力。首先，对审计后的损益表和现金流量表等财务报表进行非正常因素调整，将一次性、偶发性，或以后不再发生的收入或费用进行剔除，把企业评估基准日的利润和现金流量调整为正常数量。其次，根据审计后报表的附注和对在相关报表中揭示的影响企业预期收益的非财务因素进行分析，进一步对企业的收益进行调整，反映企业的正常盈利能力。需要注意的是，对企业评估基准日审计调整后的财务报表，尤其是客观收益的调整仅作为评估人员进行企业预期收益预测的参考依据，不能用于其他目的。

（2）综合分析和判断企业预期收益的总体趋势。企业预期收益趋势的总体分析和判断，是在对企业评估基准日审计后实际收益调整的基础上，结合企业提供的预期收益预测和评估机构调查收集到的有关信息的资料进行的。当然，企业提供的关于预期收益的预测只能是评估人员的重要参考资料，而不是评估人员对企业未来预期收益预测的唯一根据，评估人员必须深入到企业现场进行实地考察和现场调研，与企业的核心管理层进行充分的交流，了解企业的生产工艺过程、设备状况、生产能力和经营管理水平，结合其他资料对企业未来收益趋势做出合乎逻辑的客观、独立的判断。

（3）预测企业的预期收益。在前面工作的基础上，运用具体的技术方法和手段预测未来收益。一般采用分段法，对已步入稳定期的企业而言，收益预测分为两段：一是分年预测企业未来某年的收益；二是对企业未来某年后的收益预测。而对仍处于发展期，其收益尚不稳定的企业而言，首先要判断出企业在何时步入稳定期，其收益呈现稳定性；而后将其步入稳定期的前一年作为收益预测分段的时点。分段后各段预测的方法与稳定期企业类似。

分年预测企业未来某年的预期收益时，是基于评估基准日调整的企业收益或企业历史收益的平均趋势，结合影响企业收益实现的主要因素预期未来变化的情况，采用适当的方法进行的。预测时，首先必须根据评估对象、评估目的和评估的条件等，科学、合理地设定预测企业预期收益的前提条件，一般包括：假设将来新的国家的政治、经济等政策变化对企业预期收益不会产生影响，已经出台尚未实施的除外；假设不会发生不可抗拒的自然灾害或其他无法预期的突发事件；假设企业经营管理者的某些个人行为不会出现异常；等等。在明确了企业收益预测前提条件的基础上，就可以着手对企业未来某年的预期收益进行预测。评估人员应把企业或其他机构提供的有关资料作为参考，根据可收集到的数据资料，在经过充分分析论证的基础上做出独立的预测判断。预测的主要内容有：对影响被评估企业及所属行业的特定经济及竞争因素的估计；市场的产品或服务的需求量或被评估企业市场占有份额的估计；销售收入的估计；成本费用及税金的估计；完成上述生产经营目标需追加投资及技术、设备更新改造因素的估计；预期收益的估计；等等。

3. 企业收益额的预测方法。

现金流的预测不仅有数学方法，也有非数学方法，常用的预测方法和模型是德尔菲法、经验分析法、结合判断法、投入产出模型、回归分析模型、时间序列模型、最小二乘法、经济函数弹性分析模型、马尔夫模型、运筹模型、统计外推模型、相互影响分析法、博克斯-金肯斯（Box-Jenkins）预测模型、增长曲线模型、经济寿命周期模型、系统动力学模型等。

短期预测所使用的方法通常以时间序列方法为主，预测精度要求较高。中期预测所使用的方法以时间序列、经济计量模型等为主，预测精度要求在15%以内。长期预测所采用的方法以经济计量模型、投入产出模型、系统动力学模型等为主，主要预测变化趋势，精度无法要求太高。

时间序列分析是建立在一个假定基础之上的，即假定未来是过去趋势的延伸。这种方法简单、方便，然而它只能用于经济平稳发展的时期，不能用于经济转折时期。此法主要用于短期预测。回归分析模型，是找出一个经济变量与若干其他变量之间的数量关系，然后用某种方法给出外生变量的未来值而算出预测系统经济变量的预测值。

在预测时，要注意根据企业的特点、产品特征、收益的特点和发展趋势，选择合适的预测方法进行预测。

在对企业的预期收益预测基本完成之后，应该对所做的预测进行严格检验，以判断所做预测的合理性。检验一般可以将预测与企业历史收益的平均趋势进行比较；对影响企业价值评估的敏感性因素加以严格的检验；对所预测的企业收入与成本费用的变化的一致性进行检验，以获得较为客观、合理的预期收益。

（四）折现率和资本化率及其估测

折现率与资本化率是两个不同的概念，但它们在本质上是没有区别的，都属于投资报酬率或资产收益率，只是适用的场合有所不同。资本化率是将稳定化的收益（年金）转化为该收益的现行资本化价值，适用于永续年金的还原。折现率是将未来有限期的预期收益转化为现值，适用于有限期预期收益的还原。

1. 折现率确定的原则。

确定折现率时一般应遵循以下几条原则：

（1）不低于无风险报酬率的原则。在存在正常资本市场和产权市场的条件下，政府债券利率和银行存款利率是投资者进行其他投资时，在考虑和权衡投资报酬率时必须考虑的基本因素。如果折现率小于无风险报酬率，就会导致投资者将资金转存银行或购买无风险的国债，而不愿去冒险进行得不偿失的投资。

（2）以行业平均报酬率为基准的原则。一般来说，投资者由于各自偏好的不同，投资的领域也不同。因此，在评价各种投资方案优劣的时候，需要以社会平均报酬率作为统一的尺度来进行衡量。但是，社会平均报酬率一般很难求得，而行业平均报酬率则可以根据国家公布的有关统计数据计算得出，因此，行业平均报酬率可以取代社会平均报酬率作为确定折现率的基准。

（3）折现率和资本化率与收益额相匹配的原则。折现率或资本化率的确定和选取要与企业的预期收益相匹配。通常情况下，如果预期收益中考虑了通货膨胀因素和其他因素的影响，那么在折现率中也应有所体现；反之，如果预期收益中没有考虑通货膨胀因素和其他因素的影响，那么在折现率中也不应单向反映。

（4）收益额与折现率口径一致的原则。在具体的资产评估中由于收益额有不同的口径，折现率的选定必须与收益额的口径相一致，而且选用不同口径的收益额和相应的折现率，收益还原的结果是具有不同的含义的。

如果选用企业利润系列指标作为收益额，则折现率应选用相应的资产收益率；而如以净现金流量为收益额，则以投资回收率（即净现金流量/平均占用资产）为折现率，因为投资回收率是以收付实现制为基础的资产收益率。

在同一系列中，收益额指标又有不同的口径，如在利润系列指标中，可作为收益额的指标有税后利润和息前税后利润。而净现金流量系列指标中，也有净现金流量和息前净现金流量。

它们具有如下关系：

息前税后利润 = 税后利润 + 长期负债利息 ×（1 − 所得税税率）

息前净现金流量 = 净现金流量 + 长期负债利息 ×（1 − 所得税税率）

收益额、折现率及评估值内涵的关系见表 8 − 1。

表 8 − 1　收益额、折现率及评估值内涵的关系

收益额	折现率	评估值内涵	评估值的资产构成
税后利润	净资产收益率	所有者权益价格	资产——负债
息前税后利润	加权平均资本成本	含长期负债的企业投资价格	资产——短期负债
净现金流量	净资产投资回收率	所有者权益价格	资产——负债
息前净现金流量	净资产投资回收率	含长期负债的企业投资价格	资产——短期负债

2. 确定折现率的主要方法。

（1）累加法。

采用累加法确定折现率的基本公式为：

$$R = R_f + R_r$$

式中：R——企业价值评估中的折现率；

R_f——无风险报酬率；

R_r——风险报酬率。

无风险报酬率即最低报酬率，一般情况下，无风险报酬率参考同期银行存款利率或国库券利率，但两者都采用单利计息，而资产评估中折现率采用复利计息，因而计算时不能直接使用银行利率，需要修正为复利形式，将修正后利率作为无风险报酬率，公式如下：

$$R_f = \sqrt[n]{(1 + nr_d)} - 1$$

式中：R_f——无风险报酬率；

r_d——单利形式银行存款利率或国券利率；

n——银行存款率年限。

风险报酬率的估算方法主要有两种：一是风险累加法，二是 β 系数法。

①风险累加法。企业在其持续经营过程中可能要面临着许多风险，像前面已经提到的行业风险、经营风险、财务风险、通货膨胀等。将企业可能面临的风险对回报率的要求予以量化并累加，便可得到企业评估折现率中的风险报酬率。用公式表示为：

风险报酬率 = 行业风险报酬率 + 经营风险报酬率 + 财务风险报酬率 + 其他风险报酬率

行业风险主要是指企业所在行业的市场特点、投资开发特点，以及国家产业政策调整等因素造成的行业发展不确定性给企业预期收益带来的影响。

经营风险是指企业在经营过程中，由于市场需求变化、生产要素供给条件变化，以及同类企业间的竞争给企业的未来预期收益带来的不确定性影响。

财务风险是指企业在经营过程中的资金融通、资金调度、资金周转可能出现的不确定性因素影响企业的预期收益。

其他风险包括了国民经济景气状况、通货膨胀等因素的变化可能对企业预期收益的影响。

量化上述各种风险所要求的回报率，主要是采取经验判断。它要求评估人员充分了解国民经济的运行态势、行业发展方向、市场状况、同类企业竞争情况等。只有在充分了解和掌握上述数据资料的基础上，对于风险报酬率的判断才能较为客观合理。当然，在条件许可的情况下，评估人员应尽量采取统计和数理分析方法对风险回报率进行量化。

②β 系数法。用于估算企业所在行业的风险报酬率。其基本思路是，行业风险报酬率是社会平均风险报酬率与被评估企业所在行业平均风险和社会平均风险的比率系数（β 系数）的乘积。

β 系数法估算风险报酬率的步骤为：

A. 将社会平均收益率扣除无风险报酬率，求出社会平均风险报酬率；

B. 将企业所在行业的平均风险与社会平均风险进行比较，求出企业所在行业的 β 系数；

C. 用社会平均风险报酬率乘以企业所在行业的 β 系数，便可得到被评估企业所在行业的风险报酬率。

用公式表示为：

$$R_r = (R_m - R_g) \times \beta$$

式中：R_r——被评估企业所在行业的风险报酬率；

R_m——社会平均收益率；

R_g——无风险报酬率；

β——被评估企业所在行业的 β 系数。

在评估某一个具体的企业价值时，应再考虑企业的规模、经营状况及财务状况，确定企业在其所在的行业中的地位系数 α，然后与企业所在行业的风险报酬率相乘，得到该企业的风险报酬率。其公式表示如下：

$$R_r = (R_m - R_g) \times \beta \times \alpha$$

（2）资本资产定价模型（CAPM）。

资本资产定价模型（capital asset pricing model，CAPM）是由美国学者夏普、林特尔、特里诺和莫辛等人在资产组合理论的基础上发展起来的，是现代金融市场价格理论的支柱，广泛应用于投资决策和公司理财领域。CAPM 给出了一个非常简单的结论：只有一种原因会使投资者得到更高回报，那就是投资高风险的股票。毋庸置疑，这个模型在现代金融理论里占据着主导地位。资本资产定价模型就是在投资组合理论和资本市场理论基础上形成发展起来的，主要研究证券市场中资产的预期收益率与风险资产之间的关系，以及均衡价格是如何形成的。

资本资产定价模型可以表示为：

$$R = R_f + (R_m - R_f) \times \beta \times \alpha$$

式中：R——企业价值评估中的折现率；

R_f——无风险报酬率；

R_m——市场期望报酬率；

β——被评估企业所在行业的系统风险系数；

α——企业自身特定风险系数。

（3）加权平均资本成本模型（WACC）。

加权平均资本成本模型（weighted average cost of capital，WACC）是指企业以各种资本在企业全部资本中所占的比重为权数，对各种长期资金的资本成本加权平均计算出来的资本总成本。加权平均资本成本可用来确定具有平均风险投资项目所要求的收益率。加权平均资本成本的计算方法包含所有资金来源，包括普通股、优先股、债券及所有长期债务。运用加权平均资金成本模型估算折现率或资本化率，是以了解和掌握企业的资本构成，以及各种资本投资所要求的投资报酬或资本成本为前提的。由于受多种因素的制约，企业不可能只使用某种单一的筹资方式，往往需要通过多种方式筹集所需资金。如果评估人员能准确地掌握企业各种资金来源在资本总额中的构成比例，就可以按加权平均资金成本模型来计算折现率。

加权平均资本成本模型表达式为：

折现率 = 权益资本占全部资本的比例 × 权益资本的投资回报率 + 债务资本占全部资本的比例 × 债务资本的回报率 × (1 − 所得税率)

即：

$$R=\frac{E}{D+E}\times K_{\mathrm{e}}+\frac{D}{D+E}\times K_{\mathrm{d}}\times(1-t)$$

式中：R——加权平均资本成本模型下的折现率；

E——权益资本市场价值；

D——债务资本市场价值；

K_{e}——权益资本要求的投资报酬率；

K_{d}——债务资本要求的投资报酬率；

t——被评估企业适用的所得税税率。

（五）收益期的确定

收益期的确定通常要考虑企业的固定资产使用年限，主要产品所处的生命周期，经营者的素质，外部环境的影响，如竞争对手的变化、国家投资政策的变化等，主要确定方法有3种：

1. 合同年限法。

企业整体发生产权变动后，如中外合资，在确定其收益期时应以中外合资双方共同签订的合同中规定的期限作为企业资产收益期。

2. 企业整体资产经营寿命法。

企业产权发生变动后没有规定经营期限的按其正常经济寿命测算，通常可按企业的土地使用权的有效使用年限作为其预期经济寿命期。

3. 永续法。

企业资产收益，如无特殊情况企业经营比较正常且没有对足以影响企业继续经营的某项资产的使用年限进行规定，或者这种限定是可以解除的，并可以通过续延方式永续使用的则在测算其收益时，收益期的确定可采用永续法。

第五节　商誉的评估

一、商誉的定义及其特点

商誉是特殊的无形资产，是不可确指的资产。

（一）商誉的定义

商誉通常是指一家企业由于所处地理位置优越或由于组织得当，生产经营效益好，或由于历史悠久，积累了丰富的从事本企业的经验，或由于先进的工艺技术和生产诀窍或由于其高效率的管理能力，而使得该企业的获利能力超过同类企业获利能力的一种无形资产。概括地讲，商誉是指那些不具备实物形态、在企业的持续经营中能为企业提供某种权利并能为企业带来超额收益的一种无形资产。

对于商誉的性质，人们的认识并不统一，可以说仁者见仁，智者见智。20 世纪 20 年代，杨汝梅在其所著的《无形资产论》一书中，把商誉的性质归纳为以下几个方面：一是因企业人事上的良好关系而产生的特定价值；二是其存在较久且价值相对稳定；三是其可以转让；四是在转让时其价值大小可以用货币计量；五是从广义上看，它则是企业中由于一切组织制度完善及管理得法所获得的利益。杨汝梅先生的这些看法对我们现在全面认识、理解商誉的性质仍有指导意义。20 世纪 70 年代，美国著名会计学家亨德里克森在其所著的《会计理论》一书中，从会计的角度对商誉的性质做了以下三种解释：一是对企业好感的价值；二是预期未来利润超过不包括商誉的总投资的正常报酬部分的价值；三是反映企业总价值超过各个有形或无形资产价值差价的总的计价账户。他的前两种解释，把商誉看成是可以作为具有自身特性的一项单独资产。第三种解释，把商誉看成是一个综合性极强的计价账户。

（二）商誉的特点

根据商誉的内涵，它具有如下特性：

1. 商誉不能离开企业而单独存在，不能与企业的可确指资产分开出售。

2. 商誉是多项因素作用形成的结果，但形成商誉的个别因素不能以任何方法单独计价。

3. 商誉本身不是一项单独的、能产生收益的无形资产，而只是超过企业可确指的各单项资产价值之和的价值。

4. 商誉是企业长期积累起来的一项价值。

二、商誉评估的特点

通过上述对商誉特点的分析，可以进一步分析商誉评估的特点。

（一）非独立性

由于商誉与企业的整体有关，不能单独存在，不能与企业其他的有形资产和无形资产分离开，不能单独出售，因而商誉的评估这一行为必须与企业其他的整体资产的评估联系起来进行。商誉评估结果也应一并汇入企业整体评估结果中去，形成企业整体资产总额中的一部分。

（二）不可分列性

影响企业商誉的因素多种多样，难以用某种公式或方法对其形成的各项影响因素分别单独确定其价值，只能把这些因素结合起来，作为依附于企业整体的一项无形的综合经济资源来看待，只能按照一个总额对商誉计价，不能按照形成商誉的每个因素分别估列数值。

（三）整体性

依据商誉的非独立性。由于商誉是一种不可确指的无形资产，因而它不能单独存在，只能依附于企业整体，是所有有形资产共同作用的结果。离开了企业，商誉的载体就消失了，也就不存在商誉的价值。因此，商誉是企业整体价值中一个无形的构成要素。评估它的价值要从企业整体获利能力上把握，并且只有在持续经营的条件下，企业的商誉才是有价值的。

（四）分析性

商誉评估的分析性是依据商誉构成要素的多元性。形成商誉的因素很多，难以用任何方法或公式对其形成的各项个别因素单独确定其价值，只能把这些因素综合起来，作为依附于企业整体的一项无形的综合经济资源来看待，所以，商誉评估的结果也是按照一个总额对其计价，不能按照形成商誉的每个因素单列评估值。

（五）评估基础的单一性

这一特性是由商誉的实质决定的。由于商誉形成的不可确指性，商誉存在判断标准的唯一性以及商誉的评估结果是对企业未来超额收益的按现时价格的反映，商誉评估的基础只能是企业的超额效益。

（六）评估结果的双重性

商誉的价值是由企业整体收益水平体现的。其价值量大小取决于企业整体收益水平和行业平均收益水平的比较，当企业的收益水平高于行业平均水平时，商誉的价值为正值；反之，则为负值。由于商誉具有正负性，因此，它的评估对企业获利能力也具有积极或消极影响。商誉的评估值，既可能使企业资产出现增值，也可能使其出现贬值。

三、商誉评估的方法

（一）割差法

割差法是用企业的总体价值扣除各项有形资产和可辨认的无形资产价值后的差额，以之来确定企业商誉价值的一种评估方法。用割差法评估商誉价值的计算公式为：

商誉评估值 = 被评估企业整体评估值 - 被评估企业单项可确指资产评估值之和

只有当企业的总体价值扣除各项有形资产和可确指的无形资产后还有剩余时，才存在企业的商誉价值，这里有两个前提条件：①必须首先确定企业总价值。②对企业有形资产以及可确指的无形资产数量和现行估算均具有准确性。这种情况下可用割差法来计算该商誉的价值。主要步骤是：

（1）通过整体评估的方法评估出企业整体资产的价值；

（2）通过单项评估的方法分别评估出各类有形资产的价值和各项可确指的无形资产的价值；

（3）在企业整体资产评估价值中扣减掉各单项有形资产及单项可确指的无形资产的价值之和，其剩余即是企业商誉的评估值。

（二）超额收益法

商誉是企业获取超额收益的能力，因而商誉的价值应是超额收益的资本化价值。用超额收益法评估商誉价值的公式为：

$$P = \sum_{t=1}^{T} \frac{R_t}{(1+r)^t}$$

式中：P——商誉的价值；

R_t——第 t 年企业预期超额收益；

r——折现率；

T——收益年限；

$(1+r)^t$——折现系数。

与割差法先求企业整体评估价值与各单项资产评估值之和不同，超额收益法适用于企业在未来第一年至第 n 年的若干年内的超额收益可以预测的情况。特别是当企业经营状况一直较好、超额收益比较稳定的企业，企业未来各年内的超额收益基本不变，则可使用下面的公式：

$$商誉的价值 = R/r$$

式中：R——企业未来几年的等额预期超额收益；

r——折现率。

或者，也可以有以下公式：

$$商誉的价值 = \frac{企业预期年收益额 - 行业平均收益率 \times 该企业的单项资产评估值之和}{适用本金化率}$$

或

$$商誉的价值 = \frac{\begin{matrix}被评估企业单项\\资产评估价值之和\end{matrix} \times (被评估企业预期收益率 - 行业平均收益率)}{适用本金化率}$$

式中：$被评估企业预期收益率 = \dfrac{企业预期年收益额}{企业的单项资产评估价值之和} \times 100\%$。

【例 8-2】 某企业的预期年收益额为 100 万元，该企业的各单项资产的评估价值之和为 400 万元，企业所在行业的平均收益率为 12%，并以此作为折现率。求商誉的价值。

$$商誉的价值 = (1\ 000\ 000 - 4\ 000\ 000 \times 12\%) \div 12\% = 4\ 333\ 333\ (元)$$

或者

$$商誉的价值 = 4\ 000\ 000 \times (1\ 000\ 000/4\ 000\ 000 - 12\%) \div 12\% = 4\ 333\ 333\ (元)$$

（三）商誉评估中应注意的几个问题

商誉评估因其具有的特殊性，操作有一定的难度，实际评估中我们应注意以下几个问题：

（1）不是所有企业都有商誉，商誉只存在于那些长期具有超额收益的少数企业之中。一个企业在同类型企业中超额收益越高，商誉评估值越大。

（2）商誉评估必须坚持预期原则。企业是否拥有超额收益是判断企业有无商誉和商誉大小的标志。

（3）商誉价值形成既然是建立在企业预期超额收益基础之上，那么，商誉评估值与企业中为形成商誉投入的费用和劳务没有直接联系，因此，商誉评估不能采用投入费用累加的方法进行。

（4）商誉是由众多因素共同作用形成，但形成商誉的个别因素不能单独计量的特征，决定了商誉评估也不能采用市场类比的方法进行。

（5）企业负债与否、负债规模大小与企业商誉没有直接关系。

从财务学原理分析，企业负债不影响资产收益率，而影响投资者收益率，即资本金收益率。资本金收益率与资产收益率的关系可以表述为：

$$资本金收益率 = 资产收益率/(1 - 资产负债率)$$

在资产收益率一定且超过负债资金成本的条件下，增大负债比率，可以增加资本金收益率，并不直接影响资产收益率。

（四）商誉与商标的区分

同为无形资产的商誉与商标是有区别的，二者反映两个不同的价值内涵。企业中拥有某项评估值很高的知名商标，并不意味着该企业一定就有商誉。为了科学地确定商誉的评估值，注意商誉与商标的区别是必要的。

要想把握商誉的概念，就必须理解商誉与商标的区别，具体如下：

1. 商誉起源于企业或产品被市场认可和认知之后，商标可以在或早于产品萌芽期产生；
2. 商誉是外在的客观评价，商标则是主观的寓意其未来的价值；
3. 商誉是靠企业主动去维护，商标可以申请注册用法律手段保护其利益；
4. 商誉给企业带来的利益没有时间限制，商标如果是申请注册了的，则在商标法认可的法定时间段得到法律强制性的保护；
5. 商誉受到侵害不易举证，注册商标受到侵权有法律条款约束，并且后者有具体赔偿办法。
6. 商标可以转让、代理、拍卖，商誉则不可以。在国内商标的买卖仅限于已注册商标上进行，未注册商标无论其商誉度、美誉度多高，都很难进行类似有形资产的拍卖及转让的，并且已注册的商标对保持美誉度提供了法律上的保护。
7. 商誉是看不见的，没有具体形象的，是一个企业公众美誉度、信誉度的意思表示。比如，购买奥迪车，虽然价钱贵，但还是愿意买，因为奥迪公司商誉好。而商标是一定的图形和文字构成的一个标志，是可以名状的，是有形可见的。比如奥迪的商标是四个圆环套起来的图案。

本章练习题

一、单项选择题

1. 选择什么层次和口径的企业收益作为企业评估的依据，首先应服从于（　　）。

   A. 企业评估方法　　B. 企业评估的目的

   C. 企业评估的假设条件　　D. 企业评估的价值标准

2. 在持续经营假设前提下，运用加和法评估企业价值时，各个单项资产的评估，应当按照（　　）原则确定。

   A. 变现　　B. 预期　　C. 替代　　D. 贡献

3. 假定社会平均收益率为10%，企业所在行业基准收益率为12%，国库券利率为4%。待评估企业的投资资本由所有者权益和长期负债两部分组成，其中所有者权益占投资资本的比重为60%，长期负债占40%，利息率为6%，待评估企业的风险系数（β）为1.2。该待评估企业投资资本的折现率最接近于（　　）。

   A. 11.2%　　B. 9.53%　　C. 9.12%　　D. 12.86%

4. 从企业价值评估的角度上看，非上市公司与上市公司的差别主要体现在（　　）。

   A. 盈利能力　　B. 经营能力　　C. 投资能力　　D. 变现能力

5. 从市场交换的角度看，企业的价值是由（　　）决定的。

   A. 社会必要劳动时间　　B. 建造企业的原始投资额

   C. 企业获利能力　　D. 企业生产能力

6. 从量的角度上讲，企业价值评估与构成企业的单项资产评估加和之间的差异主要表现在（　　）。

A. 管理人员人才　　B. 商誉

C. 企业获利能力　　D. 无形资产

7. 运用收益法进行企业价值评估，其前提条件是（　　）。

A. 企业具有生产能力　　B. 企业各项资产完好

C. 企业能够持续经营　　D. 企业具有商誉

8. 从本质上讲，企业评估的真正对象是（　　）。

A. 企业的生产能力　　B. 企业的全部资产

C. 企业整体资产　　D. 企业具有商誉

9. 待评估企业未来 5 年的预期收益为 100 万元、120 万元、150 万元、160 万元和 200 万元，假定本金化率为 10%，采用年金法估测的企业价值最可能是（　　）万元。

A. 1 414　　B. 5 360　　C. 141　　D. 20 319

10. 假定社会平均资金收益率为 10%，无风险报酬率为 5%，被评估企业所在行业的平均风险与社会平均风险的比率为 1.2，则用于企业评估的折现率应选择（　　）。

A. 12%　　B. 11%　　C. 10%　　D. 13.5%

11. 运用市场法评估企业价值应遵循（　　）。

A. 替代原则　　B. 贡献原则

C. 企业价值最大化原则　　D. 配比原则

12. 当收益额选取企业的净利润，而资本化率选择资产总额收益率时，其还原值为企业的（　　）。

A. 投资资本现值　　B. 资产总额现值

C. 所有者权益现值　　D. 净资产现值

13. 当收益额选取企业的净利润，而资本化率选择净资产收益率时，其还原值为企业的（　　）。

A. 投资资本现值　　B. 资产总额现值

C. 所有者权益现值　　D. 实收资本现值

14. 假设被评估企业所在的行业平均资金收益率为 5%，净资产收益率为 10%，而被评估企业预期年金收益为 300 万元，企业的净资产现值最可能为（　　）万元。

A. 3 000　　B. 6 000　　C. 30　　D. 15

15. 根据投资回报的要求，用于企业价值评估的折现率中的无风险报酬率应以（　　）为宜。

A. 行业销售利润率　　B. 行业平均成本利润率

C. 企业债券利率　　D. 国库券利率

16. 当企业的整体价值低于企业单项资产评估值之和时，通常情况是（　　）。

A. 企业的资产收益率低于社会平均资金收益率

B. 企业的资产收益率高于社会平均资金收益率

C. 企业的资产收益率等于社会平均资金收益率

D. 企业的资产收益率趋于社会平均资金收益率

17. 从资产构成、评估值内涵与纯收入的对应关系的角度来判断（暂不考虑资本化率因素），要获取企业总资产的评估值应当选择的用于还原的企业纯收益应该是（　　）。

A. 利润总额　　B. 净利润

C. 净利润＋扣税长期负债利息　　D. 净利润＋扣税利息

18. 行业基准收益率表明了建设项目（　　）。

A. 对行业的净贡献　　B. 对企业的净贡献

C. 对投资者的净贡献　　D. 对国民经济的净贡献

19. 用于企业价值评估的收益额，通常不包括（　　）。

A. 利润总额　　B. 净利润　　C. 净现金流量　　D. 无负债净利润

20. 在企业价值评估中，投资资本是指（　　）。

A. 所有者权益　　B. 所有者权益＋流动负债

C. 所有者权益＋长期负债　　D. 长期投资

二、多项选择题

1. 在企业价值评估中，能否按照企业持续经营状态评估，需要考虑（　　）等因素而定。

A. 评估的价值类型

B. 企业要素资产的功能和状态

C. 企业提供的产品或服务是否为市场所需要

D. 评估目的

2. 企业价值评估中，在对各单项资产实施评估并且将评估值加和后，再运用收益法评估整个企业价值，这样做可以（　　）。

A. 比较判断哪一种方法是正确的

B. 判断企业是否存在商誉

C. 判断企业是否存在经济性贬值

D. 为确定企业的最终评估价值提供更多的信息

3. 企业评估中所选择的折现率一般不低于（　　）。

A. 行业基准收益率　　B. 政府发行的国库券利率

C. 贴现率　　D. 银行储蓄利率

4. 下列各项中，不宜直接作为企业产权变动时价值评估的折现率的有（　　）。

A. 投资报酬率　　B. 行业基准收益率

C. 机会成本　　D. 贴现率

5. 用于企业评估的收益额，通常包括（　　）。

A. 息前净现金流量　　B. 无负债净利润　　C. 净利润　　D. 利润总额

6. 企业作为一类特殊的资产，具有如下哪些特点？（　　）

A. 盈利性　　B. 持续经营性　　C. 收益无限期　　D. 整体性

7. 在企业价值评估中确定企业评估的具体范围时，可以采取（　　）等方式进行。

A. 企业集团　　B. 股份合作制　　C. 资产剥离　　D. “添平补齐”

8. 运用加和法进行企业价值评估时，（　　）属于需要评估的单项资产。

A. 货币资金　　　　　　　　　　B. 应收及应付账款

C. 产品销售收入　　　　　　　　D. 无形资产

9. 企业价值评估与企业单项资产评估值之和之间的差额可能是（　　）。

A. 功能性贬值　　　　　　　　　B. 实体性贬值

C. 溢价　　　　　　　　　　　　D. 商誉

10. 企业价值评估时，资产剥离的主要对象是（　　）。

A. 非生产性资产　　　　　　　　B. 局部功能与整体企业功能不协调资产

C. 能耗、料耗大的资产　　　　　D. 闲置资产

E. 融资租赁的资产

三、简答题

1. 试分析企业价值评估与构成企业的各单项资产的简单评估值加和之间的区别。

2. 简述企业价值评估的一般范围包括哪些。

3. 为什么贴现率不宜直接作为折现率?

4. 为什么企业评估中适用的资本化率不应低于无风险报酬率?

5. 如何界定企业收益?

四、计算题

1. 某企业预计未来 5 年的预期收益额为 10 万元、11 万元、12 万元、12 万元、13 万元，假定其资本化率为 10%，请你用年金法估测该企业持续经营条件下的企业价值。

2. 某企业预计未来 5 年的预期收益额为 10 万元、11 万元、12 万元、12 万元、13 万元，并且从第 6 年起，企业的收益额将稳定在 15 万元的水平上，假定资本化率为 10%，请你估测该企业持续经营条件下的企业价值。

3. 某企业预计未来 5 年的预期收益额为 10 万元、11 万元、12 万元、12 万元、13 万元，并且从第 6 年起，企业的收益额将在第 5 年的基础上以 1% 的增长率增长，假定资本化率为 10%，请你估测该企业持续经营条件下的企业价值。

4. 假定社会平均资金收益率为 7%，无风险报酬率为 4%，被评估企业所在行业的平均风险与社会平均风险的比率为 1.2，求被评估企业适用的折现率。

5. 假定社会平均收益率为 8%，无风险报酬率为 4%，被评估企业所在行业的平均风险与社会平均风险的比率为 1.5，被评估企业长期负债占全部投资资本的 40%，平均利息为 6%，所有者权益占投资资本的 60%，请你求出用于评估该企业投资资本价值的资本化率。

6. 某被评企业，基本情况如下：

（1）该企业未来 5 年预期净利润分别为 100 万元、110 万元、120 万元、120 万元、130 万元；

（2）该企业适用的所得税税率为 33%；

（3）评估基准日社会平均收益率为 9%，无风险报酬率为 4%，被评估企业所在行业的基准收益率为 9%，企业所在行业的平均风险与社会平均风险的比率为 1.2；

（4）该企业长期负债占投资资本的 50%，平均长期负债利息为 6%，未来 5 年平均长期负债利息额为 20 万元，年流动负债利息额为 10 万元；

（5）被评估企业生产经营比较平稳，将长期经营下去。

试用年金法评估该企业的投资资本价值。

企业价值评估案例

——A 公司

一、评估目的、范围

资产评估范围为××有限公司因发起设立股份有限公司而涉及的某地 A 有限公司（以下简称“A 公司”）拟投入股份公司全部资产及相关负债的整体资产价值。评估基准日为 2001 年 6 月 30 日。

A 公司营业执照中规定的经营范围为：化肥，石油化工产品，机电、机械设备及配件，建筑材料，房地产开发，技术工程咨询服务，进出口贸易。

二、背景分析

截止到 2001 年 6 月 30 日，A 公司经××会计师事务所按《中国会计准则独立审计准则》审计后的资产、负债及损益状况见表 8－2。

表 8－2　审计后的企业损益状况　　单位：万元

项　目	1999 年 12 月 31 日	2000 年 12 月 31 日	2001 年 6 月 30 日
总资产（万元）	190 472.68	201 986.30	203 239.72
净资产（万元）	69 579.67	79 279.62	88 327.98
资产负债率（%）	63.47	60.75	56.54

经分析企业的历史数据，A 公司自 1999 年度开始步入稳定的生产状态，截至评估基准日 2001 年 6 月 30 日之时，A 公司主要产品已相对成熟，销售工作全面展开，公司发展已走入正轨，资产负债率较为合理，净资产收益率较高，具有相当的持续经营能力。

通过对 A 公司的宏观环境、市场和经营优势及风险的分析，可以看出 A 公司自 1996 年投产以来，发展一直呈良好的态势。在国家政策向关系国计民生行业倾斜的宏观环境下，企业的经营优势与风险并存。作为大颗粒尿素生产企业，A 公司可以取得相对稳定的收入并获取一定的利润，并具有较强的持续经营能力，因此应采用收益法评估 A 公司整体资产价值。

采用的收益法基本公式如下：

$$P = \sum_{i=1}^{n} \frac{R_i}{(1+r)^i}$$

式中：P——企业评估价值；

R_i——企业未来第 i 个收益期的预期收益额；

n——企业未来收益期；

r——折现率。

在运用收益法对 A 公司进行整体评估时，出于评估目的及数据的易于获得，其未来预期收益确定为 A 公司的净收益，即各种收入减去包括税收在内的费用最终得到的收益；折现率考虑企业的风险因素后，根据行业报酬率来确定；评估的结果为企业的净资产价值。

因此要根据 A 公司在未来经营过程中预计能够为投资者创造的净收益，通过选取适当的折现率对净收益进行折现，最后确定A公司在评估基准日所表现的市场价值。

三、评估过程

（一）收益法中采用的假设

一般假设：要求假设A公司2001年6月30日以后仍持续经营；假设A公司的经营者是负责的，且公司管理层有能力担当其职务；除非另有说明，假设A公司完全遵守所有有关的法律和法规；假设A公司提供的历年财务资料所采取的会计政策和编写此份报告时所采用的会计政策在重要方面基本一致。

特殊假设：要求假设A公司的经营环境、行业性质、经营风险等方面保持稳定、正常地发展。

（二）收益法主要因素的确定

在收益法下，A公司的预期收益将按照折现率折现为2001年6月30日的净现值。为此，需要确定以下三个主要因素：收益期（即预计净收益得以维持的期间）；每年净收益；合理的折现率。

（1）收益期。

由于没有发现A公司在可预见的未来终止经营的任何理由，在A公司整体资产的评估中应按无限年期进行测算。

（2）每年净收益。

A公司主营业务为大颗粒尿素的生产、销售，对A公司未来收益的预计，包括分别预计企业的各项收入与各项费用。所以需要根据化肥行业一般规律，考虑A公司的经营模式及化肥行业背景，以及预测所有的不确定性。应对2001—2005年的收益进行逐年预测，之后对2005年以后收益采用2005年同期测算值以等额年金序列计算，并考虑税收优惠政策对净利润的影响。

在对已经获得的数据的必要的调整修正后，就可以根据A公司提供的数据和资料，分析影响公司收益的需求因素、供给因素、经营管理因素、政策因素等，判断公司的未来发展趋势，对收益额进行合理的预测。

具体预测如下：

①主营业务收入预测。需要考虑的是影响A公司未来销售收入的因素，应对A公司所具有的经营优势和风险因素进行分析。按A公司提供的资料，A公司2000年及2001年1月至6月主营业务收入全部为××牌大颗粒尿素销售收入，因此对A公司未来年度收入预测是建立在A公司以往年度的大颗粒尿素销售收入及对大颗粒尿素市场分析基础之上的。

通过对A公司相对国内及国际同行业竞争对手的比较，分析其成本价格优势、技术、产品是否具有较强的国内、国际竞争能力，以此判断A公司未来产品的销售情况。同时比较A公司近年来大颗粒尿素平均出厂价格的趋势，通过综合分析做出科学的收入预测。

②主营业务成本预测。根据A公司财务部成本情况表、化工原材料用量及价格表、A公司全额成本计划表，并经A公司有关人员介绍，可以了解到A公司主营业务成本主要包括购买的水、电、天然气等直接材料费和直接动力费、直接工资和福利费及制造费用。

在进行预测时，主要是以A公司2001年发生的成本费用为基础，并要考虑到近年国内工资水平的变动情况、近年国内物价水平的变动情况及A公司以前年度该类费用的波动情况后，预测出年递增率。

③营业费用预测。费用与业务量、公司规模和市场竞争的激烈程度密切相关。考虑到随着市场竞争的进一步加剧，国内物价水平的稳定增长，为扩大市场份额，上述费用将相应增加，到一定阶段将保持稳定。因此可以预计上述费用将在 2001 年上半年的基础上按年 0.5% 的速度递增，至 2006 年保持稳定。

④主营业务税金及附加预测。根据 A 公司现在已有税金、附加的发生情况及享受政策，判断未来可能发生的金额。

⑤管理费用预测。需要考虑公司规模增长、管理能力等因素。

⑥财务费用预测。根据 A 公司销售情况及货款回收情况的分析，判断目前所持有的现金及现金等价物是否可以满足其生产经营的需要，是否存在进行大规模借款的可能。并根据相关借款合同中规定的还款条款、计划，对财务费用中的利息收入及利息支出进行预测。

⑦营业外收支预测。对 A 公司以前年度的营业外收入及支出的情况分析，是否为经常发生的项目。

⑧所得税预测。需要注意 A 公司享受的税收优惠政策。

（3）合理的折现率。

以化肥行业上市公司平均净资产收益率再追加一定的个体风险报酬为基础确定折现率。根据中国财富网披露的同行业上市公司 2000 年年报进行统计，剔除了存在资产重组等特殊情况的企业数据，并考察了部分已公布 2001 年中期业绩的同行业上市公司，得到统计结果见表 8－3。

表 8－3　部分同行业上市公司 2001 年中期业绩

证券简称	股票代码	净资产/万元		净利润/万元		净资产收益率	
		2001 年 6 月	2000 年年底	2001 年 6 月	2000 年年底	2001 年 6 月	2000 年年底
云天化	600096	110 377.64	110 164.05	6 699.09	16 490.45	6.07%	14.97%
沧州大化	600230		66 459.63		4 993.05		7.51%
川化股份	0155	134 846.44	131 512.74	3 333.70	9 736.42	2.47%	7.40%
泸天化	0912	149 207.79	145 249.59	4 560.08	12 449.23	3.06%	8.57%
盐湖钾肥	0792	62 768.69	63 484.32	4 143.08	6 880.00	6.60%	10.84%
赤天化	600227		70 060.76		6 513.33		9.30%
合计		457 200.56	586 931.09	18 735.95	57 062.48	4.10%	9.72%

据此，得到化肥行业上市公司 2000 年平均净资产收益率为 9.72%。考虑 A 公司的发展所依赖的国内、国际大颗粒尿素市场较不稳定，市场竞争较为激烈，且中国面临加入 WTO 等宏观因素，并结合 A 公司自身的资产规模、原材料采购模式、生产经营情况等其他个体风险因素，在行业平均净资产收益率的基础上再追加 5% 风险报酬，最终取折现率为 15%。

（三）折现率的计算过程

基于折现的目的，假定每年的净收益均产生在当年年底。未来收益按照不同的时间段分为以下 3 个阶段：

①以 2001 年 6 月 30 日不变货币价值表示的 2001 年 7—12 月的净利润；

②以 2001 年 6 月 30 日不变货币价值表示的 2002 年至 2005 年各年的净利润；

③以 2001 年 6 月 30 日不变货币价值表示的 2006 年及以后各年的净利润。

在折现模型中，首先将上段所述阶段①的净利润折为 2001 年 6 月 30 日的现值；其次将阶段②的净利润首先折为 2001 年年末的净现值，然后再折为 2001 年 6 月 30 日之净现值；最后将上述阶段③的净利润以永续年金法折为 2005 年年末的净现值，然后再折为 2001 年年末的净现值，最后折为 2001 年 6 月 30 日的净现值。

（四）评估结果

依据前述的重大假设，经过上述收益法的工作过程，A 公司的整体资产价值于评估基准日 2001 年 6 月 30 日的评估值为 55 294.07 万元，具体数据如表 8－4 所示。

表 8－4　A 公司整体资产价值评估计算　　单位：万元

年　份	2001 年 7—12 月	2002 年	2003 年	2004 年	2005 年	2006 年及以后各年
一、主营业务收入	31 824.00	56 628.00	55 484.00	53 760.00	52 080.00	52 080.00
减：主营业务成本	20 652.57	38 069.59	38 101.78	37 378.96	37 725.70	37 725.70
主营业务税金及附加	—	107.00	206.86	199.02	188.54	188.54
二、主营业务利润	11 171.43	18 451.41	17 175.36	16 182.02	14 165.76	14 165.76
加：其他业务利润						
减：营业费用	737.26	1 744.29	1 753.52	1 762.91	1 772.37	1 772.37
管理费用	1 565.48	3 570.24	3 523.85	3 534.83	3 545.87	3 545.87
财务费用	2 844.72	5 987.58	5 525.69	1 834.10	1 603.07	1 603.07
						—
三、营业利润	6 023.97	7 149.30	6 372.30	9 050.18	7 244.45	7 244.45
加：投资收益						—
补贴收入	4 391.17	3 120.75	1 723.80	1 658.51	1 571.15	1 571.15
营业外收入						—
减：营业外支出						
加：以前年度损益调整						
四、利润总额	10 415.14	10 270.05	8 096.10	10 708.69	8 815.60	8 815.60
减：所得税	836.43	1 802.15	1 477.44	1 870.74	1 588.20	1 588.20
五、净利润	9 578.71	8 467.9	6 618.66	8 837.95	7 227.40	7 227.40
六、折现率	15%	15%	15%	15%	15%	15%
七、折现系数	0.930 2	0.808 9	0.703 4	0.611 7	0.531 9	
八、折现值	8 910.12	6 849.60	4 655.57	5 406.17	3 844.25	25 628.36
九、现值和	55 294.07					

第九章

资产评估报告

第一节　资产评估报告的类别及作用

一、资产评估报告的概念

资产评估报告是指评估机构按照评估工作制度有关规定，在完成评估工作后向委托方提交的说明评估过程及结果的书面报告。它是按照一定格式和内容来反映评估目的、假设、程序、标准、依据、方法、结果及适用条件等基本情况的报告书。广义的资产评估报告还是一种工作制度，它规定评估机构在完成评估工作之后必须按照一定程序的要求，用书面形式向委托方及相关主管部门报告评估过程和结果。

狭义的资产评估报告也叫资产评估报告书，既是资产评估机构与注册资产评估师完成对资产作价，就被评估资产在特定条件下价值所发表的专家意见，也是评估机构履行评估合同情况的总结，还是评估机构与注册资产评估师为资产评估项目承担相应法律责任的证明文件。

《国际资产评估准则（IVS）》和《美国专业评估执业统一准则（USPAP）》对资产评估报告的规定都是从报告类型与报告要素来进行规范的，而目前我国对资产评估报告的要求则是从基本内容与格式来进行规范的。按现行有关规定，资产评估报告应该包括资产评估报告书正文、资产评估说明、资产评估明细表及相关附件。

我国资产评估报告的编制与国际资产评估报告的编制存在较大的差别，主要是由于在转型经济条件下我国特定的资产评估管理体制所导致，即评估报告主要是为了使国有资产管理部门能够较好地了解资产评估情况，便于其管理工作，因此报告也主要围绕管理部门的要求而完成。正是这种体制使资产评估报告不能适应市场经济发展的要求，出现了以忽视评估假设、价值类型说明和评估责任界定为代表的一系列问题。而这些问题可能给评估机构和注册资产评估师带来潜在的法律责任，同时，也不利于报告使用者对评估结果的使用。在这方面，国际上流行的资产评估报告模式值得我国资产评估业借鉴。

二、资产评估报告的种类

国际上对资产评估报告有不同的分类，如《美国专业评估执业统一准则》将评估报告分为完整型评估报告、简明型评估报告、限制型评估报告、评估复核。我国尚未建立健全资产评估准则体系，目前关于资产评估报告种类的划分主要有以下 3 种。

（1）按资产评估的范围划分，资产评估报告可分为整体资产评估报告和单项资产评估报告。凡是对整体资产进行评估所出具的资产评估报告称为整体资产评估报告；凡是仅对某一部分、某一项资产进行评估所出具的资产评估报告称为单项资产评估报告。尽管资产评估报告的基本格式是一样的，但因整体资产评估与单项资产的评估在具体业务上存在一些差别，两者在报告的内容上也必然会存在一些差别。一般情况下，整体资产评估报告的报告内容不仅包括资产，也包括负债和所有者权益方面；而单项资产评估报告除在建工程外，一般不考虑负债和以整体资产为依托的无形资产等。

（2）按评估对象不同划分，资产评估报告可划分为单项资产评估报告、房地产估价报告、土地估价报告等。资产评估报告是以资产为评估对象所出具的评估报告，这里的资产可能包括负债和所有者权益，也可能包括房屋建筑物和土地；房地产估价报告则只是以房地产为评估对象所出具的估价报告；土地估价报告是以土地为评估对象所出具的估价报告。鉴于以上评估标的物之间存在差别，加上资产评估、房地产估价和土地估价的管理尚未统一，这三种报告不仅具体格式不同，而且在内容上也存在较大的差别。

（3）按用途不同划分，资产评估报告可划分为两大类：一类是以产权变动为内容的资产评估报告，它们是为资产出售、转让、拍卖、重组等产权变动服务所出具的报告书。这类评估用途涉及产权的变动，因此相对较为复杂，该类评估报告在资产的权属、时间界限（包括基准日、报告有效期）等必须清楚、明了；另一类是产权不发生变动的资产评估报告，包括抵押、保险、征纳税等产权不发生变动所出具的报告书。这类评估用途不涉及产权变动，在评估报告的内容上可以相对简单。

三、资产评估报告的作用

资产评估报告有以下几个方面的作用：

（一）为被委托评估的资产提供作价意见

资产评估报告是经具有资产评估资格的机构根据委托评估资产的特点和要求组织评估师及相应的专业人员组成的评估队伍，遵循评估原则和标准，按照法定的程序，运用科学的方法对被评估资产价值进行评定和估算后，通过报告的形式提出作价的意见。该作价意见不代表任何当事人一方的利益，是一种独立的专家估价意见，具有较强的公正性与客观性，因而成为被委托评估资产作价的重要参考依据。

（二）是反映和体现资产评估工作情况，明确委托方、受托方及有关方面责任的依据

资产评估报告用文字的形式，对受托资产评估业务的目的、背景、范围、依据、程序、方法等过程和评定的结果进行说明和总结，体现了评估机构的工作成果。同时，资产评估报告也反映和体现了受托的资产评估机构与执业人员的权利与义务，并以此来明确委托方、受托方有关方面的法律责任。在资产评估现场工作完成后，评估机构和评估人员就要根据现场工作取得的有关资料和估算数据，撰写评估结果报告书，向委托方报告。负责评估项目的评估师也同时在报告书上行使签字的权利，并提出报告使用的范围和评估结果实现的前提等具体条款。当然，资产评估报告也是评估机构履行评估协议和向委托方或有关方面收取评估费用的依据。

（三）对资产评估报告进行审核，是管理部门完善资产评估管理的重要手段

资产评估报告是反映评估机构和评估人员职业道德、执业能力水平，以及评估质量高低和机构内部管理机制完善程度的重要依据。有关管理部门通过审核资产评估报告，可以有效地对评估机构的业务开展情况进行监管。

（四）是建立评估档案、归集评估档案资料的重要信息来源

评估机构和评估人员在完成资产评估任务之后，都必须按照档案管理的有关规定，将评估过程收集的资料、工作记录及资产评估过程的有关工作底稿进行归档，以便进行评估档案的管理和使用。资产评估报告是对整个评估过程的工作总结，其内容包括评估过程的各个具体环节和各有关资料的收集和记录。因此，不仅评估报告的底稿是评估档案归集的主要内容，而且撰写资产评估报告过程采用的各种数据、各个依据、工作底稿和资产评估报告制度中形成有关的文字记录等都是资产评估档案的重要信息来源。

四、资产评估报告的使用

（一）委托方对资产评估报告的应用

1. 作为资产重组和交易业务作价的重要参考。

根据评估目的，委托方对企业整体资产转让、并购、改制上市、企业联营、中外合资合作等经济活动，可以将资产评估结果作为资产交易价格、投资比例等的重要参考价值，以此为基础结合具体情况进行谈判和协商。而且涉及国有资产的，必须履行评估结果的备案或者核准手续。

2. 作为企业进行会计记录的依据。

委托方可依照有关规定，根据资产评估报告资料进行会计记录或调整有关财务账项。

3. 作为履行委托协议和支付评估费用的主要依据。

正常情况下，当委托方收到评估机构的正式评估报告有关资料后，应根据委托协议，将评估结果作为计算支付评估费用的主要依据，履行支付评估费用的承诺及其他有关承诺。

4. 作为法庭裁决和申请调解处理纠纷的重要材料。

当发生经济纠纷及当事人因资产评估纠纷申请调解处理时，可以把资产评估报告作为重要的材料提供。

（二）资产评估管理机构对资产评估报告的应用

资产评估管理机构主要是指资产评估行政管理的主管机关和资产评估行业自律管理的行业协会。对资产评估报告的运用是资产评估管理机构实现对评估机构的行政管理和行业自律管理的重要过程。资产评估管理机构通过对评估机构出具的资产评估报审有关资料的运用，一方面能大体了解评估机构从事评估工作的业务能力和组织管理水平。由于资产评估报告是反映资产评估工作过程的工作报告，通过对资产评估报告资料的检查与分析，评估管理机构能大致判断该机构的业务能力和组织管理水平。另一方面，也是对资产评估结果质量进行评价的依据。资产评估管理机构通过对资产评估报告进行核准或备案，能够对评估机构的评估结果质量的好坏做出客观的评价，从而能够有效地实现对评估机构和评估人员的管理。此外，它能为国有资产管理提供重要的数据资料。通过对资产评估报告的统计与分析，可以及时了解国有资产占有和使用状况以及增减值变动情况，进一步为加强国有资产管理服务。

（三）其他有关部门对资产评估报告的应用

除了资产评估管理机构可运用资产评估报告资料外，还有些政府管理部门也需要运用资产评估报告，主要包括证券监督管理部门、保险监督管理部门、工商行政管理、税务、金融和法院等有关部门。

证券监督管理部门对资产评估报告的运用，主要表现在对申请上市的公司有关申报材料招股说明书的审核过程，以及对上市公司的股东配售发行股票时申报材料配股说明书的审核过程。根据有关规定，公开发行股票公司信息披露至少要列示以下各项资产评估情况：

①按资产负债表大类划分的公司各类资产评估前账面价值及固定资产净值；

②公司各类资产评估净值；

③各类资产增减值幅度；

④各类资产增减值的主要原因。

此外，还应简单介绍资产评估时采用的主要评估方法。

公开发行股票的公司采用非现金方式配股，其配股说明书的备查文件必须附上资产评估报告。

当然，证券监督管理部门还可运用资产评估报告和有关资料加强对取得证券业务评估资格的评估机构及有关人员的业务管理。

保险监督管理部门、工商行政管理部门、税务、金融和法院等部门也都能通过对资产评估报告的运用来达到实现其管理职能的目的。

五、我国资产评估报告规范的回顾与分析

可以说，我国资产评估业发展的历史，就是资产评估不断调整规范的历史，也是资产评估报告不断规范的历史。1991 年国务院以 91 号令颁布的《国有资产评估管理办法》规定，资产评估机构对委托单位（指国有资产占有单位）被评估资产的价值进行评定和估算，要向委托单位提出资产评估结果报告书。委托单位收到资产评估机构的资产评估结果报告书后，应当报其主管部门审查，主管部门同意后，报同级国有资产管理行政主管部门确认资产评估结果。

经国有资产管理行政主管部门授权或委托，国有资产占有单位的主管部门也可以确认资产评估结果。这是我国最早的资产评估报告制度。1993 年，原国家国有资产管理局制定和发布的国资办发〔1993〕55 号《关于资产评估报告书的规范意见》；1995 年，原国家国有资产管理局又制定和颁布了《关于资产评估立项、确认工作的若干规范意见》；1996 年 5 月 7 日，国资办发〔1999〕23 号文件转发了中国资产评估协会制定的《资产评估操作规范意见（试行）》，规定了资产评估报告书及送审专用材料的具体要求，以及资产评估工作底稿和项目档案管理，进一步完善了资产评估报告制度。1999 年，财政部财评字〔1999〕91 号文件颁布的关于印发《资产评估报告基本内容与格式的暂行规定》的通知，对原有的资产评估报告有关制度做了进一步的修改完善，使资产评估报告制度不仅适用国有资产评估，也同样适用于非国有资产的评估。2003 年中国注册会计师协会以会协〔2003〕28 号文件下发了关于印发《资产评估准则——评估报告》（征求意见稿）的通知，对资产评估的内容做了明确规定。

通过历史回顾和分析可以看出，我国资产评估管理部门一直致力于资产评估报告的规范工作。但从过去规范工作的分析可以看出，主要存在以下几个问题。

1. 规范资产评估报告缺乏理论分析。撰写评估报告，只说明评估师应该怎么做，而对

为什么应该这样做缺少理论阐述。

2. 以统一格式代替规范内容。这种做法本身是从资产评估行政管理部门角度出发，有利于资产评估报告的验证确认工作，但忽略了资产评估内在的规律。格式化的资产评估报告并不意味着评估报告规范，这种复杂问题简单化的做法，尽管出发点是好的，但不利于评估报告的有效规范。

3. 以企业整体评估为对象规范评估报告，忽略了单项资产评估报告的特殊性。以往有关资产评估报告规范都是以企业为对象的，但资产评估业务中，大量的单项资产评估存在，其报告只能参照企业评估报告规范进行。尽管近些年来有些单项资产评估报告规范也在进行，并有相关文件发布，例如，1999 年 2 月 12 日，国家质量技术监督局、中华人民共和国建设部联合发布《房地产估价规范》（1999 年 6 月 1 日起实施）；2001 年 11 月 12 日，中华人民共和国国家质量监督检验检疫总局发布《城镇土地估价规程》（2002 年 7 月 1 日起实施）。这些文件对于规范房地产、土地等单项资产评估报告发挥了重要作用，但单项资产评估报告规范的范围仍落后于实践。而且，由于管理体制等原因，各项报告规范存在较大的差异。所有这些，都对未来评估报告规范提出了迫切要求。

当然，无论如何，从规范资产评估报告的历史分析中可以发现，无论对资产评估报告形式、格式的规定如何变化，对评估结果取得的依据和前提条件分析的要求越来越重视，对注册资产评估师的责任越来越明确。

第二节　资产评估报告的基本内容

一、资产评估报告的基本要素

资产评估报告一般应包括以下基本要素：

①首部；

②绪言；

③委托方与资产占有方简介；

④评估目的；

⑤评估范围与对象；

⑥评估基准日；

⑦评估原则；

⑧评估依据；

⑨评估方法；

⑩评估过程；

⑪评估结论；

⑫特别事项说明；

⑬评估基准日期后重大事项；

⑭评估报告法律效力、使用范围和有效期；

⑮评估报告提出日期；

⑯尾部。

二、资产评估报告的基本内容

资产评估报告基本制度是规定资产评估机构完成国有资产评估工作后，由相关国有资产管理部门或代表单位对评估报告进行核准、备案的制度。依照管理规定，下面分别按资产评估报告正文及相关附件、资产评估说明及资产评估明细表的顺序来介绍各自的基本内容，具体格式参阅有关文件。

（一）资产评估报告正文及相关附件的基本内容

1. 资产评估报告封面的基本内容。

资产评估报告封面须载明下列内容：资产评估项目名称、资产评估机构出具评估报告的编号、资产评估机构全称和评估报告提交日期等。有服务商标的，评估机构可以在报告封面载明其图形标志。

2. 资产评估报告摘要的基本内容。

每份资产评估报告的正文之前应有表达该报告书关键内容的摘要，用来让各有关方面了解该评估报告的主要信息。摘要与资产评估报告正文一样具有同等法律效力，由注册资产评估师、评估机构法定代表人及评估机构等签字盖章和署名提交日期。摘要还必须与评估报告揭示的结果一致，不得有误导性内容，并应当采用提醒性文字提醒使用者阅读全文。

3. 资产评估报告正文的基本内容。

（1）首部。评估报告正文的首部应包括标题和报告书序号，标题应含有×××（评估）项目资产评估报告字样。

（2）绪言。报告正文的序言应写明该评估报告委托方全称、受托评估事项及评估工作整体情况。

（3）委托方与资产占有方简介。报告正文的委托方与资产占有方简介应较为详细地分别介绍委托方、资产占有方的情况，当委托方和占有方相同时，可作为资产占有方介绍，也要写明委托方和资产占有方之间的隶属关系或经济关系。无隶属关系或经济关系的，应写明发生评估的原因，当资产占有方为多家企业时，还须逐一介绍。

（4）评估目的。报告正文的评估目的应写明本次资产评估是为了满足委托方的何种需要及其所对应的经济行为类型，并简要准确说明该经济行为是否经过批准，若已获批准，应写出批准文件的名称、批准单位、批准日期及文号。

（5）评估范围与对象。这部分应写明纳入评估范围的资产及其类型，并列出评估前的账面金额。若评估资产为多家占有，应说明各自的份额及对应资产类型。

（6）评估基准日。这部分应写明评估基准日的具体日期，确定评估基准日的理由或成立条件，揭示确定基准日对评估结果的影响程度。另外，还应对采用非基准日价格标准做出说明。评估基准日应根据经济行为的性质由委托方确定，并尽可能与评估目的实现日接近。

（7）评估原则。应在这部分写明评估工作过程中遵循的各类原则和本次评估遵循国家及行业规定的公认原则，对所遵循的特殊原则也应做适当阐述。

（8）评估依据。应在这部分中列示评估依据，包括行为依据、法律法规依据、产权依据和取价依据等。对评估中采用的特殊依据应做相应的披露。

（9）评估方法。应在这部分说明评估过程中所选择、使用的评估方法和选择评估方法的依据或原因。对某项资产评估采用一种以上评估方法的还应说明原因并说明该资产价值的确定方法。对选择特殊评估方法的，也应介绍其原理与适用范围。

（10）评估过程。这部分应反映评估机构自接受评估项目委托起至提交评估报告的全过程，包括接受委托过程中确定评估目的、对象及范围、基准日和拟定评估方案的过程；资产清查中的指导资产占有方清查、收集准备资料、检查与验证过程；评估估算中的现场检测与鉴定、评估方法选择、市场调查与分析过程；评估汇总中的结果汇总、评估结论分析、撰写报告与说明、内部复核过程，以及提交评估报告等过程。

（11）评估结论。这部分是报告正文的重要部分。应使用表述性文字完整地叙述评估机构对评估结果发表的结论，对资产、负债、净资产的账面价值、调整后账面价值、评估价值及其增减幅度进行表述。还应单独列示不纳入评估汇总表的评估结果。

评估结论是资产评估报告的最终要求，评估结论应清晰、明确地列示，必要时应有一定的说明。实际工作中，根据有关规定，一般要提供资产评估结果汇总表（见表9－1）。

表9－1　资产评估结果汇总表

资产占有单位：　　　基准日：

资产项目	账面原值（万元）	账面净值（万元）	调整后净值（万元）	重置价值（万元）	评估值（万元）	增加值（万元）	增加率（%）
流动资产							
长期投资							
在建工程							
建筑物							
机器设备							
土地使用权							
无形资产							
资产总计							
流动负债							
长期负债							
负债总计							
净资产							

（12）特别事项说明。在这部分应说明在评估过程中已发现可能影响评估结论，但非评估人员执业水平和能力所能评定估算的有关事项，也应提示评估报告使用者注意特别事项对评估结论的影响，还应揭示评估人员认为需要说明的其他事项。

（13）评估基准日期后重大事项。在这部分应揭示评估基准日后至评估报告提出日期间发生的重要事项，以及评估基准日的期后事项对评估结论的影响，还应说明发生在评估基准日期后不能直接使用评估结论的事项。

（14）评估报告法律效力、使用范围和有效期。这部分应具体写明评估报告成立的前提条件和假设条件，并写明评估报告依照法律法规的有关规定发生法律效力和评估结果的有效使用期限。还应写明评估结论仅供委托方依评估目的使用和送交主管部门审查使用，并申明评估报告的使用权归委托方所有，未经许可不得随意向他人提供或公开。

(15) 评估报告提出日期。在这部分应写明评估报告提交委托方的具体日期。评估报告原则上应在确定的评估基准日后3个月内提出。

(16) 尾部。这部分应写明出具评估报告的机构名称并加盖公章，还要由评估机构法定代表人和至少两名负责评估的注册资产评估师签名盖章。

4. 备查文件的基本内容。

资产评估报告的附报文件至少要包括以下基本内容：

(1) 有关经济行为文件；

(2) 被评估企业前3年包括资产负债表和损益表在内的会计报表（非企业或经济组织除外）；

(3) 委托方与资产占有方营业执照复印件；

(4) 委托方、资产占有方的承诺函；

(5) 产权证明文件复印件；

(6) 资产评估人员和评估机构的承诺函；

(7) 资产评估机构资格证复印件；

(8) 评估机构营业执照复印件；

(9) 参加本项评估项目的人员名单；

(10) 资产评估业务约定合同；

(11) 重要合同和其他文件。

这部分的格式没有具体要求，但必须按统一规格装订。

(二) 资产评估说明的基本内容

资产评估说明描述评估师和评估机构对其评估项目的评估程序、方法、依据、参数的选取和计算过程，通过委托方、资产占有方充分揭示对资产评估行为和结果构成重大影响的事项，说明评估操作符合相关法律、行政法规和行业规范要求。资产评估说明也是资产评估报告书的组成部分，在一定程度上决定评估结果的公允性，保护评估行为相关各方的合法利益。

按有关规定，评估说明中所揭示的内容应同评估报告书正文所阐述的内容一致。评估机构、注册资产评估师及委托方、资产占有方应保证其撰写或提供的构成评估说明各组成部分的内容真实完整，未做虚假陈述，也未遗漏重大事项。资产评估说明应按以下顺序进行撰写和制作。

1. “评估说明封面及目录”的基本内容。

评估说明封面应载明该评估项目名称，该评估报告书的编号、评估机构名称、评估报告提出日期，若需分册装订的评估说明，应在封面上注明共几册及该册的序号。

2. “关于评估说明使用范围的声明”的基本内容。

这部分应声明评估报告仅供资产管理部门、企业主管部门、资产评估行业协会在审查资产评估报告书和检查评估机构工作之用，除法律、行政法规规定外，材料的全部或部分内容不得提供给其他任何单位和个人，不得见之于公开媒体。

3. “关于进行资产评估有关事项的说明”的基本内容。

这部分是由委托方与资产占有方共同撰写并由负责人签字，加盖公章，签署日期。这部分应包括以下内容：

(1) 委托方与资产占有方概况；

（2）关于评估目的的说明；
（3）关于评估范围的说明；
（4）关于评估基准日的说明；
（5）可能影响评估工作的重大事项说明；
（6）资产及负债清查情况的说明；
（7）列示资产委托方、资产占有方提供的资产评估资料清单。

4. “资产清查核实情况说明”的基本内容。

这部分主要用来说明评估方对委托评估的企业所占有的资产和与评估相关的负债进行清查核实的有关情况及清查结论。这部分的基本内容应包括以下内容：

（1）资产清查核实的内容；
（2）实物资产的分布情况及特点；
（3）影响资产清查的事项；
（4）资产清查核实的过程与方法；
（5）资产清查结论；
（6）资产清查调整说明。

5. “评估依据说明”的基本内容。

评估依据说明主要用来说明进行评估工作中所遵循的具体行为依据、法规依据、产权依据和取价依据。评估依据说明包括以下内容：

（1）主要法律法规；
（2）经济行为文件；
（3）重大合同协议及产权证明文件；
（4）采用的取价标准；
（5）参考资料及其他。

6. “各项资产及负债的评估技术说明”的基本内容。

这部分主要用来说明对资产进行评定估算过程的解释，反映评估中选定的评估方法和采用的技术思路及实施的评估工作。主要包括以下内容：

（1）流动资产评估说明；
（2）长期投资评估说明；
（3）机器设备评估说明；
（4）房屋建筑物评估说明；
（5）在建工程评估说明；
（6）土地使用权评估说明；
（7）无形资产及其他资产评估说明；
（8）负债评估说明。

7. “整体资产评估收益现值法评估验证说明”的基本内容。

这部分主要说明运用收益法对企业整体资产进行评估来验证资产评估结果的有关情况。其基本内容应包括以下内容：

（1）收益法的应用简介；
（2）企业的生产经营业绩；

（3）企业的经营优势；

（4）企业的经营计划；

（5）企业的各项财务指标；

（6）评估依据；

（7）企业营业收入、成本费用和长期投资收益预测；

（8）折现率的选取和评估值的计算过程；

（9）评估结论。

8. “评估结论及其分析”的基本内容。

这部分主要概括说明评估结论，应包括以下内容：

（1）评估结论；

（2）评估结果与调整后账面价值比较变动情况及原因；

（3）评估结论成立的条件；

（4）评估结论的瑕疵事项；

（5）评估基准日的期后事项说明及对评估结论的影响；

（6）评估结论的效力、使用范围与有效期。

（三）资产评估明细表的基本内容

1. 资产评估明细表的基本内容。

资产评估明细表是反映被评估资产评估前后的资产负债明细情况的表格。它是资产评估报告书的组成部分，也是资产评估结果得到认可、评估目的的经济行为实现后作为调整账目的主要依据之一。其基本内容应包括以下内容：

（1）资产及其负债的名称、发生日期、账面价值、评估价值等；

（2）反映资产及其负债特征的项目；

（3）反映评估增减值情况的栏目和备注栏目；

（4）反映被评估资产会计科目名称、资产占有单位、评估基准日、表号、金额单位、页码内容的资产评估明细表表头；

（5）写明清查人员、评估人员的表尾；

（6）评估明细表设立逐级汇总；

（7）资产评估明细表一般应按会计科目顺序排列装订。

2. 资产评估明细表样表。

样表包括以下几个层次：资产评估结果汇总表、资产评估结果分类汇总表、各项资产清查评估汇总表及各项资产清查评估明细表。

第三节　资产评估报告的编制、审核与制作技术

一、资产评估报告的编制与审核

（一）资产评估报告的编制

编制评估报告书是完成评估工作的最后一道工序，也是评估工作中的一个很重要的环节。评估人员通过评估报告不仅要真实、准确地反映评估工作情况，而且表明评估者在今后

一段时期里对评估的结果和有关的全部附件资料承担相应的法律责任。这就要求评估人员编制的报告要思路清晰，文字简练准确，有关取证材料和数据真实可靠。为了达到这些要求，评估人员应按下列步骤进行评估报告的编制。

1. 评估资料的分类整理。占有大量真实的评估工作记录，是编制评估报告的基础，包括被评估资产的有关背景资料、技术鉴定情况资料及其他可供参考的数据记录等。

一般来说，一个较复杂的评估项目是由一组评估人员合作完成的，为了正确地反映评估的全过程，首先要求评估小组按工作的分工情况，将全部评估资料进行分类整理，包括评估作业分析表的审核、评估依据的说明、分类明细表的编制，最后要求形成分类评估的文字资料。

2. 评估资料的分析讨论。在整理分类资料工作完成后，应召集参与评估工作过程的有关人员，对评估的情况和初步结论进行分析讨论，如果发现其中提法不妥、计算错误、作价不合理等方面的问题，要进行必要的调整。尤其是采用两种不同方法评估并得出两个结论的，需要在充分讨论的基础上，得出一个正确的结论。

3. 评估资料的汇总和评估报告的编排。评估报告的总纂人应根据分类评估资料讨论后的修正意见，进行全部资料的汇总编排和评估结果报告书的编写工作，审查复核无误后打印正式报告，并将正式报告及附件交付客户，如果客户另有要求的，评估人员还应向客户进行特别说明。

4. 评估报告先由项目经理（或负责人）审核，再报评估机构经理（或负责人）审核签发，必要时组织有关专家会审。

（二）资产评估报告责任制度

资产评估报告作为法律文书，出具资产评估报告应承担法律责任。资产评估报告中的责任人分别承担自身的责任。根据《资产评估报告签字制度（试行）》的要求，注册资产评估师、项目负责人、项目复核人、法定代表人应分别在资产评估报告书上签字，承担相应的责任。

按照《资产评估报告签字制度（试行）》的规定，凡在中国境内执业的资产评估机构，接受客户委托、完成评估项目后所出具的资产评估报告，应有资产评估机构法定代表人（或合伙人）和至少两名注册资产评估师签字。未经资产评估机构法定代表人（或合伙人）和注册资产评估师签字的资产评估报告为无效报告。同时还规定，注册资产评估师只能在一个资产评估机构执行并独立行使签字权利。注册资产评估师只能在本人参与评估的综合性资产评估项目和单项资产评估项目的资产评估报告上签字。注册资产评估师在有正当理由并能提供必要依据的情况下，可以拒绝在资产评估报告上签字。

《资产评估操作规范意见（试行）》中规定有项目负责人、项目复核人的签字，但《资产评估报告签字制度（试行）》中未规定项目负责人、项目复核人签字。我们认为，注册资产评估师、项目负责人、项目复核人均应在资产评估报告上签字，注册资产评估师应对所评估的单项或部分评估结果负责，项目负责人、项目复核人应对整个评估结果负责。法定代表人签字说明的是评估机构对资产评估报告承担责任。

评估中的风险和责任是客观存在的，明确负责人是为了确定责任范围。但负责人并不是被动地承担风险，而应该采取各项措施，规避风险。注册资产评估师在不断提高自身业务水平的基础上，在业务操作中严格按照评估操作程序，客观、公正、科学地确定评估结果，并有充分的依据说明。项目负责人着重从自身基本职责和操作实务的角度审核评估报告，具体要求如下：

1. 根据上级关于资产评估报告结构的规定，从总体机构上审核评估报告正文的编制是否达到以下要求：内容是否完整，应列入报告的各项内容是否都已分别叙述清楚，有无错漏；附件有无短缺；并改正报告中文字上的差错；等等。

2. 通过审核评估报告，回顾本项目开展评估的全过程，审视整体评估工作是否客观、公正、科学，是否全部符合关于资产评估操作程序的规定，如发现有疏忽不妥之处，要及时弥补。

3. 重点审核评估结果，对报告所列各类资产和负债以及总资产、净资产的评估依据、评估价值认真进行审核，保证评估结果的科学性、准确性、客观性、公正性、有效性。

项目复核人对评估报告的审核尤为重要。有关国家评估准则中规定：项目复核人应承担与项目负责人相同的责任。项目复核人审核评估报告的具体要求如下：

（1）项目复核人要在项目负责人初步审核的基础上，对已初步修正的评估报告再次就以上审核内容进行审核。

（2）对评估报告的审核，要结合审核评估说明，保持二者的一致性，防止初审后再出现错漏之处。

（3）项目复核人审核的关键之点也是评估结果。要从保证评估结果的可靠性、准确性出发，着重审核报告所列各项数据，特别是评估结果，即报告最后向委托方报告的本项目的评估价值。在审核中，必要时应对报告所列各项数据着重重新审核、计算，以求万无一失。

（4）对评估报告的文字等进一步审核、改正。法定代表人要对评估报告进行最后的把关，应在项目负责人、项目复核人审核的基础上，着重从政策上、原则上、业务规程执行和评估结果的科学性上把关。主要要求如下：

①审核报告是否符合合法性原则。委托方的委托依据、所提供的文件和材料是否充分、可靠；本所开展评估的全过程是否符合上级规定的资产评估操作规范要求；评估结果的获得是否符合国家和政府主管部门的法律、法令和法规精神；本评估报告是否体现了本所在该项目评估中恪守职业道德、坚持原则、秉公执业的形象。

②狠抓涉及本项目评估的实质性内容的审核。包括进一步审核报告所表述的评估目的是否明晰，评估范围和对象是否确切，评估过程和步骤是否合乎要求，评估原则和评估依据是否正确，评估基准日的选定是否可行，评估结果是否切合实际、有无不妥当或考虑不周之处，对报告所列各类资产和负债以及总资产、净资产的评估价值是否科学、正确，委托方是否接受，资产的增值或减值是否合理，等等。

③对评估报告从总体结构等方面做最后的审核。

二、资产评估报告制作的技术要点

资产评估报告制作的技术要点是指在资产评估报告制作过程中的主要技能要求，它具体包括了文字表达、格式与内容方面的技能要求，以及复核与反馈方面的技能要求等。

（一）文字表达方面的技能要求

资产评估报告既是一份对被评估资产价值有咨询性和公证性作用的文书，又是一份用来明确资产评估机构和评估人员工作责任的文字依据，所以它的文字表达技能要求既要清楚、准确，又要提供充分的依据说明，还要全面地叙述整个评估的具体过程。其文字的表达必须准确，不得使用模棱两可的措辞。其陈述既要简明扼要，又要把有关问题说明清楚，不得带有任何诱导、恭维和推荐性的陈述。当然，在文字表达上也不能带着大包大揽的语句，尤其是涉及承担责任条款的部分。

（二）格式和内容方面的技能要求

对资产评估报告格式和内容方面的技能要求，必须严格遵循财政部颁发的《资产评估报告基本内容与格式的暂行规定》行事。

（三）评估报告的复核及反馈方面的技能要求

资产评估报告的复核与反馈也是资产评估报告制作的具体技能要求。通过对工作底稿、评估说明、评估明细表和报告正文的文字、格式及内容的复核和反馈，可以使有关错误、遗漏等问题在出具正式报告之前得到修正。对评估人员来说，资产评估工作是一项必须由多个评估人员同时作业的中介业务，每个评估人员都有可能因能力、水平、经验、阅历及理论方法的限制而产生工作盲点和工作疏忽，所以，对资产评估报告初稿进行复核就成为必要。对评估资产的情况熟悉程度来说，大多数资产委托方和占有方对委托评估资产的分布、结构、成新等具体情况总是会比评估机构和评估人员更熟悉，所以在出具正式报告之前征求委托方意见，收集反馈意见也很有必要。

对资产评估报告必须建立起多级复核和交叉复核的制度，明确复核人的职责，防止流于形式的复核。收集反馈意见主要是通过委托方或占有方熟悉资产具体情况的人员。对委托方或占有方意见的反馈信息，应谨慎对待，应本着独立、客观、公正的态度去接受其反馈意见。

（四）撰写报告应注意的事项

资产评估报告的制作技能除了需要掌握上述三个方面的技术要点外，还应注意以下几个事项。

（1）实事求是，切忌出具虚假报告。报告必须建立在真实、客观的基础上，不能脱离实际情况，更不能无中生有。报告拟定人应是参与该项目并较全面了解该项目情况的主要评估人员。

（2）坚持一致性做法，切忌出现表里不一。报告书文字、内容前后要一致，摘要、正文、评估说明、评估明细表内容与格式、数据要一致。

（3）提交报告要及时、齐全和保密。在正式完成资产评估工作后，应按业务约定书的约定时间及时将报告送交委托方。送交报告时，报告及有关文件要送交齐全。涉及外商投资项目的对中方资产评估的评估报告，必须严格按照有关规定办理。此外，要做好保密工作，尤其是对评估涉及的商业秘密和技术秘密，更要加强保密工作。

本章练习题

一、名词解释

1. 资产评估报告　　2. 资产评估说明　　3. 资产评估明细表

二、单项选择题

1. 所有在资产评估书中采用的汇率、税率、费率、利率和其他价格标准，均应采用

（　　）时的标准。

A. 提供报告日　B. 评估基准日　C. 会计期初或期末　D. 评估工作日

2. 某项资产账面原价为300万元，账面净值为200万元，评估结果为250万元，该评估增值率为（　　）%。

A. 20　B. 25　C. －10　D. 18

3. 资产评估结果有效期通常为一年，这一年是从（　　）算起的。

A. 提供报告日　B. 评估基准日　C. 验证确认日　D. 经济行为发生日

4. 对于资产评估基准日后发生的重大事项，应当（　　）。

A. 在正文中列出，并做相应的说明

B. 在备查文件中附上相关内容

C. 根据事项的有关影响对正文的数据进行修正

D. 向有关当事人做口头汇报即可

5. 资产评估报告书摘要与资产评估报告书具有的法律效力（　　）。

A. 前者大于后者　B. 后者大于前者　C. 同等效力　D. 不可比较

6. 评估报告书尾部至少由（　　）名负责评估的资产评估师签名盖章。

A. 一　B. 二　C. 三　D. 四

7. 委托方在使用资产评估报告书及有关资料时，合理合法的是（　　）。

A. 一份资产转让评估报告书也可以作为资产出售的作价基础。

B. 超出报告书的有效期后，只要由评估机构重新调整相关数据，就仍是有效的。

C. 有效期内资产评估数量发生较大变化时，需要按比例调整后才能使用。

D. 涉及国有资产产权变动的评估报告书及有关资料要经国有资产行政主管部门确认或授权确认后才可使用。

8. 下列哪一项不属于资产评估管理机构对评估报告的运用？（　　）

A. 大体了解评估机构从事评估工作的业务能力和组织管理水平

B. 对资产评估结果质量进行评估

C. 为国有资产管理提供重要的数据资料

D. 征收管理费用的主要依据

9. 开达资产评估事务所于2000年8月6日至2000年8月25日，对洪利制衣厂的企业整体资产在2000年6月30日的市场价值进行了评估，评估报告于2000年8月30日提交给了委托人。该评估结果的有效时间截止到（　　）。

A. 2001年8月5日　B. 2001年8月24日

C. 2001年8月29日　D. 2001年6月29日

10. 资产评估报告书应当（　　）。

A. 按照委托方的要求编写　B. 按照资产占有方的要求编写

C. 按照资产接受方的要求编写　D. 按照评估行业有关规定编写

三、多项选择题

1. 属于资产评估报告书正文内容的有（　　）。

A. 评估基准日　B. 评估结论　C. 被评估单位提供的原始设备清单

D. 评估原则　E. 评估目的

2. 资产评估报告书的主要内容是（　　）。

A. 评估立项申请　　B. 评估结果成立的前提条件

C. 取得评估结果的主要过程　　D. 取得评估结果的方法和依据

E. 评估委托合同或协议及其主要内容

3. 撰写资产评估报告书应当注意（　　）。

A. 评估结论应尽可能满足委托方的要求

B. 评估口径前后保持一致

C. 对评估参数与评估结果进行复核

D. 评估参数的选取以委托方提供的资料为准

E. 严格遵循《资产评估报告基本内容与格式的暂行规定》

4. 资产评估报告书的附件应当包括（　　）

A. 资产负债的清查情况的说明

B. 重要资产的产权证明文件

C. 评估人员及评估机构资格证书复印件

D. 评估计划

E. 关于《资产评估报告书附件》使用范围的说明

5. 能够证明资产所有权的产权证明文件包括（　　）。

A. 专利证书　　B. 购买合同　　C. 房产证书

D. 商标注册证书　　E. 版权许可证书

四、简答题

1. 编制资产评估报告书应按照哪些工作步骤进行?
2. 资产评估报告对资产评估的委托者有什么用途?
3. 资产评估报告的作用主要体现在哪些方面?
4. 简要叙述我国现行法律、法规对资产评估报告的有关制度规定。

五、案例分析题

李某系A资产评估公司的注册资产评估师、部门经理和项目负责人。于2001年5月8日与甲企业商讨房地产评估事宜。由于李某曾于1998年5月至1999年10月在甲企业财务部门任经理，双方比较熟悉，故甲企业以该企业房地产平均每平方米评估价值不低于8 000元为条件，决定是否委托A评估公司进行评估。李某为了评估公司的利益，口头承诺了甲企业的要求，并接受了甲企业的评估委托。李某按照资产评估协议书的要求在5日内完成了对甲企业房地产的评估，评估结果为每平方米7 300元。因李某曾对甲企业有过口头承诺，即不动产评估值不低于每平方米8 000元。李某认为7 300元/m^2与8 000元/m^2之差并未超过10%，属于正常误差范围，而且资产评估本身就是一种估计，带有咨询性质，故以每平方米8 000元出具了评估报告；并打电话给本所已在外地开会一周的注册资产评估师周某，得到允许后，加盖李某本人和周某的注册资产评估师印章并签字，又以项目负责人的名义签字，加盖公章出具了资产评估报告书，交与甲企业；同时将该评估报告书送给在乙企业当顾问的评估专家赵某一份。请根据以上背景资料，指出4处违反资产评估行业规范的行为，并说明理由。

评估报告书案例

海生精密仪器有限责任公司：

我所接受贵公司委托，根据国家有关资产评估的规定和其他法律、法规规定，对贵公司与永生公司联营为目的的全部资产进行了评估。评估中结合贵公司的具体情况，实施了包括财产清查在内的我们认为必要的评估程序，现将评估结果报告如下：

1. 资产评估机构（略）

2. 委托方和资产占有方（略）

3. 评估目的：为贵公司与永生公司联营之目的，评估贵公司净资产现行价值。

4. 评估范围和对象：本次评估范围为海生公司拥有的全部资产、负债和所有者权益。评估对象为海生公司的整体资产。

5. 评估原则：根据国家国有资产管理及评估的有关法规，我所遵循独立性、科学性和客观性的评估工作原则，并以贡献原则、替代原则和预期原则为基础进行评估。

6. 评估依据：

（1）××省国有资产管理局（关于同意海生公司与永生公司联营的批复）；

（2）委托方提供的资产清单及其他资料；

（3）有关资产的产权证明及相关资料；

（4）委托方提供的有关会计凭证、会计报表及其他会计资料；

（5）与委托方资产取得、销售业务相关的各项合同及其他资料。

7. 评估基准日：1998 年 9 月 30 日。

8. 评估方法：根据委托方评估目的和评估对象，此次评估方法为成本法，价格标准为重置成本标准。

9. 评估过程（略）

10. 评估结果：在实施了上述评估程序和评估方法后，贵公司截至评估基准日的资产、负债和所有者权益价值为：

资产总额：41 504 342 元

负债总额：22 722 000 元

净资产价值：18 782 342 元

11. 评估结果有效期：根据国家有关规定，本报告有效期一年。自报告提交日 1998 年 12 月 20 日起至 1999 年 12 月 19 日止。

12. 评估说明：

（1）流动资产评估

①货币资金账面价值为 421 588 元，其中现金 21 325 元，银行存款 400 263 元，考虑到货币资金即为现值不需折现，经总账明细账与日记账核实一致并对现金盘点无误后，按账面价值确认。

②应收账款账面价值为 5 481 272 元，经与明细账核对，确认评估值为 5 083 252 元。

③存货账面价值为 11 072 460 元，抽查比例为 60%，在质量检测与抽查核实的基础上，确认评估值为 10 852 500 元。

④其他流动资产（略）

流动资产账面价值为 18 845 502 元，评估值为 17 401 832 元。

（2）长期投资评估（略）

（3）固定资产评估（略）

（4）其他资产评估（略）

（5）负债审核确认（略）

评估结果见表 9－2。

表 9－2 评估结果汇总（简略格式）

项目	账面价值（元）	评估值（元）	增减值（元）	增减率（%）
流动资产	18 845 502	17 451 832	－1 393 670	－7.4
固定资产	20 248 470	23 542 510	3 294 040	16. 27
长期投资	500 000	510 000	10 000	2
资产总计	39 593 972	41 504 342	1 910 370	4. 82
流动负债	14 450 000	14 250 000	－200 000	－1. 38
长期负债	8 862 000	8 462 000	－400 000	－4. 51
负债合计	23 312 000	22 722 000	－600 000	－2. 57
净资产	16 281 972	18 782 342	2 510 370	15. 42

13. 其他事项说明（略）

14. 评估结果有效的其他条件（略）

15. 评估时间：本次评估工作自 1998 年 10 月 4 日起至 1998 年 12 月 20 日止，本报告提交日期为 1998 年 12 月 20 日。

中国注册资产评估师：张三签字盖章

××资产评估事务所：盖章

1998 年 12 月 20 日

第十章

资产评估程序

第一节　资产评估程序概述

一、资产评估程序的定义和分类

资产评估程序是资产评估人员执行资产评估业务所履行的系统性步骤，可以说资产评估具体的工作步骤构成了资产评估程序。

资产评估程序有广义和狭义之分。狭义的资产评估程序开始于评估机构和评估人员接受委托，终止于向委托方或相关当事方提交资产评估报告。广义的资产评估程序开始于评估项目洽谈和业务受理，终止于资产评估报告提交后的评估工作底稿归档。从保证资产业务质量、控制评估风险、提高评估服务水平的角度看，广义的资产评估程序可能更好地表达了资产评估程序，且与目前评估的有关规范（准则）相吻合。

不同的资产评估业务由于评估对象、评估目的、资产评估资料收集情况等相关条件的不同，评估人员可能需要执行不同的资产评估具体程序或工作步骤，针对每一个具体程序还应有具体的实施安排或步骤，但从评估人员执行一项完整资产评估业务应该做的重要工作步骤和要求的角度，资产评估通常包括以下基本程序和环节：①评估项目洽谈和业务受理；②评估前期准备；③现场调查和勘察；④收集评估资料；⑤评定估算；⑥编制和提交评估报告；⑦工作底稿归档。

我国评估程序准则规范的评估程序为：①明确资产评估业务；②签订资产评估业务约定书；③编制资产评估计划；④现场调查；⑤收集资产评估资料；⑥评定估算；⑦编制和提交资产评估报告；⑧资产评估工作底稿归档。

二、资产评估程序的作用

在《国际评估准则》、美国《专业评估执业统一准则》、英国《评估指南》等国际上的主要评估准则中，并没有设立独立的评估程序准则，但在各项具体的评估准则中都以大量的篇幅和文字对评估程序进行了系统的论述和规范，我国专门制定了独立的《资产评估准则——评估程序》，可见评估界对评估程序的高度重视。

资产评估程序的重要性和作用主要表现在：

（一）资产评估程序是提高资产评估业务质量和维护资产评估公信力的重要保证

资产评估机构和评估人员接受委托，不论执行的是何种资产类型、何种评估目的的资产评估业务，都应当履行必要的资产评估程序，按照工作步骤有计划地进行（评估准则规范的评估程序应该是最低要求）。这样不仅有利于规范评估人员的执业行为，而且能够有效避免由于评估机构和评估人员水平不同而导致的在执行具体资产评估业务中可能出现的程序上的重要疏漏，切实保证资产评估业务质量。恰当履行资产评估程序，对于评估人员的业务水平乃至资产评估行业整体的业务水平都具有重要意义。

另外，资产评估是一项专业性很强的中介服务工作，评估人员履行严格的资产评估程序也是赢得客户和社会公众信任、提高资产评估行业社会公信力的重要保证。

（二）资产评估程序是相关当事方评价资产评估服务的重要依据

由于资产评估结论是相关当事方进行决策的重要参考依据之一，因此资产评估服务必然会引起许多相关当事方的关注，包括委托人、产权持有者、资产评估报告使用人、相关利益当事人、司法部门、证据监督及其他行政监督部门、资产评估行政主管部门与行业协会，以及社会公众、新闻媒体等。资产评估程序不仅为评估人员执行资产评估业务提供了必要的指导和规范，也为上述相关当事方提供了评价资产评估服务的重要依据，也是委托人、司法和行政监督部门及资产评估行业协会监督资产评估机构和评估人员、评价资产评估服务质量的主要依据。

（三）资产评估程序是评估机构和评估人员防范执业风险，保护自身合法权益、合理抗辩的重要手段之一

随着评估行业的发展，资产评估机构和评估人员与其他当事人之间就资产评估服务引起的纠纷和法律诉讼越来越多。从各国的实践看，由于资产评估工作的专业性，无论是当事人还是司法部门，在举证、鉴证方面都存在较大难度，都倾向于追究评估机构和评估人员在履行必要资产评估程序方面的疏漏和责任，而避免在专业判断方面下结论。

由于我国资产评估实践尚处于初步发展阶段，各方对资产评估的专业性还存在认识上的差距，我国资产评估委托人和相关当事方、政府和行业监督部门及司法部门在相当长的时间里，都倾向于对资产评估结论做出“高低”“对错”的简单二元判断，并以此作为对资产评估服务和评估机构、评估人员的评判依据。

随着我国评估行业的发展，有关各方对资产评估的认识逐步提高，目前已经开始逐步转向关注有关评估人员在执业过程中是否恰当履行了必要的资产评估程序。

因此，恰当履行资产评估程序是资产评估机构和评估人员防范执业风险的主要手段，也是产生纠纷或诉讼后合法保护自身权益、合理抗辩的重要手段。

第二节 资产评估的具体程序

一、评估项目洽谈和业务受理

评估项目洽谈和业务受理阶段又可以分为明确资产评估业务基本事项、风险评价和签订资产评估业务约定书等重要环节。

（一）明确资产评估业务基本事项

明确资产评估业务基本事项是评估项目洽谈的重要内容。评估人员在接受评估业务委托前，应当采取与委托方等相关当事人讨论、阅读有关材料并进行必要的初步调查等手段，与委托方等相关当事人共同明确以下资产评估业务基本事项：

1. 委托方、产权持有者和委托方以外的其他评估报告使用者。

在评估业务接洽阶段，应明确评估业务的委托方、评估对象的产权持有者以及是否存在委托方以外的其他报告使用者，还应尽可能了解报告使用者及其与委托方的关系。

一般委托方应与被评估企业或资产有某种关系，如委托方为被评估企业的股东、投资方、融资银行、债权人，或被评估资产的所有人等。了解委托方及其相关当事方的情况很重要，这关系到评估业务有关资料收集与现场调查、勘察等方面的配合程度，从而关系到评估程序的执行程度。评估人员要评价在委托方及相关当事方配合力度很弱的情况下，是否可以完成现场调查、勘察工作等评估程序，形成可靠评估结论并出具评估报告。在评估业务洽谈阶段了解评估报告使用者，有利于规避不必要的报告使用风险，最大限度地把握潜在风险。

2. 评估目的。

评估人要与委托方协商，了解与评估业务相关的经济行为，明确评估目的。资产评估是为了满足特定资产业务的需要而进行的，评估目的是由引起资产评估的特定经济行为所决定的，其对评估中价值类型的选择、评估方法的运用有重要影响。评估人员应尽量细化评估目的和用途。

对于国有资产的评估报告中关于评估目的的描述，有关准则有具体要求。

3. 评估对象和范围。

评估人员应与委托方沟通，明确评估对象和评估范围。评估人员可以建议委托方合理确定评估范围，并确信所委托评估资产范围与评估目的相适应。评估人员应当了解评估对象的基本情况及纳入范围的资产的具体类型、分布情况和特征，了解产权持有者所处的行业、法律环境、会计政策、股权情况等相关情况。评估对象一般可分为单项资产、资产组合、部分权益价值、全部权益价值。评估人员应了解评估对象对应的评估范围，包括数量、分布等。评估对象和范围应该由委托方确定。

4. 评估结果的价值类型。

评估人员应该与委托方沟通，恰当选择适用于评估目的的价值类型，并与委托方就评估结果具体价值类型的定义达成一致理解。价值类型会影响评估方法、评估参数的选择和确定。在接受委托环节就价值类型与委托方达成一致的理解，目的是要委托方清楚评估人员拟出具体评估报告中评估结果的价值类型，明确是否与评估目的相符，避免出具评估报告后委托方的不理解或有异议。

5. 评估基准日。

评估人员要与委托方沟通，明确评估基准日。评估人员应当提示委托方合理选取评估基准日，可以根据专业知识和经验对委托方提出建议。评估基准日是评估业务中非常重要的基础，也是评估的基本原则之一。确定评估基准日是委托方的权利和责任。评估基准日与评估报告使用的有效期密切相关。

6. 评估报告使用限制。

评估报告的使用限制主要是明确评估报告使用人和使用范围等情况。为了更好地根据使用者的需要提供良好的服务、降低风险，评估人员应该尽量在委托环节了解是否存在潜在的报告使用环节，明确责任并约定评估报告的使用方式和范围。

7. 评估报告提交的时间和方式。

评估人员在接受委托时应与委托方沟通，明确评估报告的提交时间和方式。评估报告的提交时间受很多方面的限制和约束，因此评估报告的提交时间不宜确定为具体日期，而应该确定为委托方提供必要的资料并开始现场工作后的一定期限内。提交方式可以确定为当面提交或邮寄等。

8. 评估服务费总额、支付时间和方式。

评估人员应与委托方沟通，明确评估服务费总额、支付时间和方式，这是明确评估业务基本事项中的一项重要内容，是评估机构和评估人员与委托方沟通的重要环节。评估人员必须根据了解的情况提出评估收费标准及报价，并与委托方就评估费用、支付时间和方式进行沟通。在评估费报价中明确评估服务未包括的其他费用项目和承担方式也是很重要的，评估人员应告知委托方收费总额是如何计算的，包括哪些内容，有关差旅费、当地食宿费等是否包括在收费报价中等。

9. 其他需要明确的事项。

评估人员应该根据评估任务的具体情况与委托方沟通，明确委托方与评估人员工作配合和协助等其他需要明确的重要事项。委托方及相关当事方的配合程度对评估业务的顺利进行有直接的影响，明确评估业务基本事项时应当明确委托方和相关当事方对评估业务的配合及相关要求。

（二）风险评价

在明确评估项目的基本事项后，评估机构和评估人员应该进行风险评价，以确定是否承接资产评估项目。

由于种种不确定因素的存在，资产评估所面临的风险是不可避免的，因此风险评价是资产评估业务受理前的重要环节，它直接影响评估作业、工作质量、机构信誉以及以后潜在的风险控制。一般来说，进行风险评价应该主要考虑以下几个因素：

（1）委托方、产权持有者的基本情况，如性质、规模、经营情况、管理水平等；

（2）涉及评估目的的经济行为的合法性；

（3）基本的评估条件是否具备，评估所需的书面材料是否能够提供；

（4）是否有影响评估结果的其他要求和限制条件；

（5）评估机构和评估人员自身的业务胜任能力，是否具有相应的资质等级，是否能够配备足够并胜任的专业技术人员，是否能够按预定时间完成评估业务；

（6）是否存在影响评估独立性、客观性的其他因素等。

（三）签订资产评估业务约定书

若评估机构和评估人员在明确上述事项、进行必要的风险评价后决定承接资产评估业务，即评估机构接受委托方的委托，在正式开始评估业务之前应与委托方签订资产评估业务约定书。

资产评估业务约定书，是资产评估机构与委托人共同签订的，以确认资产评估业务的委托与受托关系，明确委托目的、被评估资产范围及双方责任与义务等事项的合同。资产评估业务约定书应由资产评估机构和委托人双方的法定代表人或其他授权代表签订，内容应当全面、具体，表达要清晰、准确，符合国家法律、法规的相关资产评估规范、准则。我国资产评估准则体系中有专门的业务约定书准则对资产评估业务约定书进行规范。一般来说，资产评估业务约定书应当包括以下基本内容：

（1）评估机构和委托方的名称、住所；

（2）评估目的；

（3）评估对象和评估范围；

（4）评估基准日；

（5）评估报告使用者；

（6）评估报告提交期限和使用方式；

（7）评估服务费总额、支付时间和方式；

（8）评估机构和委托方的其他权利和义务；

（9）违约责任和争议解决；

（10）签约时间；

（11）双方认定应当约定的其他重要事项。

业务约定书应当由评估机构的法定代表人或合伙人签字并加盖评估机构公章。评估业务约定书签订后，评估目的、评估对象、评估基准日发生变化，或者评估范围发生重大变化，评估机构应当与委托方签订补充协议或重新签订业务约定书。

二、评估的前期准备

（一）资产评估委托方及被评估企业的准备工作

资产评估的委托方，在实验中有两种情况：如果是单项资产业务，则一般由资产的持有者直接委托；如果是企业价值评估（股权发生变动），则一般由被评估企业的股权持有者委托。例如，企业拟转让几台设备，则企业直接委托，母公司拟转让子公司的股权，则可自行委托评估机构对子公司的企业价值进行评估。国有资产的评估项目如何确定委托方，国资管理有专门要求。资产评估委托方及被评估企业的准备工作是指在资产评估正式开始之前，委托方及被评估企业为了配合资产评估机构顺利地进行资产评估而必须做好和完成的一系列的工作，它是开始资产评估工作的第一步，准备工作量的大小视被评估对象规模大小而定，但其基本程序和内容是一致的。

一般来说，主要有下几个方面的准备工作：

1. 准备好有关的法律文件和经济技术及相关资料，主要包括：

（1）有关资产评估行为的主要依据，如合资协议、股东会决议、上级单位批文等；

（2）被评估对象的产权证明文件及原始凭证；

（3）被评估对象原始价值证明资料，如主要建筑物和在建工程的单位竣工决算书或预算书，主要进口设备进口合同等；

（4）被评估资产（或单位）现状及发展概要介绍；

（5）被评估单位组织结构图和生产工艺流程图；

（6）被评估单位评估基准日的财务报表；

（7）被评估单位厂区总平面图和地下管线图等。一般企业价值评估往往需采用收益法，委托方及被评估企业除准备上述资料外，还需要准备以下有关资料：

（1）企业基本情况资料。

①企业设立时间、背景等历史资料；

②企业营业执照、章程、协议及管理制度；
③企业地理位置、主要产品或服务、规模；
④企业组织机构、管理机制、管理人员构成及专家顾问名单；
⑤企业专业特色服务或技术人员名单及荣誉、培训证书等。
（2）企业经营能力资料。
①企业特色服务项目清单；
②企业获奖证书及名誉证书；
③企业经营或服务资格证书及有关服务技术鉴定资料；
④企业进出口许可证、专营权、生产许可证等；
⑤企业商标专利证书等；
⑥企业专利技术、经营秘密等情况说明资料；
⑦企业近5年资产负债表、利润表、现金流量表等会计报表；
⑧企业或相关资产的投入费用、收入明细表；
⑨企业资产负债申报明细表及有关产权证明文件；
⑩市场占有率统计和销售网络分布；
⑪企业面临的市场竞争性分析及竞争格局；
⑫国内、国外同行业投资收益率、平均成本利润率等财务指标；
⑬企业适用的税种、税率、税收优惠等；
⑭相关行业对企业发展的影响；
⑮购销合同、合作协议、租约等。
（3）企业经营潜力资料。
①政府部门支持企业发扬特色经营和服务的文件、计划等；
②企业销售或推销计划；
③企业生产开发潜力及开发设想；
④企业未来5年投资开发计划；
⑤企业长期经营策略和远期战略部署；
⑥企业未来5~10年的发展可行性分析报告。
（4）其他重要资料。
①有关管理人员对企业发展前景的预测，市场前景的预测，对企业投资、管理的意见；
②企业重要客户、供应商的看法。
（5）企业认为需要提供的其他资料。

进行资产清查委托方及被评估企业在准备与资产评估有关的法律、经济技术文件及相关资料的同时，应及时组织相关人员对委托评估资产进行认真的清查核实。所谓资产清查，是指对资产评估业务约定书中确定的待评估资产的实有数量、质量、规格型号、制造厂家、购置或建造日期、使用、维修保养等情况进行实地清查，以便向评估人员提供被评估资产的明细清单（评估对象是企业的话还包括负债）。

（二）资产评估机构和评估人员的准备工作

资产评估机构在与委托方签订资产评估业务约定书后，便可进行资产评估前的一系列准备工作。

1. 成立评估项目组。

资产评估项目一经确定，资产评估机构即可根据项目的需要成立由各类专业人员组成的评估项目组。对于企业价值评估项目而言，通常需要配备房地产评估师、机器设备工程师、会计师或注册会计师、注册资产评估师以及其他参与资产评估的人员等。

评估项目组成立后，资产评估机构还需要指定一个评估项目负责人，由其具体负责项目的实施和管理，同时起到评估工作的监督、协调作用。

2. 前期调查。

资产评估机构成立评估项目组和明确评估项目负责人以后，应首先组织有关人员进行前期调查。它一般在评估项目负责人直接组织和亲自参与下进行，主要目的是让评估人员了解评估工作量、评估的难易程度等，以便制订评估综合计划和程序计划，确保评估项目的完成。

前期调查应包括如下内容：

（1）与资产评估目的相关的经济行为的法律依据、交易特点及有关的经济关系。资产评估师在编制资产评估计划前，首先应全面了解评估目的和相关经济行为是否与现行法律法规有冲突、经济行为的法律依据是否充分；其次是调查与评估有关的经济行为及评估目的，这将影响或决定将要采用的评估方法以及评估报告的不同使用方式。不同的经济行为和评估目的，还会影响评估基准日的选择和工作时间的安排。

（2）委托方对评估报告的要求。包括委托方对将来出具的评估报告的使用目的、使用方式及使用范围的要求。在必要的时候，评估机构应在资产评估业务约定书中加入对评估报告使用的限制性条款，以明确资产评估机构应承担的责任。

（3）评估基准日的会计报表情况。主要包括评估基准日被评估单位的资产负债表、利润表和现金流量表。

（4）产权归属证明文件。包括国有资产产权登记证书、房屋所有权证、土地使用证、重大资产的购置合同、进口生产线和重大设备的报告单和商检报告、重大资产项目有关的凭证及发票、专利证书、商标注册证等。对有关产权归属证明文件的验证，有利于注册资产评估师判断因产权不明晰引起的职业风险，并可将有关产权问题及时告知委托方及相关单位，以督促有关方面尽快解决问题。

（5）生产工艺和技术。对被评估企业生产工艺流程及技术的了解，将有利于确定合理的资料收集内容，正确选择对生产线或专有技术等资产的评估方法，恰当判断用成本法评估的资产是否存在功能损耗和经济性损耗。

（6）实物资产或无形资产的状况。对有关实物资产的了解内容一般包括资产的性质、类型、数量、分布、来源、购置时间、原始账面价值构成及当前使用状况等。对无形资产的了解一般包括资产类型、适用领域、产权归属、注册申请情况、使用情况、成本费用和历史收益情况等。另外，资产评估师应通过与委托方及被评估企业讨论的方式，对是否存在账外无形资产、是否需要进行单独分析和评估做出判断。

（7）所在行业的简要情况。通过对被评估企业所在行业简要情况的了解，资产评估师可以对相关行业的市场概况、技术发展情况、被评估企业在行业中的地位、在市场中的位置有初步的认识。

（8）其他与编制资产评估计划有关的重大情况。如委托方对项目完成时间的特殊要求，自然条件的限制使现场工作的实施存在较大障碍等。资产评估师在编制评估计划时，应当充分考虑上述情况，以减少由于彼此之间沟通困难产生的工作上的障碍，或因外部条件、人员安排等问题使评估工作无法如期完成。

3. 因素分析。

在前期调查完成后，资产评估师不能立即编制评估计划，还必须对影响资产评估工作的因素进行深入分析，以便为制订切实可行的计划创造条件。一般来说，应重点考虑以下因素：

（1）评估目的、对象、范围和评估结果的价值类型。

（2）评估风险、评估项目的规模和业务复杂程度。这些将直接影响评估计划的繁简程度。对于规模较大、业务涉及面广的评估项目，资产评估师在制订评估计划时应尽可能详细周密，以保证评估工作的顺利进行和按时完成。

（3）相关法律、法规政策及宏观经济近期发展变化对评估对象的影响。有关政策的变化将对评估参数的选择、计算产生影响，如国家有关进口设备关税及进口增值税政策的调整、最新的银行存贷款利率的变动、国家有关土地使用权的最新政策等。

（4）评估项目的行业特点、发展趋势及存在的问题。包括被评估企业所在行业有关技术的发展更新、相关资产的总体价格走势、国家在环保方面的有关政策性限制造成的影响等。

（5）评估项目所涉及资产的结构、类别、数量及分布。

（6）与评估有关的资料的齐备情况及收集的难易程度。对这些因素的考虑将有助于资产评估师妥善安排评估计划中的工作时间、人员分配、要求委托方及被评估企业所做的配合工作的深度以及考虑制定替代的方案措施等。

（7）委托人委托评估的经验、诚信程度及其提供的资产数据的可靠程度。考虑这些因素，将有助于资产评估师做出适当的计划安排，如是否有必要向委托方的有关人员详细解释他们需要做的配合工作，在多大程度上对委托人提供的资料进行复核，验证其真实性及可靠性。

（8）评估项目组成员的业务能力、评估经验及其优化组合。资产评估机构应选派业务能力强、对被评估企业及所在行业熟悉、评估经验丰富的人员组成评估项目组。在人员安排上，还应考虑对评估助理人员做出适当的任务安排。

（9）对专家及其他人员的合理使用。对于某些存在特殊资产（如大型专业设备、专业技术等）或需特殊知识和经验的评估项目，资产评估师应考虑是否需要聘用有关的专家及专业人士。如果聘用的专家是非本评估机构的工作人员，为保证工作质量，应与外聘专家进行深入的沟通，并应当对专家工作进行规划和指导。在评估计划中，应详尽地列示外聘专家的工作目标和内容。

4. 制订资产评估计划。

资产评估机构在大体了解前期调查所获得的重要信息，并进行因素分析后，即可根据实际情况制订资产评估计划。所谓资产评估计划，是指评估机构和评估人员为执行资产评估业务、履行评估合同而拟定的评估工作思路和实施方案。资产评估师执行评估业务，应当编制评估计划，对评估过程中的每个工作步骤以及时间和人力安排进行规划和组织，以保证在预计时间内完成评估项目。评估计划应当涵盖现场调查勘察、收集评估资料、评定估算、编制和提交评估报告的全过程。由于资产评估项目千差万别，具体每个评估项目的评估计划也不尽相同。其详略程度取决于资产评估业务的规模和复杂程度。评估人员应当根据所承接项目的具体情况编制评估计划，而且应该在执行评估业务过程中根据情况变化及时修正、调整评估计划。

评估计划需要对评估工作的各个阶段进行规划，其编制应该在评估工作正式开始之前。

评估计划可以细分为评估综合计划和评估程序计划。

（1）评估综合计划。

评估综合计划是资产评估师对评估项目的工作范围和实施方式所做的整体规划，是完成评估项目的基本工作思路，也是编制评估程序计划的指导性文件。

评估综合计划的主要内容应当包括：

①评估项目的背景。包括委托方及被评估企业的基本情况、涉及交易的背景情况、委托方对评估项目的期望及要求等。

②评估目的、评估对象和范围、评估的价值类型及评估基准日。

③重要评估对象、评估程序及主要评估方法。在对被评估企业、评估对象及评估范围了解的基础上，资产评估师应运用其专业判断及评估经验，确定评估的重点，从而制定相应的重要评估程序，选择主要的评估思路和方法。

④评估项目组成员及人员分工。资产评估师应充分考虑项目组成员的工作经验、独立完成某项工作的胜任能力，并根据各自的专业合理分工。

⑤评估进度、各阶段的时间和费用预算。资产评估师应对各评估程序实施进度的时间及业务进程做出规划，特别要明确有时间限制的评估程序（如资产实地勘察、调查等）何时实施。

⑥评估资料的收集和准备以及委托方和被评估企业所提供的协助和配合。

⑦对专家和其他评估人员的合理使用。

⑧对评估风险的评价。资产评估师应对评估风险进行评价，并将评价结论和主要依据以及相关的监控手段写入评估综合计划。

⑨报告撰写的组织、完成时间以及委托方制定的特别分类或披露要求。资产评估师应综合考虑委托方和法律、法规或规章对特定评估报告的要求，有关评估行业的惯例，以及根据专业判断和经验，将未来出具的评估报告中涉及的以上方面在评估综合计划中加以明确。

⑩评估工作协调会议安排。关于通过与评估业务有关的政府部门规定程序或受邀出席相关的工作协调会议的特殊安排。

⑪其他。

（2）评估程序计划。

评估程序计划是资产评估师依照评估综合计划确立的基本思路，对评估程序的目标、时间、应用范围以及操作要求所做的详细计划和说明。评估程序由盘点、函证、现场勘察、市场询价、专家鉴定、数据分析及评定估算、汇总等具体内容组成。评估程序计划旨在向评估项目组成员提供操作指南，帮助资产评估师实现对评估具体工作完成过程和结果的控制。

评估程序计划的主要内容包括：

①评估工作目标；

②工作内容、方法、步骤；

③执行人；

④执行时间；

⑤评估工作底稿的索引；

⑥其他。

（3）评估计划的审核。

评估计划应经评估机构负责人审核并批准后才能付诸实施。

评估综合计划的审核内容主要包括：

①评估目的、评估对象和范围的确定是否恰当；

②评估结果的价值类型是否与评估目的相吻合；

③评估程序和评估方法的确定是否恰当；

④评估人员（包括专家和其他评估人员）的选派与分工是否恰当；

⑤时间进度安排及各阶段费用预算是否合理；

⑥对评估风险的评价是否恰当，控制手段是否合理。

评估程序计划的审核内容主要包括：

①评估总体程序能否达到评估工作目标，包括时间进度、人员安排等；

②重要评估对象的评估程序是否恰当；

③重要评估程序的执行人是否恰当；

④重要计价依据、参数和原始数据选取过程及来源是否恰当。

三、现场调查和勘察

评估项目组按照评估计划及与委托方约定的时间到达评估现场后，通常要召开一个多方碰头会议。一般情况下，参加会议的人员包括评估项目组人员（包括项目总负责人、各分项目的负责人、房屋或设备估价师、注册会计师和注册资产评估师等）和被评估单位人员（包括企业主要负责人、财务主管、负责管理房屋和设备的人员等）。如有必要，还可包括委托方的上级主管部门人员。

多方碰头会议的内容主要包括：

1. 被评估单位向评估项目组介绍情况。这些情况包括被评估单位的历史和发展概况、主要产品的生产销售情况、企业经济效益情况、企业资产的规模及分布情况，以及评估准备工作情况等。

2. 评估项目组介绍评估工作计划。评估机构前期准备的一项主要工作就是针对被评估单位的实际情况制订评估工作计划。评估工作计划应在碰头会上介绍给被评估单位，就评估计划的要点和某些重要程序进行洽商，认真听取被评估单位的意见并做必要的修改，以使评估程序的实施与被评估单位的有关工作相协调。经过修改后的评估工作计划既是评估机构现场评估操作的指导性文件，同时也是被评估单位配合评估机构做好评估工作的参考性文件。

3. 被评估单位向评估项目组移交资产清查明细表、厂区平面总图、评估基准日会计报表、产权证明文件以及其他评估机构要求事先准备的资料。

4. 落实被评估单位相应的配合人员。在碰头会上，评估项目组各专业人员应与被评估单位的对口配合人员互相介绍并共同商讨下一步工作计划。对于有明显行业特点且规模较大的企业，评估项目组在碰头会后应安排一次参观企业生产流程的活动，以使每个评估人员对企业的生产流程都有一个基本的认识。

在现场，评估人员应该对评估对象或被评估企业进行全面的调查和勘察，包括对不动产和其他实物资产进行必要的调查和勘察，对企业价值、股权和无形资产等非实物资产进行评估时，也应该根据评估对象的具体情况进行必要的现场调查。由于不同类型的资产特性有较大的差异，以及不同评估目的等原因，不同项目中对评估对象进行现场勘察和调查的具体方式和程度也不尽相同，评估人员应该根据评估项目的具体情况确定合理的现场勘察调查方式，并与委托方或产权持有者进行沟通，确保现场勘察调查工作的顺利进行。

现场调查和勘察是对评估对象相关情况的调查和勘察，在获取委托方及被评估单位提交的资产清单后，一般包括：（1）核实评估对象的存在性和完整性；（2）对评估对象的品质、使用状况的现场勘察；（3）对评估对象的法律权属资料的关注等，应涵盖了解所有评估对象各种信息的工作。现场调查的方式包括询问、核对、勘察、函证等。

现场调查应该在评估对象或评估业务所涉及的主要资产所在地进行。但由于评估对象和评估业务的特殊性，有可能无法在评估对象或评估业务涉及的主要资产所在地进行现场调查，这时评估人员应当考虑以下因素，总体判断是否继续执行或中止评估业务：一是所受限制是否对评估结论或评估目的所对应经济行为构成重大影响；二是能否采取必要措施弥补现场调查程序的缺失。

四、收集评估资料

评估人员应该根据评估项目的具体情况收集资产评估相关的资料，并根据评估业务需要和评估业务实施过程中的情况变化及时补充收集评估资料。

一般来说，评估资料的收集应该贯穿于整个评估过程，例如在现场调查和勘察环节，评估人员对企业（或资产）的具体情况进行了全面和有重点的了解，并收集了相关的资料，这些资料绝大部分是反映企业（或资产）历史、现状的资料，对评估人员全面、清晰地了解企业（或资产）的价值是十分关键的，也是评估人员作价不可缺少的基础。但掌握这些资料并不意味着评估人员就足以对评估对象做出适当的价值判断，评估人员还需要进一步获取与判断评估对象价值相关的其他一些资料，如市场调查资料、政府部门的有关规定、相关专业机构的分析报告或资料等，作为评估作价的依据。因此，这里把“收集评估资料”作为资产评估的一个基本程序主要指的是后者，这里的资料不同于现场调查和勘察中的资料。

评估人员收集评估资料的途径包括：从市场等获取，从委托方、产权持有者及被评估企业等相关当事方获取，从政府部门、各类专业机构和其他相关部门获取等。评估资料的形式有调查记录、询价记录、检查记录、行业资讯、分析资料、鉴定报告、专业报告及政府文件等。

评估人员对收集的评估资料应进行必要的查验，以对评估资料的来源的可靠性做出判断，确信评估资料能够支持公允的、可信的评估结论。

在评估业务实施过程中，当所执行的评估业务发生变化，如国家政策出现重大调整、市场出现较大变化、评估基准日发生改变、评估范围发生重大调整、评估对象发生重大变化、委托方及产权持有人企业法人登记内容发生变更等，致使原收集的资料不足以做出新情况下的评估结论时，评估人员应该根据评估业务出现的新情况及时补充收集相关资料。

五、评定估算

评定估算是资产评估工作最关键的阶段。它是资产评估人员根据评估的特定目的和掌握的有关资料，选择适当的价值类型，采用适当的评估方法，对委托评估的资产价值进行的评定估算和分析的过程。一般来说，在现场调查和勘察及收集评估所需的资料工作完成以后，资产评估人员就对收集和掌握的有关数据、资料进行分析、归纳和整理，在此基础上，根据制订的评估综合计划和评估程序计划对被评估资产进行评定估算。

评定估算包括的主要具体工作步骤有：分析评估资料、恰当选择评估方法、运用评估方法形成初步评估结论、综合分析确定评估结论等。评估人员对收集的评估资料要进行分析，去伪存真、去粗取精，作为评估的依据。在此基础上选择恰当的评估方法，应当与评估目的、评估时的市场条件、评估对象所处状态以及评估的价值类型相适应，应当与评估对象的类型、现实状况以及占有资料的情况等相适应。选择评估方法包括选择评估技术思路、具体方法以及技术经济参数等内容。评估人员在选定评估方法后就可以运用评估方法来得到初步的评估结论。评估人员应当对此种方法下的初步评估结论进行分析，判断评估结论的合理性。评估人员应该对评估资料的全面性、客观性及适时性，参数选取的合理性及适时性，计算公式的正确性等进行分析检查，以形成最终的评估结论。当采用多种方法评估时，评估人员应当对各种方法所得出的结论进行比较分析，在分析所使用评估资料、数据、参数的质量和数量等因素的基础上，综合考虑不同评估方法和初步评估结论的合理性，分析可能存在的问题并做出相应的调整，最终确定合理的评估结论。

（一）单项资产的评定估算

对单项资产进行评定估算一般需要以下几个步骤：

1. 划分资产类别，选择评估方法。

由于各类资产的性质和特点不同，对各种评估方法的适用性也不尽相同。评估人员应根据各类资产的不同特点，考虑评估的目的和价值类型，选择恰当的评估方法。

2. 确定待评资产的经济技术参数。

评估人员应根据评估的目的和评估项目对评估价值类型的要求，以及评估所选择的途径和方法，科学合理地确定评估所需要的各类经济技术参数。评估人员可根据资产清查过程中掌握的资料，对待评资产的具体状况，包括质量、技术性能、成新率、尚可使用年限、损耗、产品完工程度等做出准确的评定，取得客观的参数。

3. 估算资产价值。

资产评估人员根据掌握的有关资料以及有关经济技术参数，运用恰当的评估方法，估算出资产的价值。

各单项资产的具体评定估算方法已在有关章节详细介绍，这里不再赘述。

（二）企业价值的评定估算

尽管市场法也是评估企业价值的基本方法之一，但目前企业价值评估的方法常用的是资产基础法和收益法两种。由于企业是由各单项资产有机组合而成的，因此采用资产基础法评定企业价值的程序和各单项资产评定估算的程序基本相似。而收益法以企业整体资产获利能力为评估对象，其评估程序不同于单项资产评定估算的程序。

运用收益法对企业价值进行评定估算的基本程序如下：

1. 收益法适用性判断。

收益法适用性判断，即判断收益法是否适用于评估项目，是采用收益法评估企业价值的第一步，也是关键的一步。如果评估项目适用收益法，则可接着进行剩下的程序；如果评估项目不适用收益法，则要及时修改评估工作计划，改用其他评估方法进行评估，以避免工作的无效和时间、资源的浪费。

收益法在具体评估项目中是否适用，往往需要根据评估目的、企业财务状况等多方面因素综合考虑，判断该项目在理论上、操作上是否满足收益法的适用条件。

2. 企业概况及背景分析。

收益法评估企业价值过程中的难点和关键是如何预测和确定未来收益、收益期、折现率或资本化率三大参数。由于企业的生产经营活动处于市场经济的环境中，参数的确定必然与国民经济的发展、行业的处境、市场竞争的变化有着密切的关系。因此在判断评估项目适用收益法后，首先要对企业概况及背景进行分析，主要包括四个方面的内容：企业概况分析、宏观经济环境分析、所属行业情况分析和市场竞争情况分析。

3. 企业历史经营状况分析。

在进行了企业概况及背景分析后，还需要进一步分析企业的历史经营状况，以探寻企业的历史发展轨迹，寻找影响企业经营的重要因素，为预测企业未来收益趋势奠定基础。企业历史经营状况分析包括财务指标分析和财务报表项目分析两部分，但在分析之前应对历史经营状况进行调整，调整企业财务会计报表中不符合国家财务会计制度规定的内容以及财务报表中的非正常因素，使之能够反映企业的正常收益。

4. 评估参数的确定。

收益期可由评估人员根据企业未来获利情况确定，也可以根据与评估对象相关的法律、章程、合同、协议及其他约束条件，合理界定收益期。在企业价值评估中，一般将企业未来可获得收益的年限假定为无限年，也可根据企业剩余经营期限确定收益期限。

对未来收益的预测，一般以企业历史经营业绩为基础，横向分析收入结构、成本结构、财务结构，纵向分析发展趋势、增长率、变化率，以线性或非线性数字或描述等方式，尽可能建立被评估企业的收入模型、成本模型、发展模型等数学模型。在此基础上分析企业发展的内在动力、外部有利条件和不利条件对企业的影响程度，评价企业的综合能力、管理水平、发展水平、决策水平等，确定预测结果。具体来说，收益预测主要包括主营业务收入和主营业务成本预测、期间费用预测、其他损益项目预测和税金预测等内容。

折现率的估算方法有累加法、资本资产定价模型、加权平均资本成本模型等，具体可根据实际情况加以合理地选择，但要注意折现率的选取必须与收益额的口径保持一致。在用累加法测算折现率的过程中，量化行业风险、经营风险、财务风险和其他风险所要求的回报率，主要是采取经验判断的方法。它要求评估人员充分了解国民经济的运行态势、行业发展方向、市场状况、同类企业竞争情况等，在充分了解和掌握上述数据资料的基础上对风险报酬率做出较为客观合理的判断。

5. 评估结果的确定和分析。

运用收益法评估企业价值主要有两个估价模型：年金资本化法和分段估算法。实务中较常采用的是分段估算法，一般仅对企业未来 5 年的产品销售收入、各类成本、费用和净现金流量等进行预测，自第 6 年后各年的上述指标均假定保持在某一稳定的水平上或假定保持稳定变化。在确定估价模型后，再将已经确定的评估参数代入估价模型，即可得到评估结果。

对收益法评估企业价值的结果，还需要进行合理性、逻辑性分析。通常要根据假设前提来论证该结果是否能够正确反映相应的企业价值，评估结果所对应的资产是否有重复和遗漏，评估结果是否能够正确反映行业的水平等。

六、编制和提交评估报告

评估人员应在执行评定估算程序后，根据法律、法规和资产评估准则的要求编制资产评估报告。评估报告不仅是对评估结果的系统陈述，也是履行评估程序情况的全面检验，更重要的是通过报告对形成评估结论的原因、过程、前提和注意事项等的披露，可以在一定程度上规避执业风险。

通过编制评估报告，评估机构和评估人员一方面可以告知报告使用者评估结论形成的依据、采用的方法、评估过程以及形成的最终结论；另一方面可以系统地检查评估业务洽谈和受理、评估前期准备、现场调查和勘察、收集评估资料到评定估算所有评估环节的执行情况，发现是否存在疏漏，是否存在尚未解决的问题，现场调查勘察、收集评估资料与评定估算的初步结论是否存在逻辑上的必然联系，有没有需要披露和揭示的重大问题等。

评估报告编制完成后，评估机构内部应该对评估报告进行必要的审核，评估机构内部审核可以是多种层次和形式。

在向委托方提交正式评估报告前，可以在不影响对最终评估结论进行独立判断的前提下，与委托方或者委托方许可的相关当事方就评估报告的有关内容进行必要的沟通，听取委托方、产权持有者及相关当事方对评估结论的反馈意见，并引导委托方、产权持有者等合理理解资产评估结论。

评估报告需要经过评估机构内部相关责任人的复核，并与委托方就评估报告进行必要的沟通后，由评估机构以恰当的方式将评估报告提交给委托方。

七、工作底稿归档

资产评估机构完成资产评估报告，提交给委托方（如是涉及国有资产的评估项目，还应经国有资产监管单位核准或备案）后，并不意味着资产评估工作的完全结束。评估人员还要把在评估工作全过程中形成或取得的文件资料进行整理归档。

（一）资产评估工作底稿

资产评估工作底稿是指资产评估人员在评估过程中形成的，反映评估程序实施情况、支持评估结论的工作记录和获取的相关资料，是资产评估师形成评估报告的依据。工作底稿应如实反映资产评估计划与方案的制订及实施情况，包括与形成评估报告有关的所有重要事项，以及资产评估师评定估算的全部依据、过程及专业判断。

工作底稿并不是越详尽越好，工作底稿的繁简程度与以下几个因素相关：

（1）资产评估业务约定书约定的评估目的及要求；

（2）被评估资产的规模及复杂程度；

（3）委托人所申报的资产评估资料；

（4）被评估资产的产权；

（5）评估的假设前提条件、重要事项的说明。

一般来说，编制的工作底稿应包括以下基本内容：委托方及产权持有者，被评估企业的名称，评估对象名称，评估基准日，评估程序、过程记录，评估标识及说明，索引号及页次，编制者姓名及编制日期，复核者姓名及复核日期，评估结果及其他应说明事项等。

工作底稿一般分为评估项目管理类工作底稿和评估项目操作类工作底稿两类。

管理类工作底稿是指评估项目负责人在评估过程中，规划、安排、控制和管理整个评估工作，并出具评估报告所形成的文字记录，主要包括以下内容：

（1）项目洽谈记录；

（2）评估业务约定书；

（3）评估计划及实施情况；

（4）评估委托人及被评估企业基本情况的调查、记录和资料，资产规模及主要资产状况；

（5）评估执业过程中重大问题处理记录；

（6）有关部门的审核意见；

（7）评估机构内部的审核意见；

（8）资产评估工作小结。

操作类工作底稿是指评估人员在评估实施阶段为执行具体评估程序所形成的评估工作底稿，主要包括以下内容：

（1）被评估资产范围内各类资产或负债的汇总表；

（2）客户所申报的资产明细表；

（3）评估人员用于勘测和计算的评估明细表；

（4）各类专项调查记录；

（5）资产产权归属证明文件或使用权证明文件；

（6）价格信息、市场调研记录；

（7）分析计算说明、调整说明和重要事项说明；

（8）被评估单位的整体分析资料；

（9）有关原始凭证，包括会计报表、盘点表、对账单、平面图、鉴定证书、决算资料、重要资产购置发票、重要合同、重要设备运行记录和大修理、改造记录等；

（10）现场核实资产的工作记录；

（11）委托方及被评估企业的反馈意见及修改记录。

资产评估机构应当建立工作底稿复核制度。复核人在复核工作底稿时，应做出必要的复核记录，书面表示复核意见并签名。在复核过程中，复核人如发现已执行的评估程序或做出的评估记录存在问题，应指示有关人员予以答复、处理，并形成相应的评估记录。

工作底稿的所有权属于接受委托进行资产评估的评估机构。评估机构应当对工作底稿进行分类整理，形成评估档案，并建立评估工作底稿保密制度，对工作底稿中涉及的商业秘密保密。但由于下列情况查阅评估工作底稿的，不受此限制：

（1）司法部门按法定程序进行查询的；

（2）依法有权审核评估业务的政府部门按规定程序对工作底稿进行查阅的；

（3）资产评估行业协会按规定程序对执业质量进行检查的；

（4）其他依法可以查询的情形。

因为评估工作需要，并经委托人和被评估企业同意，在仲裁评估、联合评估和拥有工作底稿的评估机构认为合理的其他情况下，不同评估机构的资产评估人员可以要求查阅评估工作底稿。拥有工作底稿的评估机构应当对要求查阅者提供适当的协助，并根据工作底稿的内容及性质，决定是否允许要求查阅者阅览及复印或摘录有关内容。查阅者如误用评估工作底稿而造成的后果，与拥有工作底稿的评估机构无关。

（二）资产评估档案管理

评估档案是指评估机构在有关资产评估工作的过程中，形成的与评估业务相关的具有保存价值的各种文字、图表（包括纸质的和电子的）、声像等不同形式的记录（包括资产评估报告书）。评估机构要设专人负责资产评估档案的立卷与保管工作。

当评估工作结束后，项目负责人应当在规定时间内把在评估工作全过程中形成或取得的一切文件资料整理归档，不得拒绝归档或据为己有。

评估档案包括证人的口述证词记录和评估中所使用的书籍资料的索引。评估档案应使用可靠的文字载体。档案可以采用手工书写、打印或其他的记录方式进行储存。但手工书写必须字迹清晰，各种载体必须保证档案在规定的保存期内能予以有效使用。

评估档案的保管期限要根据国家法律法规、有关行业管理规定和评估项目具体情况来确定。按照《资产评估准则——工作底稿》的要求，评估业务档案自评估报告日至少保存 10 年。对于保管期限届满的评估档案，评估机构编造清册，由法定代表人签字后销毁。

评估机构内部因工作需要查阅档案的，在履行评估机构内部档案管理的手续后，可以进行查阅。法院、检察院、行业主管部门及国家其他部门依法履行职责需要了解评估情况的，在办理必要的手续后，可以进行查阅。其他评估机构因工作需要查阅档案的，须经原评估委托方和管理档案的评估机构负责人同意，可以进行查阅，但不得复印。查阅档案时，涉及原评估委托方商业机密的，查阅人必须承担保密责任。

第三节 国有资产评估项目的核准备案

在评估机构向委托方提交评估报告后，根据现行规定，国有资产评估项目还要接受国有资产监管机构的监督管理。这是涉及国有资产评估项目的一个独特的程序。

1991 年国务院发布了《国有资产评估管理办法》，规定对国有资产的评估项目由政府国有资产行政管理部门进行立项和审核确认。随着我国市场经济体制的逐步完善，为进一步转变政府职能，减少不必要的行政性审批，促进中介机构和从业人员真正做到独立、客观、公正地执业，2001 年 12 月 31 日，国务院办公厅转发了财政部《关于改革国有资产评估行政管理方式加强资产评估监督管理工作的意见》，对国有资产评估管理方式进行重大改革，取消政府部门对国有资产评估项目的立项确认审批制度，实行核准制和备案制。2005 年 8 月 25 日，国务院国有资产监督管理委员会发布了《企业国有资产评估管理暂行办法》（国务院国有资产监督管理委员会令第 12 号），对国有资产评估项目的核准和备案作出了明确的规定，要求各级国有资产监督管理机构负责其所出资企业的国有资产评估监管工作。

一、涉及国有资产应当进行资产评估的经济行为

企业有下列行为之一的，应当对相关资产进行评估：

（1）整体或者部分改建为有限责任公司或者股份有限公司；
（2）以非货币资产对外投资；
（3）合并、分立、破产、解散；
（4）非上市公司国有股东股权比例变动；
（5）产权转让；
（6）资产转让、置换；
（7）整体资产或者部分资产租赁给非国有单位；
（8）以非货币资产偿还债务；
（9）资产涉讼；
（10）收购非国有单位的资产；
（11）接受非国有单位以非货币资产出资；
（12）接受非国有单位以非货币资产抵债；
（13）法律、行政法规规定的其他需要进行资产评估的事项。

二、核准和备案的范围

《企业国有资产评估管理暂行办法》第四条规定："企业国有资产评估项目实行核准制和备案制。经各级人民政府批准经济行为的事项涉及的资产评估项目，分别由其国有资产监督管理机构负责核准。"

核准制是指国有或国有控股企业发生经各级人民政府批准实施的经济事项，需要进行资产评估的，应将有关材料和资产评估报告报经相应国资监管机构，对资产评估项目的合法性、合规性进行审核批准的管理制度。

备案制就是企业按照有关制度进行资产评估后，在相应经济行为发生前，将评估项目的有关情况专题向国资监管机构、所出资企业报告并由后者受理的行为。

经国务院国有资产监督管理机构批准经济行为的事项涉及的资产评估项目，由国务院国有资产监督管理机构负责备案；经国务院国有资产监督管理机构所出资企业（以下简称中央企业）及其各级子企业批准经济行为的事项涉及的资产评估项目，由中央企业负责备案。

地方国有资产监督管理机构及其所出资企业的资产评估项目备案管理工作的职责分工，由地方国有资产监督管理机构根据各地实际情况自行规定。

三、核准、备案的程序及需报送的材料

（一）核准的程序及报送的材料

凡需经核准的资产评估项目，企业在资产评估前应当向国有资产监督管理机构报告下列有关事项：

（1）相关经济行为批准情况；
（2）评估基准日的选择情况；
（3）资产评估范围的确定情况；
（4）选择资产评估机构的条件、范围、程序及拟选定机构的资质、专业特长情况；
（5）资产评估的时间进度安排情况。

1. 资产评估项目的核准按照下列程序进行：

（1）企业收到资产评估机构出具的评估报告后应当逐级上报初审，经初审同意后，自评估基准日起 8 个月内向国有资产监督管理机构提出核准申请。

（2）国有资产监督管理机构收到核准申请后，对符合核准要求的，及时组织有关专家审核，在 20 个工作日内完成对评估报告的核准；对不符合核准要求的，予以退回。

2. 企业提出资产评估项目核准申请时应当向国有资产监督管理机构报送下列文件材料：

（1）资产评估项目核准申请文件；

（2）资产评估项目核准申请表；

（3）与评估项目相对应的经济行为批准文件或有效材料；

（4）所涉及的资产重组方案或者改制方案、发起人协议等材料；

（5）资产评估机构提交的资产评估报告（包括评估报告书、评估说明、评估明细表及其电子文档）；

（6）与经济行为相对应的审计报告；

（7）资产评估各当事方的相关承诺函；

（8）其他有关材料。

（二）备案的程序及报送的材料

1. 资产评估项目的备案按照下列程序进行：

（1）企业收到资产评估报告机构出具的评估报告后，将备案材料逐级报送给国有资产监督管理机构或其所出资企业，自评估基准日起 9 个月内提出备案申请；

（2）国有资产监督管理机构或者所出资企业收到备案材料后，对材料齐全的，在 20 个工作日内办理备案手续，必要时可组织有关专家参与备案评审。

2. 资产评估项目备案需报送下列文件材料：

（1）国有资产评估项目备案表；

（2）资产评估报告（评估报告书、评估说明和评估明细表及其电子文档）；

（3）与资产评估项目相对应的经济行为批准文件；

（4）其他有关材料。

本章练习题

1. 什么是资产评估程序？
2. 评估准则规范的资产评估程序有哪些具体环节？
3. 资产评估程序员有哪些作用？
4. 评估人员接受评估业务委托前应明确哪些基本事项？
5. 风险评价应考虑哪些因素？
6. 资产评估业务约定书包括哪些基本内容？
7. 资产评估委托方及被评估企业应进行哪些前期准备工作？
8. 资产评估受托方在进场前应进行哪些前期准备工作？
9. 什么是评估计划？评估计划的主要内容有哪些？
10. 现场调查的方式有哪些？
11. 评估人员收集评估资料的途径有哪些？

12. 什么是资产评估工作底稿？工作底稿的繁简程度与哪些因素相关？
13. 资产评估管理类工作底稿主要包括哪些内容？
14. 资产评估操作类工作底稿主要包括哪些内容？
15. 哪些情形下可以对外提供资产评估工作底稿？
16. 什么是核准制？什么是备案制？
17. 什么情况下采用核准制？什么情况下采用备案制？
18. 核准应报送哪些材料？
19. 备案应报送哪些材料？

参 考 文 献

[1] 美国估价学会．不动产估价［M］．北京：地质出版社，2001.
[2] 刘玉平．资产评估教程［M］．北京：中国财政经济出版社，2010.
[3] 刘玉平．资产评估［M］．北京：中国财政经济出版社，2006.
[4] 张燕敏．我国资产评估理论及准则体系［M］．北京：经济管理出版社，2001.
[5] 乔志敏．房地产价格研究［M］．北京：经济管理出版社，2002.
[6] 财政部课题组．资产评估与金融风险防范［M］．北京：经济科学出版社，2009.
[7] 汪海粟，王毅．无形资产评估实务［M］．北京：中国财政经济出版社［M］．2002.
[8] 全国注册资产评估师考试辅导教材编写组．资产评估［M］．北京：中国财政经济出版社，2012.
[9] 全国注册资产评估师考试辅导教材编写组．资产评估［M］．北京：中国财政经济出版社，2014.
[10] 中国资产评估协会．资产评估准则［M］．北京：经济科学出版社，2010.